AF286855

Jochen Schmidt

ZU HAUSE AN DEN
BILDSCHIRMEN

Der Fernseher ist ein Auslaufmodel, das lineare Fernsehen steht vor seinem Ende. Doch von welcher Ära verabschieden wir uns damit? Jochen Schmidt ist ein treuer Fernseher, ob Film, Serie, Nachrichten, Werbung oder Trash-TV, er beobachtet das deutsche Fernsehen seit Jahrzehnten. In seinen Kolumnen denkt er darüber nach, welche Rolle es bei der Persönlichkeitsentwicklung, bei der Selbstverortung in der Welt und als Produzent von Gesellschaft spielt. Und natürlich birgt auch die Bewältigung des familiären Fernsehalltags – das Arrangement der Fernsehsituation, Paarfernsehen versus Einzelfernsehen – mitunter hohes Konfliktpotenzial ...

Jochen Schmidt wurde 1970 in Berlin geboren und lebt dort. Bei C.H.Beck sind die Erzählbände «Triumphgemüse» (2000), «Meine wichtigsten Körperfunktionen» (2007), «Der Wächter von Pankow» (2015) und «Ich weiß noch, wie King Kong starb» (2021), die Romane «Müller haut uns raus» (2002), «Schneckenmühle» (2023) und «Ein Auftrag für Otto Kwant» (2019) sowie, gemeinsam mit Line Hoven, «Schmythologie» (2013), «Zuckersand» (2017) und «Paargespräche» (2020) erschienen. Sein Roman «Phlox», der 2022 erschien, war für den Deutschen Buchpreis nominiert.

Jochen Schmidt

ZU HAUSE AN DEN BILDSCHIRMEN

Schmidt sieht fern

C.H.Beck

Vorsatz:
Modell SEG 63681, © Jochen Schmidt
Nachsatz:
Modelle Grundig 70-2406-5, TOP BANG & OLUFSEN 3216,
Philips A66EAK551X01, BANG & OLUFSEN MX7000 IMP. TELETEXT,
© Jochen Schmidt

© Verlag C.H.Beck oHG, München 2023
www.chbeck.de
Umschlaggestaltung: Rothfos & Gabler, Hamburg
Umschlagabbildung: © mauritius images/Alamy Stock Photos/DAVID RICE
Satz: Fotosatz Amann, Memmingen
Druck und Bindung: Pustet, Regensburg
Printed in Germany
ISBN 978 3 406 80870 8

myclimate

klimaneutral produziert
www.chbeck.de/nachhaltig

BARES FÜR RARES

In vielen Situationen bricht es das Eis, wenn ich bekenne, daß meine Freundin und ich jeden Abend «Bares für Rares» gucken. Es schafft Nähe zwischen Fremden, zuzugeben, sich gerne einmal unter seinem Niveau zu amüsieren. Eines der interessantesten Details aus Christa Wolfs Los-Angeles-Roman «Stadt der Engel» war für mich, daß die Autorin von «Kassandra» während ihres Stipendien-Aufenthalts in Los Angeles jeden Abend im Fernsehen «Star Trek» guckte. Für Schriftsteller gibt es nur Bildungsfernsehen, auch bei «Bares für Rares» lernt man ständig dazu: daß sich helle Möbel besser verkaufen als dunkle, Seestücke besser, wenn keine Schiffe darauf zu sehen sind, sondern nur Meer, Uhren mit weißen Zifferblättern besser als solche mit gelben. Man lernt den schönen Fachwortschatz der Experten: «verböden», «Schaumgold», «Rattenschwanzkette», «boîte à mouches», «Schregersche Linien» (Elfenbein!), «mercerisierte Baumwolle», manchmal fühlt es sich an wie Proust lesen. Wir bewundern das elegante Outfit von Dr. Heide Rezepa-Zabel und den Kunst-Enthusiasmus von Albert Meier. Wir freuen uns über Paare, die nach fünfzig Jahren Ehe noch Händchen halten, wenn sie den «Händlerraum» betreten. (Seltsam fühlt es sich an, wenn ein Verkäufer, der mein Vater sein könnte, genauso alt sein soll wie ich.) Jüngere Verkäufer kommen uns wie Fremdkörper in der

Sendung vor, wir wollen ältere Menschen sehen, heitere, kultivierte Damen, die Schmuck verkaufen, den ihnen ihre Männer geschenkt haben (und den sie nie getragen haben), sympathischverschrobene Herren, die ihre Spielzeugautos anbieten (fast «unbespielt», weil sie sie als Kind so pfleglich behandelt haben). Wir geben selbst Schätzungen ab und wetteifern darum, wer am Ende näher am Experten liegt, wir staunen, wofür die Verkäufer das eingenommene Geld ausgeben wollen («Eine Musical-Reise mit einem schönen Essen»), wir freuen uns, wenn viele Scheine hingeblättert werden, ein wesentlicher Bestandteil der Sendung, es fühlt sich fast an, als bekäme man selbst das Geld. Und ich überlege immer, ob ich irgendeinen Gegenstand besitze, für den ich «die Händlerkarte» bekommen würde (wo ich doch nichts wegwerfe). Meine Autogrammkarte von Otto? Meine Anstecknadel zum 40. Geburtstag der Stasi, der nie stattgefunden hat (damals aus einem Müllsack auf dem Berliner Stasi-Gelände gefischt)? Der Stuck-Brocken von Ceauşescus Palast in Bukarest, den ich beim Joggen mitgenommen und über die Grenze geschmuggelt habe? Wieviel würde dafür zu «erzielen» sein?

GNTM

Weil «Bares für Rares» heute ausfällt, muß ich mit meiner Tochter «Germany's Next Topmodel» gucken. Erst dachte ich, sie hätten aus Versehen die Staffel vom letzten Jahr wiederholt, wie damals bei Helmut Kohls Neujahrsansprache. Aber die Werbung, die alle zwei Minuten die Handlung unterbricht, ist neu: «Entdecke ein Make-up wie flüssiger Satin. Feuchtigkeitsserum für bis zu zwölf Stunden!» Und nicht mehr: «Always: Finde die Größe, die zu deiner Figur und Periodenstärke paßt!» Außerdem soll diesmal eine der Kandidatinnen Übergewicht haben. Wir essen überbackene Käsestullen und Wasabi-Nüsse und warten darauf, daß jemand etwas möglichst Dummes sagt. Mein Highlight ist, wenn die Mädchen abends mit ihren Freunden skypen dürfen. Meistens liegen die um die Zeit schon im Bett und würden gerne weiterschlafen. Heute müssen die Mädchen mit einem Männermodel («Er walkt so schön!») für die «nächtliche Catwalk-Challenge» gehen üben. Es zeigt sich, daß bisher noch keine von ihnen gehen kann, dabei hatten sie teilweise zwanzig Jahre Zeit, das zu lernen. Zwei Best Friends Forever haben sich schon am ersten Tag zerstritten. («Warum hast du geweint?» «Weil du mit meinem Freund geschlafen hast.» «Ich kannte dich doch zu dem Zeitpunkt gar nicht.» «Ich finde es megascheiße, mit Freunden meinen Partner zu teilen.») Mir schwant, wie es bei mir zu Hause zugehen würde, wenn ich neunundzwanzig Töchter hätte. Eine andere findet sich häßlich, und eine will sich nicht fotografieren lassen. Shari weint: «Ich hab nicht damit gerechnet, daß das Nackt-Shooting schon so früh kommt.» Für mich kommt es viel zu spät, mit vierzehn hätte mich das interessiert, aber da gab es im Fernsehen nur den «Goldenen Shoot» mit Lou van Burg, den ich nicht nackt sehen wollte. «Eine weitere Challenge beim Nackt-Shooting ist, die richtige Dosis Sexyness zu finden», erklärt Heidi. Gerda hat damit Probleme, sie *kann* nur sexy: «Ich zeig mich gerne, wie Gott mich geboren hat.» Höhepunkt der Folge ist, daß jeweils zwei Mädchen von einem Podest ins Meer springen, wie Tom Hanks am D-Day in «Saving Private Ryan», und zur Playa Bonita schwimmen, wo die Juroren warten. Wir rätseln immer noch, welche die Dicke sein soll. «Ich war super happy mit euch», sagt Heidi hinterher. Im Internet stehe aber, daß Heidi in Wirklichkeit voll wenig mit den Mädchen rede, sagt meine Tochter. Das große Umstyling solle ich gucken, das sei immer das beste. Ich fand die Dialoge bei der «Bachelorette» einen Tick origineller: «Wie findest du das, daß wir jetzt zu zweit sind?» «Mega.»

80S EXTREME

Nach dem wöchentlichen Fußballtraining mit meinen Autoren-kollegen, ohne das die meisten von uns nicht mehr leben könn-ten, kommen wir immer aus der engen Umkleidekabine, in der es nach Franzbranntwein und Pferdesalbe riecht wie im Schlaf-zimmer meiner Oma, und treten durch eine Tür, an der ein Poster vom jungen Lukas Podolski hängt, in Rolfs Vereinsbude. Hier sieht es aus wie in der FC-Bayern-Erlebniswelt, außer daß die vielen Pokale, die bei Rolf stehen, nur dem etwas bedeuten, der sie gewonnen hat. Ich bleibe jedes Mal auf ein Bier und trinke zweieinhalb und einen kleinen Feigling, weil immer einer ein Kind bekommen hat und einen ausgibt. Wir gehen alle auf die fünfzig zu, manche noch viele Jahre, manche aber auch nicht mehr lange. Auf zwei riesigen Flachbildschirmen läuft ein Sen-der, den es vielleicht nur hier bei Rolf gibt, er heißt «deluxe-music» und die Sendung «80s extreme». Egal, wie alt wir sind, wir kommen alle aus den Achtzigern, selbst die, die denken, sie kämen aus der Gegenwart. Wir halten uns die Augen zu, um die Schrift nicht zu lesen, und raten um die Wette das nächste Lied, wobei ich eher froh bin, daß ich immer verliere. Verstörend sind die vielen Bands, die einem völlig unbekannt sind, obwohl man doch damals die Charts auswendig kannte. Es gab sogar in den Achtzigern noch schlechtere Musik als die, die man gut fand!

Manche von uns versuchen es sogar bei dieser Gelegenheit mit Niveau («‹The Reflex›, irre, drei Tonarten in einem Song!»), manche haben etwas erlebt («Als ich Knausgård gefragt habe, ob er in Norwegen so bekannt wie Morten Harket ist, hätte er fast das Interview abgebrochen»), und manche hören sogar immer noch Musik und können sich Albumtitel merken. Wir staunen, wie «weit vorne» Yello waren, und fühlen mit Phil Collins mit, dem die Drumsticks inzwischen angeblich an den Händen festgebunden werden müssen. (Zunehmend interessiert es einen, wie Prominente mit dem Alter umgehen.) Mit einem Plus an Lebenserfahrung (Patchworkfamilie), überlegenem intellektuellen Besteck (Heidegger-Lektüre), mit dreißig Jahren mehr Medienkompetenz, mit besseren Englischkenntnissen und dem Wissen darum, wie unwichtig Popmusik in Wirklichkeit ist, betrachten wir staunend den unbeschwert-avantgardistischen DIY-Pop der Achtziger, heilfroh, dem entkommen zu sein, und summen unterwegs nach Hause auf dem Fahrrad (seit neuestem mit gelber Warnweste ausgestattet) leise vor uns hin: «When you're through with life and all hope is lost, hold out your hand 'cause friends will be friends, right till the end …»

ERNIE & BERT

Wäre ich heute ein besserer Mensch, wenn ich die vielen Fern-
sehstunden in meiner Kindheit anders genutzt hätte? Meine
Eltern haben sogar einen zweiten Schwarzweißfernseher angeschafft, um uns Kinder in den Wochen des Umzugs in die Neubauwohnung zu beschäftigen. Es war herrlich, im neuen, noch
unmöblierten Kinderzimmer auf dem PVC-Belag mit der aufge-
druckten Holzmaserung zu sitzen und auf das Kinderprogramm
zu warten, denn darin bestand Fernsehen oft: warten, daß «was
kommt». Leider bin ich heute der Meinung, daß Kinder so lange
wie möglich von Bildschirmen ferngehalten werden sollten. Eine
Ausnahme ist der Morgen, wenn die Kinder endlich angezogen
sind – der rechte Schuh noch ein zweites Mal, weil der Strumpf
so gedrückt hat, und weil die neue Mütze nicht akzeptiert wird,
muß die alte gesucht werden, aufs Klo müssen auch alle noch
mal, also wird der Schneeanzug wieder ausgezogen, mit einer
Zange, weil der Reißverschluß klemmt –, und ich mir meinen
Sohn auf den Schoß setze, damit wir auf meinem Handy Ernie
und Bert sehen können. Ich höre im Hausflur das Nachbarskind
schreien, was mich gemeinerweise tröstet, und wir gucken eine
dieser kurzen Szenen, die ich inzwischen für bedeutender halte
als Brechts Lehrstücke. Daß ausgerechnet die Amerikaner es
geschafft haben, so ein intelligentes, komisches, unaufdringlich-

pädagogisches Kinderfernsehen zu produzieren, versöhnt mich mit vielem an diesem umstrittenen Land. Daß die «Sesamstraße» anfangs vom Bayerischen Rundfunk nicht ausgestrahlt wurde und deutsche Eltern an die ARD schrieben, weil sie Oscar, der in der Mülltonne wohnte, für ein schlechtes Vorbild hielten, verwundert mich nicht. Für mich waren Ernie und Bert immer eine Version von mir und meinem älteren Bruder, der unter meinem unbeschwert-egoistischen Verhalten litt. Ernie denkt nicht vorausschauend und handelt irrational, wird dafür aber vom Schicksal immer wieder belohnt, wie am Strand, als er, anders als Bert, kein Handtuch, kein Radio, nichts zu essen oder zum Spielen mitgenommen hat, lediglich an einen Regenschirm hat er gedacht, der sich prompt als nützlich erweist, weil es vollkommen unerwartet zu regnen beginnt und Bert mal wieder der Dumme ist. Mit den Jahren habe ich aber auch Bert liebgewonnen, der Tauben, die Farbe Grau und Büroklammern mag. An den beiden ist mir alles sympathisch, ich überlege schon, mir Ernies bunten Wollpullover anzuschaffen und mal wieder meinen Bruder zu besuchen, um ihm das Stück Schokoladenkuchen zu bringen, das ich ihm (angeblich) mit vier Jahren weggegessen habe.

BAUMSCHNITT

Weil die Kinder ein Gefühl für Natur bekommen sollen, haben wir nach kurzem, intensivem Zögern einen Kleingarten übernommen und müssen uns nun weiterbilden, was wann zu tun ist und wie es überhaupt gemacht wird. Leider kann immer nur einer von uns im Garten arbeiten, weil die Kinder sich sofort langweilen und einer auf sie aufpassen muß, damit sie ihre Sonnenmützen aufbehalten und kein Wasser aus Blüten von Glockenblumen trinken, wie es die Ameisen in «Die lustige Grille» tun, einem unserer Kinderbücher. Bis jetzt habe ich alles falsch gemacht, zum Beispiel das Beet umgegraben, erst danach habe ich gelesen, daß die Schäden, die das Umgraben dem Boden zufügt, jahrhundertelang ignoriert wurden. Um nützliche Kleinstlebewesen nicht zu stressen, lockere man nur noch mit dem «Sauzahn». Dann habe ich bergeweise vertrockneter Goldrute abgebrochen und gelernt, daß man die Wurzeln ausgraben muß und den Blütenstand auch nicht auf den Kompost werfen sollte. Als in der Kolonie das Wasser angestellt wurde, lief, weil ein Schräubchen am Wasserhahn (der in Wirklichkeit KFR-Ventil heißt) geöffnet war, eine Grube voll, deren korrekte Bezeichnung ich noch gar nicht kenne. Erst später merkte ich, daß gleichzeitig am Boiler im Haus das Wasser aus einem Ventil spritzte und die Toilette überschwemmte. Zunächst ist das alles ein sprachliches

Problem, denn wenn man die Begriffe nicht kennt, bekommt man keine Hilfe. Um es beim Baumschnitt besser zu machen, habe ich «im Netz» lange Abende Filme zum Thema gesehen. Am besten haben mir die des Bundesinformationszentrums Landwirtschaft gefallen, in denen ein freundlicher Mann, dem die Arbeit leicht von der Hand geht, die Unterschiede zwischen Pflanzschnitt (Leitäste festlegen!), Erziehungsschnitt, Verjüngungsschnitt und Erhaltungsschnitt erklärt. Und das beste war: «Der Sommerschnitt ist groß im Kommen.» Das bedeutet nämlich, daß ich noch warten kann. Im Sommer wird beim Schnitt «das Triebwachstum beruhigt». Vorher kommt der «Juniriß», bei dem «Wasserschosser» oder «Geiltriebe» mit den «schlafenden Knospen» ausgerissen werden. Für alles Weitere brauche ich eine japanische Säge mit Köcher und Gürtelschlaufe, die «auf Zug» arbeitet. Das freut mich, denn bisher war das Schönste am Garten für mich der Einkauf von solidem Equipment im Gartencenter. Vielleicht höre ich auch auf den Rat meines Therapeuten: alle Ambitionen zurückschrauben, mit Kindern kommt man im Garten sowieso zu nichts.

KARAKUM

Ich habe mir unvorsichtigerweise einen hartnäckigen Ohrwurm eingehandelt. Schon beim Aufwachen höre ich in meinem Kopf, wie aus einem Radiowecker, die etwas quäkige Stimme des turkmenischen Präsidenten Gurbanguly Berdimuhamedow einen Song der russischen Gruppe «Krug» von 1983 singen: «Eto Kara-Kara- Kara- Kara- Kara- Karakum ... Eto Kara- Kara- Kara- Kara- Kara- Karakum ...» Mein neuer Roman wird in einer fiktiven zentralasiatischen Diktatur spielen, deshalb hatte ich mich auf YouTube über den originellen Personenkult des turkmenischen Präsidenten informiert. Der ehemalige Zahnarzt scheint ein bedeutender Mann zu sein, denn immer, wenn er etwas sagt, schreiben alle Anwesenden konzentriert mit. Es gibt sogar eine Szene aus den Nachrichten, in der er den Generalstaatsanwalt wegen Korruption entläßt – was ungefähr so absurd ist, als würde Tony Soprano Al Capone wegen Diebstahls anzeigen –, und der Betroffene notiert sich jedes Wort. In anderen Beiträgen führt der Präsident seinen Ministern im Fitneßstudio Übungen vor, oder er zeigt einer Armee-Einheit, wie man korrekt mit Waffen umgeht, er wirft sogar mit Messern und signiert anschließend die Zielscheibe. Man sieht ihn bei einem Silvester-Rave im Trainingsanzug am DJ-Pult oder vor begeistertem Publikum auf einem turkmenischen Achal-Tekkiner-Hengst ein Pferderennen gewinnen. Man sieht ihn in Begleitung seiner Minister den «Health Path» in den Bergen vor der Hauptstadt Aschgabat ablaufen, eine kilometerlange, nachts von Laternen beleuchtete Treppe, die an vergoldeten Skulpturen von Bergziegen vorbeiführt. (Der Präsident kämpft gegen das Rauchen und reagiert äußerst gereizt, wenn er zu bemerken meint, daß einer seiner Minister nach Tabak riecht.) Nebenbei hat er die Hauptstadt in eine menschenleere Retortenstadt aus Marmor verwandelt (gebaut von westlichen Baukonzernen). Das klingt alles skurril, aber im Grunde verhält er sich nicht anders als ein deutscher Familienvater bis mindestens in die fünfziger Jahre, nur mit mehr Auswirkungen für die Allgemeinheit: Er erwartet Unterordnung, hält sie vielleicht sogar für Respekt oder Liebe, er weiß alles besser, nimmt sich das größte Stück Fleisch und sorgt sich ständig um seinen Nachruhm. In einem Clip sieht man, wie Hunderte Frauen im Festsaal eines Luxushotels mitklatschen, während auf der Bühne eine Videoaufnahme des Präsidenten gezeigt wird, der für sie anläßlich des Internationalen Frauentags, begleitet von einer Band (Playback im Fernsehen hat er verboten), erstaunlich lässig das schöne Lied über die Wüste Karakum singt. Die Anwesenden genießen sicher nicht das Menschenrecht, nicht begeistert zu sein, aber vielleicht ist es ja noch schlimmer, und sie sind begeistert?

SNOOKER

Im Alter reizen einen meditative Fernsehformate, das merke ich, wenn ich nachts bei diesen Sendungen hängenbleibe, auf denen eine Kamera aus dem Zug heraus irgendwo auf der Welt eine Bahnstrecke filmt. Je mehr in meinem Leben passiert ist, um so weniger muß für meinen Geschmack auf dem Bildschirm passieren. Noch besser war es früher, bei einem Bier dem Defragmentierungsprogramm zuzusehen, das den Speicher vom Rechner aufräumte, was dadurch visualisiert wurde, daß auf einem Bildschirm voller kleiner Quadrate Ordnung einkehrte. Wenn man Familie hat, ist man auch gerne mal allein, deshalb hat Fußballgucken für mich nur als Dauerabsence Sinn, beim Rudelgucken geht der Reiz für mich verloren. Mein Vater hat irgendwann Snooker für sich entdeckt. Während der Snooker-WM (die irgendwie alle paar Monate stattzufinden scheint) färbt sich der Bildschirm in der Wohnung meiner Eltern tagelang grün. Mir ist das recht, denn Snooker ist, vor allem im Vergleich zur Formel 1, die mein Vater leider auch guckt, ein sehr leiser Sport. Meine Mutter sieht zwar nicht zu, aber sie schätzt die «erotische Stimme» des Moderators. Im übrigen würden viele Mitarbeiter ihres germanistischen Instituts jetzt als Rentner Snooker gucken. Vielleicht hat es damit zu tun, daß Snooker, ähnlich wie Darts, es auch unsportlich veranlagten Menschen erlaubt, sich im Wettkampf zu messen. Beim Armeedienst habe ich viel Billard gespielt, der Tisch im «Klubraum» war mit einer blauen FDJ-Fahne bespannt, wir trugen Trainingsanzüge und tranken gelbe Brause, Bier gab es ja nur zu Weihnachten. Der Tisch hatte keine Taschen, deshalb spielten wir Karambolage, allerdings hatten wir nur zwei Kugeln. Wenn ich nicht, sobald das möglich war, zum Zivildienst gewechselt wäre, würde ich jetzt vielleicht bei der Snooker-WM mitspielen (und wäre zuckerkrank wegen der vielen Liter Brause am Tag). Nach der Wende gingen erst mal alle meine Bekannten nächtelang in Kneipen kickern und flippern, weil es das vorher nicht gegeben hatte, und zur Abwechslung Billard spielen, in Billardhallen, die in Ostberlin in neuerdings leerstehenden Fabrikgebäuden eröffneten, wo inzwischen Luxuswohnungen eingerichtet wurden. Mich reizte, wie immer, am meisten das Equipment, vor allem dieser blaue Würfel mit der interessanten Mulde, mit dem habe ich gerne «die Pomeranze gekreidet», obwohl ich beim Stoßen gar keinen Unterschied bemerkte. Manchmal setzt sich ein Spieler auf den Tisch und führt den Stoß mit einer «Brücke» und einer Teleskopverlängerung für den Queue aus, die er hinter seinem Rücken entlangführt. Das ist dann besonders aufregend, ähnlich wie ein Fallrückzieher beim Fußball.

WEISSTU, WAS ICH MEINE?

Vor dem Spielplatz stand neulich eine Gruppe Erwachsener, die auf ihre Handys guckten. Sie suchten nach Pokémons, denn hier befindet sich eine «Arena», wo man «Sachen machen» könne, wie eine Frau mir verriet. Eigentlich habe das ihr Sohn gespielt, aber nun sei sie drauf hängengeblieben. So geht es uns mit «Germany's Next Topmodel», eigentlich guckt das meine Tochter, und wir gucken nur mit, um ihr die aggressive, unsoziale Ideologie des Formats zu erläutern, aber insgeheim hoffen wir jetzt schon, daß wir auch nächstes Jahr wieder mitgucken müssen. Für mich ist das Format ein sprachliches Füllhorn, weil «die Mädchen» dauernd ihre Gedanken in die Kamera sprechen müssen und dabei versuchen, sich eine Spur gewählter auszudrücken, als sie es gewohnt sind. Dabei begehen sie ständig «grobe Schnitzel». Der Fachbegriff für solche Stilblüten ist «Malapropismus», und bisher war meine Hauptquelle dafür die Online-Ausgabe des «Kicker», wo man Sachen liest wie: «Vielmehr sprach der 69jährige über die mehr als beschauliche Leistung der Spieler auf dem Feld.» Es hat gar nicht unbedingt mit Bildung zu tun, zwischen schriftlichem und mündlichem Sprachgebrauch liegen einfach Welten. Im Haifischbecken der gesprochenen Sprache wird das Deutsch der Zukunft geschmiedet. Wenn «Thomas» sagt: «Es war ein bißchen wenig Varianz in den Gesichtsausdrükken dabei», dann gilt das nicht für die grammatischen Formen. Aber: «Ich hab' da weniger Probleme als andere, die 'n bißchen versteifter sind.» Als bei einem «Shoot» das Licht für einen Moment perfekt ist, sagt der Fotograf: «Den ganzen Tag haben wir geächzt nach der Sonne.» Wir wetteifern immer, wer zuerst den Fehler findet, hier war wohl «gelechzt» gemeint gewesen. Inzwischen kommt, heute schon zum zehnten Mal, die Werbung für Nivea Sun Sonnenschutz «mit Anti-Flecken-nach-dem-Waschen-Formel». Was studieren eigentlich Werbetexter? Gibt es bald Autos mit «Keine-Verletzungen-nach-dem-Unfall-Formel»? «Er ist sehr aggressiv, aber ich bin dem gerecht», sagt ein «Mädchen» über Wolfgang Joop. «Ich freu mich übertrieben», sagt eine andere über die Begegnung mit ihm, und ich lasse mir erklären, daß «übertrieben» jetzt Jugendsprache sei. Die Mädchen beginnen und beenden auch jeden zweiten Satz mit: «Keine Ahnung». Und an Heidi geht mir die ständige Wendung: «Weißtu, was ich meine?» auf die Nerven. «Bei uns fließen sehr viele Emotionen», sagt ein Mädchen über seinen Auftritt mit einer Dragqueen (der großartig war). «Wir sind ein eingeschweißtes Team.» Nach einer weiteren Werbung für MicellAir-Mizellenwasser sagt Heidi: «Deine Leistung war heute nicht das Eigelb.» Keine Ahnung, aber ich würde ihr das «nicht zum Verhängnis machen».

LA LIGUE DES CHAMPIONS

Wir sind im Urlaub in der Grande Motte, einem Ferienort an der französischen Mittelmeerküste, der ab den späten sechziger Jahren aus dem Boden gestampft wurde. Man wollte vom Urlauberstrom profitieren, der sich damals schon nach Spanien ergoß. Der leitende Architekt hat über dreißig Jahre praktisch alles selbst entworfen, bis hin zu den Trafohäuschen. Das Problem ist, daß wir keinen Fernseher haben und ich nicht weiß, wo ich das Champions-League-Finale gucken soll. Im Klubraum unserer Résidence, wo ein «House of the Dead»-Spielautomat steht, an dem man «Research Worker» vor Zombies retten soll («Game over, if you shoot a research worker by mistake»), hängt zwar ein Fernseher an der Wand, aber der Raum ist von einer Spezialeinheit der Polizei besetzt, die dort für zwei Wochen ihr Quartier aufgeschlagen hat, um uns vor Terroristen zu schützen. Zu essen gibt es hier auch nichts, nur einen Automaten, der Plüschtiere in Gestalt einer Tüte Pommes ausspuckt. Ich gehe also zur Strandpromenade, um eine Leinwand zu finden, aber die Franzosen essen seelenruhig zu Abend, statt sich für das Finale zu interessieren. Ein Restaurant hat immerhin einen größeren, leeren Saal mit einer Videoleinwand zu bieten, nur daß der Ton ausgeschaltet ist, weil an einem der Tische eine Familie Geburtstag feiert. Das macht aber gar nichts, weil vom Schwimmen sowieso mein

21

linkes Ohr verstopft ist. So sehe ich das Spiel ohne Ton und muß mir denken, warum ständig ein Spieler weint. Erst einer von Liverpool, weil er den Platz verlassen muß, dann muß, wohl der Gerechtigkeit wegen, ein Spieler von Madrid gehen und schluchzt dabei erbärmlich. In der Pause wird eine Quizfrage eingeblendet: «Tentez de gagner un séjour en Thailande». Man muß dafür nur wissen, ob Madrid schon einmal im Finale der Champions League stand. Ich überlege, welche Instanz in mir eigentlich entscheidet, für wen ich bin. Ein bißchen drücke ich Kroos die Daumen, weil er aus Greifswald kommt, dann aber auch Klopp, weil er so menschlich geblieben ist. Wobei mir Zidane ja auch sympathisch ist. Er coacht wie gewohnt telepathisch, ohne eine Miene zu verziehen, er macht das alles mit seiner Ausstrahlung. Am Ende weint auch noch der Torwart von Liverpool, weil er einen Ball nicht gefangen hat. Ich gehe auf der Strandpromenade zurück und bin irgendwie froh, daß ich doch nicht Fußballprofi geworden bin, das wäre sicher mit Streß verbunden. Ich klettere über den Zaun der Résidence, weil ich die Chipkarte vergessen habe, und hoffe, daß mich kein Spezialpolizist für einen Zombie hält und «by mistake» erschießt, auch wenn er dann vielleicht vor Scham weinen würde.

KURZSICHTIG

Eine Anschaffung, zu der ich mich zum Glück nie entschließen konnte, ist ein großer Röhrenbildfernseher. Vor jeder WM oder EM liebäugelte ich früher mit den Geräten im Medien-Kaufhaus, die ja immer größer und billiger wurden. Am Ende war ich doch zu geizig, und es blieb bei meinem alten Kofferfernseher mit kaputter Fernbedienung, den ich mit der Fernbedienung des kaputten VHS-Videorekorders bedienen konnte, an den ich ihn angeschlossen hatte. Inzwischen sehe ich beim Spazieren immer wieder Röhrenbildschirme, die offenbar nach der Anschaffung eines Flachbildschirms aus dem Fenster geworfen worden sind wie Tannenbäume im Januar. Meine Freundin brachte einen Flachbildschirm in die Beziehung, der größer war als jeder Röhrenbildschirm, von dem ich je geträumt hatte. Zunächst stand er am Boden, bis unser Sohn sich daran hochzog, nach hinten kippte und unter dem Fernseher lag. Da er das gleich danach noch einmal gemacht hat, stellten wir den Bildschirm ins Ställchen, das sowieso nie benutzt worden war, weil meine Freundin es für Freiheitsberaubung hielt und später hängten wir den Fernseher, um Platz zu gewinnen, an die Wand. In der vergangenen Saison ist mir aufgefallen, daß ich beim Fußball die Spieler nur noch unscharf sehe. Ein noch größerer Bildschirm kommt nicht in Frage, so etwas steht in unseren Augen für soziales Versagen.

Ich setzte mich näher an den Fernseher, auf einen Sessel, während meine Freundin jetzt hinter mir auf dem Sofa saß, als sei ich ihr Chauffeur. Allerdings bekam ich vom Hochgucken einen steifen Nacken, deshalb habe ich mir für die WM in Rußland eine Brille machen lassen, so daß wir wieder nebeneinander sitzen konnten. Bei den großen Mannschaften kann man als Fußballfan ja jeden Spieler an seinen Bewegungen erkennen, auch wenn man nicht ganz scharf sieht, aber jetzt konnte ich auch wieder den Spielstand lesen. (Als wir neulich in «Schwanensee» waren, versuchte ich verzweifelt, irgendwelche Feinheiten im Bewegungsablauf der Tänzerinnen wahrzunehmen, die alle das gleiche Trikot trugen. Lieber sehe ich Fußball, schon weil ich da nicht vorher weiß, wie es ausgeht.) Leider kündigt sich schon eine neue Schwierigkeit an: Neuerdings ist mir der Ton manchmal zu leise, meiner Freundin aber zu laut. Während wir uns seelisch immer weiter aufeinanderzubewegen, entwickeln wir uns körperlich auseinander. Irgendwann werden wir in zwei Zimmern an zwei Bildschirmen gucken, verschieden weit entfernt davon postiert und mit unterschiedlicher Lautstärke, womöglich sogar unterschiedlichen Programmen. Nein, wie ich uns kenne, werden wir dann jeder das Programm des anderen gucken, um uns trotzdem nah zu sein.

KÜCHENSCHLACHT

Als ich einmal einen Winter über ins Fitneßstudio ging, um laufen zu können, ohne mich dabei zu erkälten, kam ich in Berührung mit der mir bis dahin unbekannten Welt des Vormittagsfernsehens. Um nicht auf einen der ein Dutzend Bildschirme unter der Decke zu starren, hätte man rückwärts laufen müssen, wie es einige Exzentriker bei großen Städtemarathons tun, aber dazu war meine Neugier auf das Fernsehprogramm zu groß. Leider erwies man uns nicht die Gnade, wenigstens auf einem der Bildschirme Phoenix oder 3sat einzustellen, so mußte ich «Mieten, kaufen, wohnen» oder «X-Diaries» gucken, Sendungen, in denen ehemalige Dschungelcampbewohner in verschiedene Rollen schlüpften, obwohl man sie doch schon bei «Goodbye Deutschland» nach Australien hatte auswandern sehen. Ein Qualitätssprung war dagegen das «ARD-Buffet» mit der «Flecken-Sprechstunde», weil es hier seriös zuging und man die Flecken auf die empfohlene Art zu Hause auch wirklich rausbekam. Auch Kochsendungen eigneten sich zum Laufen, vor allem die «Küchenschlacht», weil es hier für die Kandidaten ein Zeitlimit gab. Seitdem sind viele Jahre vergangen, und als ich neulich wieder einmal die «Küchenschlacht» guckte, staunte ich, wie wenig sich verändert hatte. Im Grunde gar nichts! Entschleunigung ist eine nicht zu unterschätzende Qualität der Öffentlich-Rechtlichen, ich habe ja immer noch am letzten Redesign der «Tagesschau» zu knabbern, von so etwas erholt man sich nicht so schnell. Die Kinder waren endlich im Bett, und wir kauten unseren Feldsalat, guckten die «Küchenschlacht» und freuten uns, daß hier keine Morde aufgeklärt wurden, sondern höchstens mal eine Mayonnaise gerann. Wahrscheinlich lerne ich vom Zugucken so wenig kochen, wie ich Klavierspielen lerne, wenn ich mir ein Klavierkonzert ansehe, trotzdem blieb manches hängen, was sich im Laufe meines Lebens noch als nützlich erweisen könnte, zum Beispiel daß bei Petersilie die Kraft im Stengel steckt und nicht in den Blättern. Als der Koch einen der hochmodernen Öfen öffnete, um mit dem Finger zu prüfen, ob das Fleisch schon «auf den Punkt» gegart war, seufzte ich sehnsüchtig, und meine Freundin guckte mich strafend an. Wir leben ja vegan, sie aus Überzeugung und ich, weil ich zu faul zum Kochen bin und meistens einfach ihre Reste esse. Manchmal wünsche ich mir etwas anderes, dann denke ich an unseren Pfarrer, der auf unserer Konfirmandenfahrt, als fast alle ihre Plastikschüssel mit Graupensuppe stehenließen, sagte: «Ich habe gelernt aufzuessen.» Seitdem habe ich ein schlechtes Gewissen, wenn mir etwas nicht schmeckt.

SENDESCHLUSS

In meiner Kindheit gab es noch den Sendeschluß, irgendwann nach Mitternacht wurde das Programm einfach abgeschaltet, egal, ob man weitergucken wollte oder nicht. Manchmal schlief ich beim «Sportstudio» ein und wachte erst vom weißen Rauschen wieder auf, vollkommen allein gelassen von der Zivilisation. Verängstigt schaltete ich die fünf Sender durch, aber nirgends war noch jemand anwesend, das Fernsehen überließ uns einfach uns selbst. Im Osten gab es das Gerücht, daß im Westfernsehen lange nach Mitternacht versteckt hinterm Sendeschluß pornographische Filme gesendet würden. Wie viele ostdeutsche Männer sich wohl wachgehalten haben, um dieses Angebot nicht zu verpassen, und am Morgen übermüdet zur Arbeit gegangen sind? In den achtziger Jahren gab es einmal eine Sommer-Filmnacht im ZDF, als Geschenk an die Zuschauer wurde der Sendeschluß einmalig nach hinten verlegt und es wurden nach Mitternacht drei Spielfilme gesendet. Ich saß wie hypnotisiert im Fernsehsessel und schaffte es nicht mal aufs Klo. Gewissensbisse plagten mich, weil es draußen schon hell wurde und ich nicht in der Lage war abzuschalten. Zuerst lief ein Krimi mit Belmondo, das war noch harmlos, aber danach kam «Was Sie schon immer über Sex wissen wollten». Ich kannte Woody Allen nicht und wußte deshalb nicht, welche Rollen in den Episoden dieses Films er spielte. Ich wußte auch nicht, daß der Film komisch gemeint war, und verstand die Parodien nicht, weil ich die Vorlagen nicht kannte. Irgendwann wurde eine gigantische, vagabundierende Brust mit einem riesigen BH eingefangen. Ich war jung, und Fernsehen konnte mich noch verstören, jenseits von 20 Uhr wartete eine unbekannte und aufregende Welt. Der dritte Film spielte in New York, wo die Bewohner abbruchreifer Armenviertel von mutierten Wölfen auf Menschenjagd heimgesucht wurden. Einige Szenen sah man aus der Sicht der Wölfe, deren Optik verzerrt war, das Farbspektrum war auch anders, man fühlte sich fast selbst wie ein Wolf. Jetzt war ich froh, daß es draußen schon hell wurde und daß ich in einem Ostberliner Neubauviertel wohnte, wo es nur streunende Katzen gab. Außerdem wohnten wir ja im fünften Stock und die Wölfe würden erst die Nachbarn von unten fressen. Als ich endlich doch noch vom Sendeschluß erlöst wurde, stand ich auf und schaltete den Fernseher aus wie eine Stehlampe, es gab ja keine Fernbedienung. Ich ging ins Bett und wachte wahrscheinlich gerade rechtzeitig zum Beginn des Ferienprogramms wieder auf, das ich natürlich jeden Tag guckte, dafür war es ja da. Es war unerträglich, wieviel Fernsehen man verpaßte, wenn man nicht zu Hause war. Manchmal, wenn nichts kam, ging ich zum Fernseher im anderen Zimmer, um auch dort noch einmal durchzuschalten.

DIE OTTO-SHOW

Wir wußten früher nie, was im Westfernsehen am Abend laufen würde, weil in DDR-Zeitungen natürlich kein West-Fernsehprogramm abgedruckt wurde. Schon deshalb mußte einer immer Wache vor dem Fernseher halten, damit man nichts verpaßte, man konnte ja nicht wissen, wie viele Jahre bis zu einer Wiederholung vergehen würden. Da wir drei Kinder waren, konnten wir uns mit Wachestehen abwechseln, und so kam es, daß wir eines Tages im Dritten Programm auf eine Ausstrahlung der «Otto-Show» stießen, wir konnten nicht fassen, wie lustig Fernsehen sein konnte, warum war es nicht einfach immer so? Geistesgegenwärtig nahmen wir wenigstens den Ton mit dem Kassettenrecorder auf, so etwas wie Videorecorder kannten wir ja nur als Gerücht. Die Kassette wurde dann immer wieder gehört, die Texte mühsam mit der Schreibmaschine transkribiert. Im Ferienlager wurden solche Abschriften getauscht, viele konnten lange Otto-Gedichte auswendig, während sie sich bei «John Maynard», das jeder für die Schule lernen mußte, schwertaten. Das Otto-Kehlkopfkeckern und das gebückte Känguruhhüpfen gehörten zum Repertoire jedes Heranwachsenden, der sich dafür entschieden hatte, Mädchenblicke durch Albernheit auf sich zu ziehen statt durch Männlichkeit. Weil ich meiner Tochter vorführen wollte, was mich als Kind geprägt hat, sahen wir uns eine alte

Otto-Show auf ihrem Handy an, wo sie solche Kulturgüter heutzutage jederzeit verfügbar hat, ein permanenter Feiertag. Sie wunderte sich über die schlechten Wortspiele und versuchte zu verstehen, warum die Zuschauer darüber lachten. Ich gab mir Mühe, ihr den Kontext zu erklären, daß vierzig Jahre lang nur Hitler und Belehrungen über das Verhalten im Straßenverkehr im Fernsehen gekommen waren, und dann machte jemand Werbung für: «Keili, die Seife, die bis in die Achselhöhlen dringt!» Und das mitten im Kalten Krieg! Als Fernsehansager einen noch strafend ansahen, wenn man beim Fernsehen nicht gerade saß! Sie sagte: «Der hat wahrscheinlich ADHS.» Kann schon sein, wer hat das nicht? Aber die öffentliche Verweigerung von Ernst war eine subversive Pioniertat und hat das seelische Überleben in der BRD und eben auch in der DDR überhaupt erst möglich gemacht. Als sie längst schlief, guckte ich immer noch auf ihrem Handy chronologisch alte «Otto-Shows», faszinierendes Material für eine zeitgeschichtliche Studie. Otto ist immer noch derselbe, aber die Wirklichkeit hat sich verändert. Heute gibt es kaum noch eine Werbung oder einen Wahlslogan, der ohne schlechte Wortspiele auskommt, es wird immer schwerer, mit Albernheit aufzufallen. Um so wichtiger ist es, es trotzdem zu versuchen, dachte ich mir und hängte mal wieder den BH meiner Freundin an die Deckenlampe, mal sehen, wie lange sie morgen danach suchen würde!

WACKELKONTAKT

Unser Flachbildfernseher hat an der Rückseite eine Vielzahl von seltsamen Buchsen, wahrscheinlich könnte man ihn mit anderen Geräten im Haushalt zu einem großen Gerätekollektiv verbinden, das dann ganz unberechenbare Dinge tun würde. Ich bin aber nicht mehr so experimentierfreudig wie als Kind und bräuchte eigentlich für alle Geräte eine Rentnerversion mit möglichst wenigen, großen Tasten. Früher wäre es für mich undenkbar gewesen, ein Gerät zu besitzen und nicht sofort alle seine Funktionen zu erkunden. Der Fernseher meiner Eltern war von Sanyo, im weißen Plastikgehäuse war schon ein Griff eingebaut, wie heute in den Waschmittelflaschen, während die Fernseher in den Familien meiner Freunde aussahen wie aus der Schrankwand ausgesägt. Er hatte hinten nur drei Drehknöpfe, einen für Kontrast, einen für Helligkeit und einen besonders interessanten, mit dem man das Bild ein Stück nach links und rechts schieben konnte, was sich fast schon wie Computerspielen anfühlte. Es gab noch eine Buchse für eine Zimmerantenne, einmal bastelte ich eine runde Antenne aus Silberpapier, weil man damit angeblich Satellitensender empfangen konnte. Immer wieder nutzte ich das Testbild, um mit den drei Knöpfen das Bild zu justieren, was ich als meinen Beitrag zur Hausarbeit verstand. Am wichtigsten war aber ein Drehregler, der gleichzeitig als Lautstärkeknopf und Einschalter diente. Dieser Knopf hatte einen Wackelkontakt, anfangs konnte man noch Glück haben, und der Ton war eine ganze Sendung lang zu hören, später mußten wir einen Bleistift zwischen Drehregler und Gehäuse klemmen und ihn geduldig antippen, bis der Ton wieder eine Weile zu hören war. Fernsehen war Glückssache, und Glück war nicht nur, daß etwas lief, sondern daß wir mitbekamen, was gesagt wurde. Um den mühsam justierten Lautstärkeknopf nicht zu verstellen, schalteten wir das Gerät aus, indem wir den Stecker zogen, wie wir es auch vor jeder Reise taten, falls der Blitz einschlagen sollte, ich weiß bis heute nicht, ob das überhaupt nötig war. Als ich meine erste eigene Wohnung bezog, fand ich auf dem Dachboden einen Farbfernseher, bei dem sich das Bild nach einer Weile kissenförmig verzog, worauf die Farben immer psychedelischer wurden, es kam dann darauf an, beim Alkoholkonsum mit dem Fernseher mitzuhalten, um sich nicht wie auf einer Party zu fühlen, auf der man als einziger nichts trinkt. Das Fernsehbild sah für mich damals aus wie die Welt aus der Sicht einer Fruchtfliege, und tatsächlich leisteten mir Fruchtfliegen beim Fernsehen gerne Gesellschaft, es wurden sogar immer mehr. Besonders gerne sahen wir Tiersendungen, weil da die Sprecher immer so freundliche Stimmen haben.

TRIMM-TRAB

Bei meinen Recherchen zur Geschichte des Joggens als Massen-
phänomen bin ich im Netz auf eine Zusammenstellung west-
deutscher «Trimm dich»-Werbespots aus den Siebzigern gestoßen. Es gibt doch manchmal nichts Exotischeres als die nähere
Vergangenheit! Der Deutsche Sportbund hatte diese Filme damals bei einer Werbeagentur in Auftrag gegeben, die Deutschen
waren nach den Aufbaujahren übergewichtig geworden und hatten mehr Freizeit, um etwas dagegen zu tun. Als der Jogging-
trend aus den Vereinigten Staaten nach Deutschland kam, mußte
man dafür natürlich ein eigenes Wort erfinden, den «Trimmtrab», was sogar noch abstoßender klingt als der «Dauerlauf»
aus dem Schulsport. Als Pionier des «Joggens», also eines aero-
ben Ausdauertrainings, bei dem man nicht außer Atem kommt
(«Laufen, ohne zu schnaufen»), gilt der deutsche Arzt Ernst van
Aaken, der seine Methode zu einer Zeit propagierte, als weltweit
nach der Intervallmethode trainiert wurde. Manchmal stoße ich
beim Joggen in westdeutschen Städten auf verwitternde Über-
reste eines Trimm-dich-Pfads, sozusagen ein Tough-Viking-Par-
cours mit dem Appeal eines Fitneßtests der Krankenkasse. Seltsam, wie ähnlich sich damals Ost und West, aus der zeitlichen
Distanz betrachtet, in vielen Dingen noch waren, im Osten warb
Ulbricht persönlich für «Jedermann an jedem Ort, einmal in der

Woche Sport», im Westen Heinemann fürs Schwimmen («Bundespräsident Heinemann schwimmt täglich. Weil er viel Kondition braucht für Schreibtischarbeiten und Repräsentationsaufgaben rund um die Uhr.»). Die Trimmtraber, die man in den Trimm-dich-Spots in wieder hervorgekramten Trainingsanzügen oder Turnhosen aus der Jugend sich «trimmen» sieht, wirken ganz aufgekratzt vor Freude über die neu entdeckte Bewegungsform. «Das sind meine Kollegen, wir laufen jeden Freitagabend hier im Park. Weils in Gesellschaft einfach lustiger ist. Wofür das alles? Na, für mich gehört Trimmtrab einfach zur Kosmetik», sagt eine 25jährige. Während heute in der Werbung schlechte Wortspiele dominieren, setzte man damals noch auf Reime: «Ein Schlauer trimmt die Ausdauer». Man konnte für seine Leistungen auf einer Teilnahmekarte spiralförmig angeordnete Felder ankreuzen und dafür mit der «Trimmspirale» geehrt werden: «Sie haben 100 Übungsforderungen der Trimmspirale erfüllt und wissen jetzt, wieviel Spaß es macht, sich fit zu halten.» Zum Glück darf man das heute auch wieder ganz von allein herausfinden.

TRÄUME MIT LUFTSCHRAUBE

Seit einer Weile sammle ich Szenen, die unwillkürlich in meinem Gedächtnis auftauchen und die ich als Kind im Fernsehen gesehen habe, ohne daß ich heute noch wüßte, aus welchen Filmen sie stammen. Offenbar haben mich die Bilder damals beeindruckt oder überfordert, so daß sie hängengeblieben sind. Wenn sie mir wieder einfallen, fühle ich mich für Momente in meine Kindheit versetzt. Manchmal versuche ich, herauszufinden, wie die Filme hießen, um sie mir ganz anzusehen. Es gibt ja Seiten im Internet, auf denen jemand gewissenhaft das alte Fernsehprogramm abtippt, für mich eine fesselnde Lektüre. Heute würden mich besonders die Sendungen interessieren, die ich damals langweilig fand, gerade auf «DDR 2», einem Sender, den ich als Kind überhaupt nicht zur Kenntnis genommen habe, da hier sowieso nur russische oder mongolische Dokus im Original liefen («‹Neujahr im April›. Sowjetischer Dokumentarfilm über die Wahrung des kulturellen Erbes im heutigen Laos»). Ich habe mir ein paar Filmtitel aus dem Ferienprogramm herausgeschrieben und sie bei YouTube gesucht. Dabei stieß ich auf «Träume mit Luftschraube» und war überwältigt, weil dieser Film mir Bilder aus meinem eigenen Gedächtnis zeigte. Seit Jahren geistert mir die Erinnerung an einen Film durch den Kopf, in dem zwei Jungen im Wald einen Hubschrauber aus Holz basteln, dessen

Rotorblätter sich über Handkurbeln antreiben lassen. Hatte ich damals nicht selbst vorgehabt, so etwas zu bauen? Nun wußte ich endlich, daß ich mir den Film nicht eingebildet hatte! Ein 13jähriger Junge aus Leningrad möchte nach der Zeugnisausgabe (er hat natürlich nur Einsen) nicht mehr wie jeden Sommer ins Pionierlager fahren, sondern zu seinem großen Bruder nach Bratsk in Sibirien, weil ihn das riesige Wasserkraftwerk interessiert, das dort entsteht. Auf einer Großbaustelle begegnet er einem Schulabbrecher, der ihm den Plan zum Bau eines Hubschraubers zeigt. Sie freunden sich an und basteln mit abgezweigtem Material an ihrer Flugmaschine. Sie machen auch heimlich das Kosmonautentraining der anderen Kinder nach, die sich immer in einer Kabeltrommel sitzend einen Hügel runterrollen lassen (sofort fiel mir wieder meine Angst vor dieser Übung ein). Der Film zeigt zwar eine heile, sozialistische Welt mit intakter Moral, aber er ist auch poetisch, in einer Weise, die man heute bei Kinderfilmen selten findet. Auf jeden Fall haben sich mir manche Bilder tief eingebrannt. Ist das nun ein Argument für oder gegen Kinderfernsehen? In meiner Erinnerung erhob sich der Hubschrauber übrigens am Ende des Films in die Lüfte, er tut es aber gar nicht.

FERNBEDIENUNG

Mit der Fernbedienung muß man kein guter Schütze sein, es reicht, ungefähr in die Richtung des Fernsehers zu zielen. Ich hatte allerdings mal ein so großes Hotelzimmer, daß das Signal der Fernbedienung vom Bett aus nicht bis zum Fernseher reichte, das fand ich übertrieben. Ich mußte beim Zappen jedesmal aufstehen. In älteren Filmen sieht man manchmal noch, wie jemand beim Telefonieren den Apparat herumträgt, so weit die Schnur es zuläßt. Solche historischen Kulturtechniken finde ich inzwischen meist interessanter als die eigentliche Handlung. Man zündet sich keine Streichhölzer mehr an den Schuhsohlen an, man prüft Münzen nicht mehr mit den Zähnen, und man steht nicht mehr auf zum Umschalten. Die Menschen im Fernsehen macht es nervös, daß die Zuschauer den Finger immer am Abzug haben (angeblich wird statistisch besonders häufig umgeschaltet, wenn ein Klavier zu sehen ist). Ich habe meine ganze Kindheit aufstehen müssen. Ich denke heute, daß das gut für meine körperliche Entwicklung war, ähnlich wie Gartenarbeit fit hält. Es gibt ja Menschen, die bewußt auf Rolltreppen verzichten, um ihr Herz zu trainieren, eigentlich müßten sie auch ohne Fernbedienung leben. Wenn ich mir überlege, wie oft ich an einem Abend zappe, dafür müßte ich sicher vierhundert Mal aufstehen, im Grunde müßte ich Sport treiben, um so einen Fernsehabend durchzustehen. Ich nenne unsere Fernbedienung übrigens «Knöchelchen», was meine Freundin ärgert, weil sie das Wort häßlich findet (dafür sagt sie «Spreißel» statt «Splitter» und «Apfelbutzen» statt «Griepsch»). Vor den Kindern verstecken wir das Knöchelchen immer so gut, daß schon mancher Fernsehabend ausgefallen ist, weil wir es nicht wiedergefunden haben. Und wenn doch, dann hatte meine Freundin die Batterien rausgenommen, weil unser Sohn mit dem Milchschäumer spielen wollte, und jetzt waren sie alle. Ich sage ihr immer, daß sie durch die Gnade der späten Geburt keine Kindheit ohne Fernbedienung hatte wie ich. Ich mußte mich, wenn ich etwas Peinliches sehen wollte, neben den Fernseher setzen, um schnell umschalten zu können, falls jemand hereinkommen sollte. Ich wünschte mir eine eigene Wohnung, nur um in Ruhe fernsehen zu können. Während es mir schwerfällt, mir zu merken, welches der roten Lichter an der Spülmaschine für Klarspüler steht und welches für Salz, kann meine Freundin mit der Fernbedienung nicht das Sendermenü programmieren. Soll ich ihr zum Geburtstag schenken, daß ich endlich einmal die vielen Shoppingkanäle lösche? Aber vielleicht schenkt sie mir dann zu Weihnachten kein Taschenmesser, sondern daß sie den Klarspüler nachfüllt.

ERROR

Unser Fernseher hat uns schon oft überrascht, aber als wir kürzlich das Spiel Frankreich gegen Deutschland sehen wollten, hat er uns überfordert. Auf dem Bildschirm erschienen keine Bilder, sondern ein Text unter der Überschrift «Software-Aktualisierung». Das kannte ich schon von meinem Laptop, der auch immer ungefragt umständlich seine Software aktualisiert. «MAN ID», «DSN», «VARIANT/SUB», «Check ALG» sagte mir nichts. Aber «DOWNLOAD PROGRESS», das wußte ich schon, bedeutete meistens gar nicht «Fortschritt», sondern «warten». Ganz unten stand ein Wort, das mir aus meiner Heimcomputerzeit bekannt war: «ERROR». Die Erklärung dafür wurde auch gegeben: «Keine gültige Applikation im Gerät». Wo bekam ich jetzt, fünf Minuten vor dem Spiel, eine «Applikation» für mein Gerät her und wie bekam ich sie ins Gerät? Darunter stand «Weiter mit [Stand-by]», also hielt ich eine Weile die Stand-by-Taste gedrückt (bei manchen Tasten hilft das) und las «Suche auf Speichergeräten nach aktueller Software» und eine Zeile darunter «Suche ein Speichergerät». Ich versuchte «Abbruch mit Taste [Stand-by]», wenigstens das klappte. «Bestätigen mit [OK], fortsetzen mit [Zurück]». Fortsetzen mit Zurück? Entweder unser Fernseher war ein Idiot oder ein Philosoph. Ich entschied mich für [OK], der Bildschirm wurde schwarz, Vorfreude kam auf, denn im Kino bedeutete das, daß die Werbung endlich vorbei war und der Film begann. Aber bei uns erschien der rote Hinweis «Kein Signal». Und dann ging es wieder von vorne los: «Suche auf Speichergeräten nach aktueller Software», «Suche nach Speichergerät», «Fehler beim Laden des Images», «ERROR». Ich drückte wieder die Stand-by-Taste: «Keinen gültigen Download im Compatibility Descriptor gefunden». Sollten wir den Fernseher einfach ausschalten und hoffen, daß es ihm morgen wieder besser ging? Meine Freundin hatte sich schon längst in ihr Buch über gewaltfreie Kommunikation vertieft, aber ich war ganz betört vom Tech-Talk des Geräts. Ich dachte an die wundervolle Zeit des BASIC-Programmierens auf dem C64, der ja auch an den Familienfernseher angeschlossen wurde, ich dachte an GOTO, RUNTIME ERROR und SYS 64738. Lange hatten mich solche Begriffe mehr gereizt als jedes Fernsehprogramm. Wir Möchtegern-Hakker erkannten uns daran, daß wir jede unserer Äußerungen mit BASIC-Befehlen würzten. Im Deutschunterricht schrieben wir heimlich Programme, die wir dann in Informatik nur noch abzutippen brauchten. Die Rechenzeit war knapp bemessen und der böse Lehrer zog einfach den Stecker, wenn die Stunde um war, auch wenn wir noch nicht abgespeichert hatten. «ERROR», wie viele schöne Erinnerungen an so einem unscheinbaren Wort hängen konnten!

BAUER SUCHT FRAU

Meine Mutter besuchte einmal einen Nachbarn, nachdem er ins Altersheim umgezogen war, und sie war davon betroffen, daß dieser Herr und sein Zimmergenosse nicht das gleiche Fernsehprogramm sahen, sondern jeder ein anderes, sie hatten ihre Kofferfernseher auf dem Tisch Rücken an Rücken gestellt. Eigentlich ist es seltsam, daß man es als Zeichen von Entfremdung auffaßt, wenn ein Paar zwei Fernseher besitzt und nicht mehr dasselbe guckt, es stört sich ja auch niemand daran, wenn beide nicht gleichzeitig im selben Buch lesen, sondern jeder in einem anderen. Alleine lesen hat weniger von verweigertem Beziehungsalltag als alleine fernsehen. Bei manchen Paaren verlangt der Mann, daß die Frau neben ihm auf dem Sofa sitzt und sein Programm guckt, weil er sich sonst vernachlässigt fühlt, bei anderen weigert sich die Frau, Dokus zu gucken, schläft aber bei den Spielfilmen, die sie vorzieht, immer ein und wacht erst auf, wenn der Mann heimlich zu einer Doku umschaltet. Wenn ich im Herbst abends nach Hause komme, erwische ich meine Freundin manchmal bei «Bauer sucht Frau», sie schätzt diese Sendung, weil sie die Bauern so nett und ihre authentisch-unbeholfene Ausdrucksweise romantisch findet: «Liebe auf den ersten Blick, das ist mir noch nicht über die Leber gelaufen.» Ich erinnere mich an einen Bauern, der als Hobby gerne Würste stopfte und die an ihm interessierte Frau mitmachen ließ. «Ich weiß, daß er einige Speisen nicht kennt, zum Beispiel Broccoli», sagte sie und briet ihm zum Dank Omeletts. Er fand aber auch das schon zu exotisch: «Omlett kenn i net. Bei uns in der Gegend is des a net üblich.» Dieses kauzige Wesen wirkt an den Bauern seltsamerweise rührend. Wie da zwei autonome, manchmal seit Jahren auf einsame Lebensbewältigung eingestellte Systeme Signale austauschen, ist tatsächlich interessant zu sehen. Meine Freundin mußte fast weinen, als ein Bauer mit «seiner» Frau einen romantischen Abend verbrachte, für sie «Halleluja» sang und ihr einen Antrag machte. Meine Freundin wird mir zum Geburtstag diesmal einen Obstbaumschnittkurs schenken. Ich deute das als Wink mit dem Zaunpfahl, daß sie sich mehr Aufmerksamkeit von mir wünscht, so wie sie sie von einem Bauern bekommen würde. Immerhin habe ich in diesem Jahr im Garten meine ersten eigenen Kartoffeln geerntet. Aber ich muß auf der Hut sein. Ich will nicht, daß sie irgendwann über mich wie eine der Frauen über ihren Bauern urteilt: «Er hat das gewisse Etwas, ich weiß nur noch nicht, was.»

PAPA SCHLÄFT FERN

Lange Zeit bin ich vor dem Fernseher eingeschlafen. Das war als Schüler, ich war damals immer so müde. Die ganze Woche freute ich mich aufs «Aktuelle Sportstudio» und hoffte, daß es von Dieter Kürten moderiert würde, der immer so entspannt und souverän wirkte (was ich aus dem DDR-Fernsehen nicht kannte). «Wetten, dass ..?» hielt ich noch durch, aber beim «Sportstudio» schlief ich ein. Ich glitt vom Sessel auf den Teppich und versuchte verzweifelt, die Augen offenzuhalten. Im Zeichentrickfilm hätte jemand einen Wagenheber unter meinen Lidern aufgebaut und sie hochgekurbelt, allein schaffte ich es nicht, ich wurde ins Bett getragen und ärgerte mich am nächsten Morgen, wieder das Torwandschießen verpaßt zu haben. Einmal guckte ich alleine und wachte nach Sendeschluß vom Weißen Rauschen auf, es fühlte sich an, als hätte ich als einziger Mensch den Atomkrieg überlebt. Als Erwachsener hatte ich dann immer Probleme auszuschalten, ich wurde erst nachts richtig wach, und durch die vielen Privatsender gab es kaum noch so etwas wie Sendeschluß. Manchmal sah ich wie hypnotisiert immer wieder dieselbe Werbeschleife für einen Andrea-Berg-10-CD-Schlager-Sampler und versuchte, dieses semiotische Feuerwerk intellektuell zu durchdringen. Je dämlicher Fernsehen war, umso mehr konnte man daraus lernen. Ich überlegte, ob ich nicht mitschneiden sollte, um die absurdesten Fernsehszenen der Woche bei meinen Lesungen vorzuführen, es scheiterte aber an der Technik. (Später setzte Stefan Raab meine Idee in einer eigenen Sendung um.) Auf Lesereisen schaltete ich, wenn ich ein Hotelzimmer betrat, noch mit dem Rucksack auf dem Rücken alle Sender durch, um zu sehen, ob es etwas Besonderes gab, vielleicht einen rumänischen Sender? Oder was aus Südamerika? Im Münchner «Bayerischen Hof» hat das Durchschalten einmal zwei Stunden gedauert, es gab Hunderte arabischer Sender, ich sah mich schon die ganze Nacht zappen, um mir ein Bild von den Verhältnissen in der Region von Marokko bis Oman zu machen. Ich konnte doch in keinem Zimmer schlafen, wenn ich nicht wußte, welche Fernsehsender es hier gab! Und wenn ich es wußte, konnte ich erst recht nicht schlafen. In Stuttgart verriet mir einmal der Mann vom Zimmerservice, daß nebenan ein «Tatort»-Kommissar wohne, dem er für die Dauer seines Aufenthalts immer den Fernseher aus dem Zimmer tragen müsse. Ich traute mich nicht, den Mann zu fragen, ob er mich heimlich in das Zimmer des Kommissars tragen könne, weil ich wegen meiner Unfähigkeit abzuschalten immer zu spät einschlief und es nie zum Frühstücksbüfett schaffte.

RUNNING

Auf der Suche nach alten Spielfilmen, die das für Zuschauer ja eigentlich nicht sehr mitreißende Joggen zum Thema haben, bin ich auf «Running» gestoßen, einen Film von 1979 mit Michael Douglas in der Hauptrolle. Ein Mann wird nach vierzehn Jahren Ehe von seiner Frau verstoßen, weil er sich der Karriere verweigert und lieber läuft. Wenn er morgens seine Töchter joggend zur Schule bringt, schämen sie sich, weil sich ihre Mitschüler über ihn lustig machen. Auch von den New Yorker Autofahrern muß er sich Sprüche anhören («Hey, you got nice legs!»). Dennoch schafft er es in die amerikanische Olympiaauswahl für Montreal. Seine Frau, um die er immer noch kämpft, reist an und wartet im Stadion auf den Zieleinlauf. Er liegt in Führung, aber dann stürzt er und bleibt apathisch liegen. Stunden später wankt er im Dunkeln durch den Verkehr Montreals, weil er wenigstens finishen will, mit ausgerenktem Arm schleppt er sich zum Stadion, wo er von der begeisterten Menge erwartet wird, im Ziel fällt er seiner Frau in die Arme, während seine Kinder, die schnell geweckt wurden, das Geschehen zu Hause am Fernseher verfolgen. Der Film bietet schön ungelenken Trash, ein Läufer, der im Ziel zusammenbricht und sofort von einem Ärzteteam versorgt wird (ein Ermüdungsbruch!), Schauspieler mit absurd unökonomischem Laufstil, ein Schlußspurt bei einem olympischen Marathon-Finish, und daß live im TV gezeigt wird, wie der letzte halb ohnmächtig darum kämpft, das Ziel zu erreichen, um seinem Land keine Schande zu machen. Man versteht, wie exotisch Laufen einmal war, bevor es zum globalen Volkssport wurde. Warum es das unter anderem wurde, wird in der Anfangssequenz spürbar: Ein Mann, dessen Leben ein Scherbenhaufen ist, der wieder wie ein Junggeselle in einem heruntergekommenen New Yorker Apartmenthotel haust, zieht sich die Laufschuhe an (schlichte Lederschuhe, mit noch ungedämpften Sohlen), stretcht sich kurz an der Treppe vor dem Haus und läuft zu einsetzender lovestory-mäßiger Musik in der Morgendämmerung scheinbar anstrengungslos durch die regennassen, noch leeren Straßen von New York, als gehörten sie ihm. Die Wiederentdeckung des Laufens als Lust, die uns unser Körper jederzeit und an jedem Ort schenken kann, liegt noch nicht so lange zurück. Man kann es sich heute kaum mehr vorstellen, aber es gab eine Zeit, in der Jogger einsame Freaks waren. Wenn ich den Beginn von «Running» sehe, wäre ich gerne wieder einer. «Nichts ist so edel, tief und irrational wie unser Laufen und nichts so wild und urtümlich», schreibt der Ultraläufer und Biologe Bernd Heinrich.

QUE LE MEILLEUR GAGNE!

Neulich ist mir ein Vokabelheft in die Hände gefallen, das ich Anfang der neunziger Jahre angelegt habe, als ich Französisch studierte und dabei feststellen mußte, wie schlecht mein Schulfranzösisch im Vergleich zu dem meiner westdeutschen Kommilitonen war. Während sie in Frankreich Zivildienst oder Au pair gemacht hatten, hatte ich in der Schule den französischen Text der «Internationale» gelernt, aber nicht, wie man ein Gespräch führt. Um die Lücke zu schließen, sah ich abends den französischen Soldatensender, den man damals in Berlin noch empfing. Bild und Ton waren allerdings verrauscht, was wohl technische Gründe hatte, ich mußte ständig nachjustieren, um etwas zu erkennen. Der von meinen Eltern geerbte Schwarzweißfernseher von Sanyo stand in der Küche, weil ich im Wohnzimmer, um Kohlen zu sparen, nicht heizte. Die Küche heizte ich auch nicht mit der sogenannten Kochmaschine, sondern mit den Flammen meines Gasherds, das Kondenswasser tropfte von den Scheiben, und die Luft war drückend schwer. Zum Glück waren die Fenster undicht, so daß ich nicht erstickte. Auf dem französischen Sender lief zweimal täglich die Ratesendung «Que le meilleur gagne!» (Subjonctif!), moderiert vom stets aufgekratzt fröhlichen und sehr schnell sprechenden Nagui. Ich mußte immer lange warten, um in diesem Sprachstrom ein Wort zu identifizieren, das ich in meinem kleinen, gelben Langenscheidt-Wörterbuch nachschlagen und in mein Vokabelheft eintragen konnte. Die Quizfragen wurden eingeblendet, aber ebenfalls zu schnell, um sie zu lesen: «Six enfants issus d'une même grossesse sont des ... Sexagénaires? Sexologues? Sizains? Sextuples?» Vor dem Einschlafen in meinem kalten Zimmer las ich mir noch einmal die Vokabelausbeute des Tages durch. Es ging schleppend voran, wie sollte ich je diese Sprache lernen oder auch nur mein Grundstudium schaffen? Wie viele Jahre mußte man fernsehen, um vom Zusehen Französisch zu lernen? Sollte ich nicht lieber rausgehen und diese unvergleichliche und unwiederbringliche Atmosphäre des Berlins der Neunziger aufsaugen, von der in ein paar Jahren alle schwärmen würden? Aber ich hatte keine Zeit, ich mußte mein Studium schaffen, mit dem ich zwar sicher keinen Job bekommen würde, aber wenigstens könnten sie mir später auf dem Arbeitsamt keine unqualifizierten Arbeiten aufzwingen (hoffte ich). Wenn ich heute «Que le meilleur gagne!» sehe, verstehe ich jedes Wort, ich würde vielleicht sogar beim Quiz gewinnen, aber es bedeutet mir wenig. Ich wünsche mir stattdessen die Zeit in meiner Küche zurück, als Berlin noch mir gehörte, Französisch eine Sehnsucht war und jedes neue Wort eine Entdeckung.

KÜCHENSCHLACHT 2

Während man zusieht, wie andere Fußball spielen, trinkt man gern Bier und ißt Chips, was ißt und trinkt man, während man zusieht, wie andere kochen? Seit Monaten gucken wir abends treu die «Küchenschlacht» und essen dazu dasselbe: überbakkene Käsestullen und Feldsalat (Rucola mag meine Freundin nicht). Währenddessen werden im Fernsehen speckummanteltes Iberico-Schwein, Maronenschaum oder frittiertes Meerrettich-Erbsen-Eis zubereitet, allein, um im Laden die Zutaten dafür zu finden, bräuchte ich Stunden! Wir gucken die Sendung aber nicht so sehr, weil uns Kochen interessiert, sondern weil hier nur freundliche Menschen zu sehen sind, die nichts Böses tun (außer Fleisch konsumieren), das Richtige, um den Tag zu beschließen. Außerdem lernt man ja tatsächlich etwas (obwohl wir es nie anwenden werden), zum Beispiel, daß man heutzutage keine Aceto-Balsamico-Kringel mehr auf den Teller malen sollte, daß Fisch glasig gebraten wird und daß an Rösti nur Kartoffeln gehören. (Wir zucken nur immer zusammen, wenn bei Risotto der unschöne Begriff «schlotzig» fällt.) Im Lauf des Jahres kommt es unter den Kandidaten zu einer gnadenlosen Selektion, die an den Profifußball erinnert, die Wochensieger kochen in Champions-Weeks gegeneinander, deren Sieger wiederum den Gesamtsieger unter sich ausmachen. Wir hielten monatelang einem

18jährigen Lehramtsstudenten die Daumen, der es bis ins Finale schaffte und am Ende tatsächlich gewann. Es regnete goldene Konfetti, er weinte und wurde umarmt, und dann war einfach Schluß! Vom Fußball bin ich es gewohnt, daß man mit seinen Emotionen nicht allein gelassen wird, nach einem wichtigen Spiel erwarte ich bis zu drei Stunden Seelsorge durch den Sender. Bei der «Küchenschlacht» begann nach der Entscheidung einfach die nächste Sendung, die keiner sehen wollte. Drei Zweisterne-Köche hatten gesagt, sie würden den konfierten Steinbutt mit Curry-Kokos-Schaum eines 18jährigen, der erst seit zwei Jahren kochte, sofort aufessen, obwohl die Holunder-Wild-Sauce des Konkurrenten exzellent war (aber er hatte bei seinem Hirschrücken den Garpunkt nicht perfekt getroffen), und es gab nicht das kleinste Interview mit dem Sieger, die Kandidaten kamen nicht noch einmal zu Wort, das Essen wurde nicht in Zeitlupe gezeigt, draußen auf der Straße waren keine Tröten und Böller zu hören. Verstört sahen wir uns an, das Jahr hatte seinen Höhepunkt gehabt, jetzt waren wir wieder allein. Als Nachtisch gab es (wie immer) Sojajoghurt mit Weizenkeimen und für mich ein paar Rosinen.

PAT UND MAT –
DIE TÜCKE DES OBJEKTS

1979 wurde im tschechoslowakischen Fernsehen (und seitdem in
achtzig Ländern) zum ersten Mal eine animierte Stop-Motion-
Trickfilmserie um zwei Nachbarn gesendet, deren Alltag immer
wieder in chaotische Basteleien ausartete. Mit ihren Ideen lösten
Pat und Mat, die beiden tapferen Junggesellen, Kaskaden von
slapstickhaften Unfällen aus, die weitere Basteleien notwendig
machten. Obwohl immer alles schiefging, verloren sie nie den
Mut. Jedes Scheitern war nur eine Einladung, es mit noch mehr
Phantasie wieder zu versuchen. Für den Bau eines Bücherregals
müssen sie nach und nach so viele Werkzeuge anschaffen – und
dafür Bücher veräußern –, daß ihnen am Ende nur noch das Buch
mit der Bastelanleitung bleibt und sie das Regal für ihre neuen
Werkzeuge verwenden. Manchmal ist die Lösung auch nahe-
liegend: Ist Wasser ausgelaufen, wird einfach ein Loch in den
Boden gebohrt. Die Serie könnte als heimliche Parodie auf die
Ostblockökonomie verstanden werden, in der die Betriebe zur
Herstellung von Konsumgütern verdonnert wurden und mit
Alibiproduktion reagierten (Bügelbretter aus einem Kohlekraft-
werk, Fliegenklatschen aus einer Sprengstofffabrik). Das Scheitern des Wirtschaftssystems wiederholte sich im Alltag: Wenn
der eigensinnige Wasserhahn immer zur Seite schwenkt, wenn

man einen Teppich einrollen will und auf dem letzten Stück die Schrankwand steht, wenn einem das tiefgekühlte Hühnchen immer aus den Fingern flutscht. Aber der Ostblockbastler konnte sich den widrigsten Bedingungen anpassen, in einer Zeit, als man in Heimwerkerläden nicht das kaufte, was man brauchte, sondern das, was es gab, um daraus Tauschwaren zu bauen. Die Materialien wurden sozusagen schon beim ersten Gebrauch recycelt. Das Zentralorgan dieser Bewegung war die Zeitschrift «Practic», in der Leserbriefe mit Basteltips veröffentlicht wurden, zum Beispiel wie man aus einem Rasierapparat ein Schleifgerät bauen konnte, aus Eierverpackungen einen Lampenschirm, aus einer Seifendose eine Computermaus. Der Mangel regte die Phantasie an, als Lohn winkte die Befriedigung, sich zu helfen gewußt zu haben. Der Vater eines Kollegen sägte verchromte Haltestangen aus einem U-Bahn-Waggon, um daraus Gardinenstangen zu bauen, Holzlineale konnte man als Lamellen für einen Schuhschrank verwenden, ich selbst habe vor kurzem aus einer Fahrradpumpe einen Halter für unsere Küchenrolle gebaut und freue mich täglich daran, wie gut meine Erfindung funktioniert. Was ist der Kauf fertiger Produkte gegen die Poesie des Provisorischen? Während der Mensch sich durch Konsum den Objekten unterordnet und am Ende zu ihrem Werkzeug wird, verbreitet die geniale Notlösung einen emanzipatorischen Zauber. Vielleicht erklärt das auch den unerschütterlichen Optimismus von Pat und Mat.

KÜCHENSCHLACHT 3

Wenn ich koche, wird mir immer bewußt, wie unrealistisch Formate wie die «Küchenschlacht» sind. Es ist natürlich eine Leistung, in fünfunddreißig Minuten ein Gericht mit «dreierlei Pastinake» oder einen ordentlich reduzierten Bratenjus hinzubekommen, wenn einen dabei ständig ein neugieriger Koch in Gespräche verwickeln will. Aber es ist eine viel größere Leistung, zu Hause für die Familie zu kochen. Ich muß jedes Mal ein Fünf-Gänge-Menü zaubern, weil der eine allergisch gegen Ingwer ist, die andere keine Hirse mag, einer sich vor Rosinen ekelt, eine Vegetarier ist und einer nichts anrührt, was irgendwann einmal lebendig war. Dazu kommt, daß die Kinder beim Kochen helfen wollen. Mein Sohn will die Kartoffeln schälen, ich muß ihm genau die Hälfte geben, und er verlangt den einzigen funktionierenden Schäler, ich habe also viel Zeit, die Möhren zu schneiden, wobei mir dabei wiederum meine Tochter hilft, allerdings geht das mit den stumpfen Kindermessern so schlecht, weshalb sie wütend wird und auch eine Kartoffel will. Ich muß das Wasser aufsetzen, sofort hat mein Sohn genug von den Kartoffeln und schiebt den Stuhl zum Herd, um das Gas anzuzünden. (Ich sammle so lange die massakrierten Knollen vom Boden auf.) Leider sind vier unserer fünf Gasanzünder leer, und ich merke mir nie, welcher noch ging. Außerdem machen die Düsen vom Herd immer so rotzende Geräusche, wenn die Putzfrau da war. Die Kindersicherung ist inzwischen schon eine Erwachsensicherung, erst nach einer Minute bleibt die Flamme an. «Ißt du was vom Spinat?» frage ich den Kleinen. «Nein.» «Und geschmorte Möhrchen?» «Nein.» «Was würdest du denn essen?» «Reis mit Tomatenmark.» «Du kannst doch nicht jeden Tag Reis mit Tomatenmark essen.» «Sonst schmeckt es mir aber nicht.» Ich will die Möhrchen karamellisieren und finde den Zucker nicht. «Wo ist denn der Zucker?» frage ich meine Freundin. «Warum fragst du mich?» «Ich hab ihn nicht weggestellt.» «Ich auch nicht.» «Haben wir überhaupt noch Zucker?» «Weiß ich nicht, ich benutze keinen.» «Darf ich dann Honig nehmen?» «Für mich nicht, ich bin ab diesem Jahr wieder vegan.» Am Ende unserer Show haben nicht fünf Kandidaten je ein Gericht gekocht, sondern einer fünf. Die Juroren stochern mißmutig im Essen und fragen, was das Grüne ist? Ich selbst nehme mir meist gar nichts, weil ich so viele fremde Teller leeressen muß. Das Schlimme ist, daß ich mir sicher bin, daß ich mit jedem meiner Gerichte bei der «Küchenschlacht» weitergekommen wäre. Nur zu Hause falle ich jedes Mal durch, muß aber trotzdem weiter mitmachen.

STOFFIDAS

Ungefähr alle achtzehn Monate fallen meine Turnschuhe auseinander, und ich muß neue kaufen gehen, was mir so lästig ist wie ein platter Fahrradreifen. In letzter Zeit gehen die Schuhe sogar noch etwas schneller kaputt, weil mir das Bücken immer schwerer fällt und ich deshalb die Schnürsenkel nicht mehr öffne. Im Laden stehe ich vor Wänden mit Turnschuhmodellen, die offenbar von Raumschiffdesignern entworfen worden sind. Woher soll ich wissen, welche Schuhe cool aussehen, welche auch noch cool aussehen, wenn ich sie trage, und welche vielleicht sogar nur dann? Das letzte Mal habe ich ein Paar weiße Adidas Superstar genommen und nicht geahnt, daß das Modell ein Klassiker aus meinem Geburtsjahr ist. Offenbar hat sich mein Geschmack längst von der Gegenwart abgekoppelt. Weil ich gerade für ein Buch über das Laufen recherchiere, muß ich mich auch mit Sneakerologie beschäftigen, deshalb sah ich «Just For Kicks», eine Doku von 2005 über die jüngere Turnschuhgeschichte. New Yorker Hiphop-Veteranen und «Sneakerheads», also obsessive Sammler, die sich immer gleich ein Dutzend Paare jedes neuen Modells kaufen, um auch noch in ein paar Jahren genug zu haben, wenn sie rar sein werden, erzählen darin von ihrer Liebe zu Sneakern: «I need to leave my house, just knowing, I have the illest shit, that no one else has.» New York sei ein Mekka für

Schuhe, weil man dauernd U-Bahn fahre und sich dabei nicht in die Augen sehe, sondern auf die Schuhe. Meine Adidas Superstar wurden 1986 von Run DMC gefeiert, mitten im Hype um die jährlich neu aufgelegten Air Jordan von Nike. Die Adidas-Verkäufe in den USA schnellten in die Höhe, und die Band bekam nachträglich einen Eine-Million-Dollar-Vertrag, was seltsamerweise im Hiphop der Credibility nicht schadet. Dafür trugen sie ihre Turnschuhe ohne Schnürsenkel, aus Solidarität mit Gefängnisinsassen. Durch die Hiphop-Kultur wurden aus langweiligen Laufschuhen für Weiße Identifikationsobjekte unterprivilegierter schwarzer Jugendlicher. Kenner hatten immer eine Zahnbürste hinter dem Ohr, um ihre Sneaker putzen zu können, die möglichst unberührt aussehen sollten. Ich habe mir neulich auf dem Flohmarkt ein fabrikneues Paar der blauen DDR-Sneaker gekauft, die bei uns jedes Kind trug und die wegen des Segeltuchmaterials «Stoffidas» genannt wurden oder auch «Essengeldturnschuhe», weil sie 5,50 Mark kosteten, so viel wie zwei Wochen Essengeld. Eigentlich hatte ich sie als Gag für meine Kinder angeschafft, aber dann waren sie mir zu schade zum Tragen. Ich brauche einfach dieses Gefühl, aus dem Haus zu gehen und zu wissen, daß ich den schrägsten Scheiß besitze, den niemand sonst hat.

HANDBALL

Den Höhepunkt meiner Sportbegeisterung erlebte ich schon mit neun Jahren, als die Olympischen Spiele 1980 in Moskau stattfanden, die ersten, die ich überhaupt wahrnahm, es gab bei uns sogar Softeis-Waffeln in Form der Olympiafackel. Weil Sommerferien waren, hatte ich tagsüber den Fernseher für mich. Mein russischer Brieffreund hatte mir ein Buch geschickt, in das man alle Resultate eintragen und Fotos aus der Zeitung einkleben konnte, was ich gewissenhaft mit Büroleim tat. Die UdSSR gewann 80 Goldmedaillen, die DDR 47, danach kam schon Bulgarien mit 8, im Grunde war es ein Zweiländerkampf. Im Handballfinale spielte die DDR denn auch gegen die UdSSR, erstaunlicherweise bewegte sich die DDR in diesem Sport auf internationalem Niveau. Ich guckte immer gerne Handball, vor allem, weil sich oft alles erst in letzter Sekunde entschied. Dabei kannte ich niemanden, der freiwillig Handball spielte, Bälle warfen sich auf dem Schulhof nur Mädchen zu. Im Sportunterricht konnte ich den Handball nie mit einer Hand halten, was so demütigend war, wie als letzter Junge der Klasse im Stimmbruch zu sein. Warum gab es eigentlich Handballspieler? Wer spielte denn so schlecht Fußball, daß er nicht mal ins Tor durfte, sondern gleich die Sportart wechseln mußte? Und dann gab es auch noch Faustball, was war das erst? Spielten das die, die sogar von den Ausgeschlossenen ausgeschlossen wurden? Als Alternative zum Fußball hätte mich von den Ballsportarten am ehesten Golf interessiert, aber es gab in der ganzen DDR nur Minigolfanlagen.

Ich habe das Handballfinale im Netz noch einmal angesehen, mit russischem Kommentar. Seltsamerweise hatte die DDR-Mannschaft vom großen Bruder nicht die Weisung erhalten, zu verlieren, wo wir doch alles machten, was von uns verlangt wurde, wir importierten sogar russische Glühbirnen, die immer explodierten, worauf wir Kinder mit der Lupe die Scherben aus dem Teppich suchten. Es geht ruppig zu, man hört die Spieler stöhnen, aber auch nach Griffen ins Gesicht und Schlägen in die Magengrube gibt es kaum Beschwerden. Die Adidas-Hosen der Spieler sind für meinen Geschmack etwas zu kurz. Fast alle Russen tragen einen Schnurrbart und sehen aus wie Charles Bronson. Mein Star war der DDR-Torwart Wieland Schmidt im knallgelben Sweater, so einen hätte ich mir für die Schuldisco gewünscht. In der letzten Sekunde der Verlängerung kommt bei doppelter Überzahl ein Russe frei zum Wurf, es wäre der Ausgleich, aber der Ball streift Schmidts Unterarm und prallt vom Boden an die Latte, die einzige Szene, die ich nie vergessen habe. Die DDR war Olympiasieger, ich trug es gleich in mein Ergebnisbuch ein und aktualisierte den Medaillenspiegel. Und dann ging ich Fußball spielen.

KÜCHENSCHLACHT 4

Als Fernsehzuschauer schätze ich, was Nietzsche «die ewige Wiederkunft des Gleichen» genannt hat, auch wenn er dabei sicher etwas anderes im Sinn hatte als die «Küchenschlacht», die meine Freundin und ich täglich gucken, gerade weil immer dasselbe passiert. Da ich Nachrichten momentan vermeide, weil mir das Unglück in der Welt zu sehr zusetzt, beobachte ich ängstlich die Köche, ob ihnen vielleicht eine Beunruhigung über aktuelle Krisen anzusehen ist. Wie gute Eltern schaffen sie es aber, uns nicht mit ihren Sorgen zu belasten. Dennoch erzählt die Sendung vom Werden und Vergehen allen Seins. Jeden Montag lernt man sechs neue Kandidaten kennen, auf den ersten Blick kann man sich meist nicht vorstellen, daß man es eine Woche mit ihnen aushalten wird, aber schon am zweiten Tag hat man sich angefreundet und findet Menschen nett, mit denen man normalerweise nie zu tun haben wollen würde. Das ist wie beim Fahrschulkurs oder bei Reisen mit Studiosus. Jeden Tag scheidet ein Kandidat aus, genau wie im Leben, wo Familienmitglieder uns verlassen. Das Wochenende über trauert man, weil es keine Sendung gibt, aber das ist auch eine wichtige Zeit, um sich mit dem Verlust auseinanderzusetzen und bereit zu sein für das, was im Leben noch kommt. Denn am Montag gibt es sechs neue Kandidaten, eine regelrechte Auferstehung. Natürlich faszinieren mich an der Sendung auch noch andere Aspekte, zum Beispiel, daß niemand abwaschen muß oder daß es reicht, einen Wunsch nach einer Zutat oder einem Küchengerät zu äußern, und schon huscht eine namenlose Fee vom Sender herbei und bringt einem alles. Ich finde es auch toll, daß der Bekochte, sobald das Essen fertig ist, zur Tür hereinkommt, was in der Realität nie so ist (manchmal rufe ich: «Mirácoli ist fertig!», aber die Anspielung auf die Werbung von 1987 verstehen meine Kinder nicht). Meine Freundin behauptet neuerdings, zu warmes Essen sei schlecht für die «Darmgesundheit». Für mich muß Essen dampfen, sonst kann ich mir auch Stullen schmieren. Ich solle auch nicht so schlingen, sagt sie. Ein Bekannter von mir ißt so schnell, weil er fünf Brüder hatte und, wer aufgegessen hatte, das Essen von den Tellern der anderen klauen durfte. Bei mir ist es die Angst, satt zu sein, bevor ich alles geschafft habe. Bei sechs Gerichten würde ich entsprechend schlingen, weil ich natürlich jedes Gericht aufessen würde, bevor ich mit dem nächsten beginne, so bin ich erzogen worden. Dafür würde mir alles schmecken, schon aus Dankbarkeit, daß ich nicht selbst kochen mußte.

GNTM 3

Es ist wieder GNTM-Zeit, ich bin also ein Jahr älter geworden, im Grunde sind wir das ja alle, nur nicht Heidi Klum. Meine Tochter hat mich überredet, die Sendung zu sehen, sie zeigt mir, wie man über Bluetooth ihren Lautsprecher mit meinem Computer verbindet. Dafür weiß ich, daß Bluetooth ein dänischer König war! Das eine Wissen ist Bildung, und mit dem anderen bekommt man einen besseren Sound. Wir freuen uns an Formulierungen, die sich kein Stückeschreiber ausdenken könnte: «Da sind einfach so viel Emotions in meinem Bauch», «Ich liebe Schnee, er fällt auf, so wie ich», oder «Meine Eltern supporten mich voll.» Ein Mädchen, das bei der «Eliminäischänn» ausscheidet, sagt: «Für mich ist 'ne Welt zerplatzt.» Besonderen Spaß habe ich an den von einer Männerstimme eingesprochenen Kommentaren: «Studentin Lena fühlt sich unwohl in ihrem Outfit.» Es ist lustig, sich eine Weile in diesem Stil zu unterhalten. In den Werbepausen geht es diesmal zur Sache: «Finde deinen Kondom-Style mit Durex gefühlsecht.» Oder es wird philosophisch: «PurVi Schokoladenpudding. Weniger ist das neue Mehr.» Morgen ist das neue Gestern? Alt ist das neue Neu? Für einen kleinen Schock sorgen immer die Freunde, weil sie so gar nicht zu den Mädchen passen. Bei den Telefongesprächen, die die Mädchen mit ihnen führen, versuche ich dazuzulernen, wie man romantisch telefoniert, weil ich darin nicht gut bin. «Ich will dich knuddeln, ich will dich riechen, ich will dich kuscheln», sagt ein Mädchen. Wenn ich das zu meiner Freundin sagen würde, würde sie auflegen. Der Freund antwortet: «Zieh dein Ding durch, du bist krass, du rasierst ohne Schaum.» Eine Kandidatin ist die Freundin eines YouTubers, von dem ich zum Glück noch nie gehört habe. Den würde jeder kennen, sagt meine Tochter. Einmal macht Heidi so eine Bewegung mit Armen und Hüften: «Den Move kenne ich!» rufe ich stolz. Denn neulich habe ich nachrecherchiert, was «Fortnite» sein soll, weil die Fußballer inzwischen noch unauthentischer jubeln, indem sie sich ihre albernen Posen nicht mal mehr selbst ausdenken, sondern sie von diesem Computerspiel übernehmen, angefangen hat damit Antoine Griezmann. Eine Jubelpose habe ich wiedererkannt, ein Hüftschwung, den ich im letzten Urlaub bei ein paar französischen Jugendlichen gesehen hatte, ohne zu wissen, was sie da übten. Meine Tochter verdreht nur die Augen, als ich ihr von meinen Forschungen berichte, «Fortnite» würde jeder kennen. Sie meint damit, daß ich es nicht kennen kann. Es ist mühsam, sich die Welt der Jugendlichen, die einen noch nicht mal wirklich interessiert, zusammenzurecherchieren. Sie könnte mich ruhig ein wenig supporten.

GNTM 4

Bei GNTM ist «Das große Umstyling» die interessanteste Folge, weil «die Mädchen», wie die jungen Frauen in dieser Sendung genannt werden, einen neuen Look verpaßt bekommen und darüber in Tränen oder Schreckgeschrei ausbrechen. Ich kenne das, wenn ich zum Friseur gehe, schalte ich, sobald ich mit nassen Haaren vor dem Spiegel sitze, meine Augen immer auf unscharf, weil mein Anblick so furchtbar ist. Ich kann auch nie beschreiben, was ich will: «Daß es besser aussieht als vorher?» Ich habe für so etwas gar keine Sprache. In Zukunft sollte ich dem Friseur aber auf die Finger gucken, denn sonst könnte das teuer werden. Wie ich aus der Sendung erfahre, kosten «Extensions» nämlich 5000 Euro, die Farbe noch einmal 500 Euro. Ich wüßte gar nicht, wieviel Trinkgeld man bei solchen Summen gibt? 500 Euro? Eine freut sich über ihre neue Frisur: «Das war der i-Punkt der Veränderung meines eigenen Types.» Heidi sagt stolz: «Das geht runter wie Butter.» Und die Erzählerstimme aus dem Off spricht mal wieder die entscheidende Frage aus: «Wie werden Family und Friends auf die neuen Frisuren reagieren?» Das frage ich mich zur Zeit auch jeden Abend, wenn meine Freundin nach Hause kommt und mich sieht, denn auch ich mache gerade ein «großes Umstyling» durch, allerdings in die andere Richtung, weil ich seit einer Woche schwer erkältet bin und nicht mehr bei meinem Stylisten oder Visagisten war, duschen war mir auch zu anstrengend. Meine Freundin findet «GNTM» verlogen und guckt nur mit, wenn ich ihr dafür den Nacken massiere. Ich halte es für ein ungewöhnlich ehrliches Fernsehformat, das unsere von Wachstumshysterie und Konsumwahn besessene Welt zeigt, wie sie ist. Verlogen finde ich die Werbung in den Pausen, wobei man kaum noch von Werbepause sprechen kann, eher ist der Sendungsanteil eine Pause von der ständigen Werbung. Eine Fertigpizza mit «handgeformtem Teig», bei der die Bilder einer sympathisch-chaotischen italienischen Großfamilie suggerieren, daß dieses totgeborene Industrieprodukt, das mit einem pochenden Salamiherz belegt ist, etwas mit mediterraner Ernährung oder überhaupt mit Ernährung zu tun haben soll. Nach dem Umstylen wird «geshootet», im Out-of-Bed-Look, also ungeschminkt, immer eine Gelegenheit, die Kunden «mit Persönlichkeit zu überzeugen». Ich gönne mir noch einen Becher Wick Medinait und denke lieber nicht an meinen In-Bed-Look. Dann kommt wieder Werbung, für einen Pudding, der «Seelenwärmer» heißt, als wäre er eine Teesorte, die inzwischen ja auch alle so heißen wie Selbsthilfegruppen. Wie schlimm muß es um unsere Gesellschaft stehen, wenn man sich Zuwendung von einem Pudding erhofft?

AMEISENLÖWE

In Hotels guckt man meist vom Bett aus auf einen Fernseher, ein Arrangement, das man zu Hause vermeiden sollte, wenn man sozial nicht vollkommen verwahrlosen will. Für die Seelenhygiene ist es besser, wenn an der Stelle ein raffiniertes Mobile hängt, das man aus der Ferne durch Pusten in Bewegung setzen kann. Weil es in Hotels zwar Nichtraucherzimmer gibt, aber keine Nichtfernsehguckerzimmer, bleibe ich bei Hotelübernachtungen immer viel zu lange wach. Zuletzt war das beim Besuch der Leipziger Buchmesse der Fall. Die Messe ist immer ein schwerer Gang für einen Autor, man bekommt demonstriert, daß schon wieder Hunderttausende neuer Bücher erschienen sind, wie sollen die überforderten Leser da jemals das Buch finden, das man selbst geschrieben hat? Es ist, als würde man einem kilometerlangen Sandstrand ein in liebevoller Handarbeit angefertigtes Sandkörnchen hinzufügen. Gepeinigt vom Neid auf die Erfolge anderer, lag ich nach Mitternacht im Hotelbett und schaltete den Fernseher an. Ich zappte schnell weg von den Übeln der Welt und suchte nach etwas Tröstlichem, für mich sind das oft Tiersendungen. Auf N24 wurde ich fündig und staunte, weil ein Ameisenlöwe bei der Jagd gezeigt wurde. Dieses Tier ist mir aus einem meiner prägenden Kinderbücher bekannt: «Die großen Abenteuer des kleinen Ferdinand». Von dort weiß ich, daß der Ameisenlöwe die

Larve der Ameisenjungfer ist. Er gräbt Trichter in den Sand, an deren Grund er auf Ameisen wartet, die zu ihm hinabrutschen. Während sie verzweifelt versuchen, sich zu retten, bewirft er sie mit Sand. Hat er sie mit seinen riesigen Kieferzangen gepackt, zieht er sie ins Dunkel, lähmt sie mit Gift und saugt sie aus. Nach zwei Jahren wird aus dem Ameisenlöwen ein libellenartiges Insekt, dem niemand etwas Böses ansieht. Im Buch kann sich Ameise Ferdinand aus dem Trichter retten, auf N24 wird aber nichts beschönigt, die Szene ist sogar mit dräuender Horrorfilmmusik unterlegt. Die Ameise krabbelt den Abgrund hoch und schafft es mehrmals fast aus dem Trichter, kippt dann aber nach hinten über und rutscht nach unten. Der Sand, den man im Urlaub am Meer so schätzt und der als zeitlos-magische Substanz Kinder auf dem Spielplatz begeistert, wird zur tödlichen Falle. Mir ist das zu hart, ich hatte mich eigentlich von den Grausamkeiten der Welt und vom Konkurrenzkampf im Literaturbetrieb ablenken wollen, in dem die Verlage Trichter buddeln, um Leser darin zu fangen, und jetzt muß ich machtlos den Tod dieser Ameise mitansehen. Wann bricht es an, das «friedliche Königreich», von dem Jesaja spricht, wenn der Wolf beim Lamm wohnt, der Löwe Stroh frißt wie das Rind und auch der Ameisenlöwe Vegetarier ist?

KÜCHENSCHLACHT 5

Nach einer Lesung in Hamburg hatte ich noch etwas Zeit und ging ein paar Schritte durch Altona. Ich blieb vor einem Schaufenster mit hochwertigen Küchenwerkzeugen stehen und geriet ins Träumen. Seit meine Freundin und ich zum Stammpublikum der «Küchenschlacht» zählen, interessiert mich auch das Equipment, ehrlich gesagt sogar mehr als das Kochen. Die Eismaschine für das Wasabi-Eis, die Fritteuse für die knusprigen Süßkartoffel-Sticks, das Thermometer für das Steak im Ofen. Wie mühelos die Kandidaten die Haut vom Zander trennen (um sie separat anzubraten) oder einen Hokkaido-Kürbis würfeln (dafür brauche ich Stunden, immerhin versuche ich nicht mehr, ihn zu schälen). Besonders gefallen mir alte Küchengeräte, deren Verwendungszweck niemand mehr kennt. Nicht ohne Bitterkeit verglich ich mein Honorar mit den Preisen für wirklich gute Messer. Ein japanisches Santoku-Messer mit handschmeichelndem Griff aus karelischer Maserbirke für 199 Euro? Oder doch lieber mit Griff aus Mooreiche für 299 Euro? (Santoku sind «Messer der drei Tugenden», weil sie Fisch, Fleisch und Gemüse schneiden.) Mindestens so schön wie die Geräte sind die Bezeichnungen. Sarah Wiener hat ein «Privatier» mit Griff aus Zwetschgenholz erfunden, laut Werbung «der Missing Link für alle, denen normale Kochmesser zu groß sind und das Gemüsemesser zu klein». Durch die extrem scharfe Klinge würden im Fleisch weniger Geschmacksträger zerstört. Vielleicht war das bisher mein Fehler beim Kochen, ich habe mit meinen stumpfen Klingen die Geschmacksträger zerstört? Erst vor kurzem habe ich gelernt, daß Zikaden Bakterien töten können, indem sie mit nanoskaligen Stacheln deren Membranen zerreißen. Im Grunde hätte ich gerne ein Messer, das so scharf ist, daß ich damit in der Erkältungszeit auf Bakterienjagd gehen kann. Andererseits haben unsere Messer den Vorteil, daß man sich damit nicht schneiden kann und wir sie deshalb nicht vor den Kindern verstecken müssen. Wir haben sogar ein Kindertaschenmesser angeschafft, das stumpf ist. Brot kann man sich ja heutzutage beim Bäcker schneiden lassen, die Maschine macht immer so ein rhythmisches Geräusch, daß man direkt mittanzen möchte. Fleisch essen wir nicht (obwohl bei der «Küchenschlacht» fast ausschließlich Gerichte mit Fleisch zubereitet werden, beim Tagesthema «vegetarische Küche» wird immer behauptet, daß hier «besondere Kreativität» gefordert sei), nur für Gemüse habe ich noch keine Lösung. Wohl nicht jeder, der sich in diesem Schaufenster die furchterregenden Messer ansah, hatte dabei Karotten-Brunoise im Sinn, deshalb ging ich lieber weiter. Dabei dachte ich an den Kirschenentsteiner meiner Großmutter, der aus einem Korken und einer Haarnadel gebastelt worden war.

SELBSTVERSORGER

«Ende April, Anfang Mai blühen die Kirschen», so begann ein Text über den Aufbau der Kirschblüte, den nacheinander jeder Schüler meiner Klasse aufsagen mußte, mit einem Blütenmodell in der Hand, das man auseinandernehmen konnte. Immer, wenn ich heute einen Kirschbaum blühen sehe, freue ich mich, daß es tatsächlich Ende April, Anfang Mai ist und mein Schulwissen wenigstens in diesem einen Punkt mit der Wirklichkeit übereinstimmt. Inzwischen besitze ich als Neu-Kleingärtner sogar einen eigenen Kirschbaum, an dem noch ein Ast lebt und dessen Früchte herrlich schmeckten, bis meine Freundin feststellte, daß in jeder eine Made saß. Die vielen toten Äste konnte ich immerhin nutzen, um den Wellasbest zu ersetzen, den der DDR-Vorbesitzer des Gartens als Wurzelsperre um alle Beete im Boden versenkt hat. Wenn mir abends vom Ausgraben der Goldruten-Rhizome der Rücken schmerzt, gucke ich am liebsten im Netz Ralfs Selbstversorger-Kanal und lasse mir von diesem sympathisch-unaufgeregten Mann mit rheinländischem Dialekt erzählen, wie er beim Mulchen vorgeht oder Kartoffeln vorkeimen läßt. Vielleicht liegt der Charme seiner Videos darin, daß sie so sind, wie Fernsehen früher war, also zu Peter Lustigs Zeiten, als man die Kinder am Ende der Sendung noch aufforderte abzuschalten. Ralf bringt sich alles selbst bei und entwickelt dabei immer mehr Respekt vor unseren Vorfahren, die sich tatsächlich noch selbst versorgt haben. Einmal im Jahr macht er eine Gartenreise durch Deutschland, um Gartenprojekte zu besuchen und Gespräche über Hühnerhabichte oder drohnenbrütige Bienenvölker zu führen. (Wir hatten im Herbst immerhin ein Hummelnest im Komposthaufen, ich war ganz stolz, daß es ihnen bei uns gefiel.) Reisen können wir nicht mehr, wir müssen ja die Radieschen gießen. Wir haben im Internet Saatgut seltener Tomaten- und Kartoffelsorten bestellt, um der Agrarindustrie eins auszuwischen. Wobei ich bei den Kartoffeln nach dem Namen gegangen bin, ich wollte unbedingt Erna. (Ich hätte auch gerne eine Tüte «Blähton» gekauft, weil ich den Begriff so lustig fand.) Erna keimt schon mächtig, während sich bei Linda noch nichts tut. Letztes Jahr habe ich Linda im Dunkeln vorkeimen lassen, was völlig falsch war, aber besser funktioniert hat. Ich muß auch die Fruchtmumien entsorgen, statt sie für die Kleinstlebewesen zwischen die Sträucher zu werfen. Und der Kürbis sollte lieber doch nicht auf dem Komposthaufen wachsen, weil er ihm die ganzen Nährstoffe entzieht. So ist es mit allem, es gibt immer eine Ansicht, die sich durchgesetzt hat, und eine gegenteilige Ansicht, die sich ebenfalls durchgesetzt hat. Wahrscheinlich sind beide falsch. Zum Glück ist die Natur stärker. Wenn wir nach einer Woche wiederkommen, freue ich mich immer zu sehen, wie gut sich der Garten in der Zwischenzeit von uns erholt hat.

IM FERNSEHEN

Bei dm hängt jetzt im Eingangsbereich unter der Decke ein Fernseher, in dem man sich selbst beim Reinkommen sehen kann. Ich lasse mir das nie entgehen, manchmal winke ich sogar oder bleibe einen Moment stehen. Schließlich war es ein Kindheitstraum von mir, einmal im Fernsehen zu sein. (In der Zeitung war ich schon früh, weil ich mit zehn Jahren unter den drei Gewinnern des Sonnabend-Kreuzworträtsels der Zeitung «Der Morgen» gezogen worden war, deren Namen abgedruckt wurden.) Im Fernsehen gewesen zu sein glich dem Erreichen einer höheren Daseinsstufe, eine Form von Heiligkeit, vielleicht sogar Unsterblichkeit. Ich habe einmal mit Autorenkollegen darüber gesprochen, woran ihre Eltern festmachen würden, ob man auf sie stolz sein könne, Bücher veröffentlicht zu haben, hatte damit wenig zu tun. Bei den meisten war es so, daß selbst der Nobelpreis ein Auftauchen im Fernsehen nicht aufgewogen hätte, erst dadurch wären alle Zweifel ausgeräumt gewesen, daß sie es geschafft hätten, wer im Fernsehen war, konnte kein Versager sein, damit konnte man sich vor Nachbarn und Bekannten sehen lassen. Und *ich habe* es geschafft, denn ich bin jede Woche im Fernsehen, manchmal sogar zweimal am Tag, wenn auch nur bei dm, in einer Szenerie aus Sebamed-Probefläschchen, Mottenpapier und herabgesetzten Ostereiern. Leider steht der dm-Fernseher sinnbildlich für das Schicksal des klassischen Fernsehens: jeder kann es ins Programm schaffen, er muß nur durchs Bild laufen, aber es interessiert niemanden mehr, nicht einmal ihn selbst. Früher war es immer etwas Besonderes, wenn man irgendwo jemanden aus dem Fernsehen gesehen hatte, so etwas vergaß man nicht, man konnte solche Geschichten austauschen und noch Jahre später gemeinsam darüber staunen. Mir passiert das meistens beim Fliegen, einmal war es der Boxer Dariusz Michalczewski, einmal ein «Tatort»-Kommissar, der das Gepäckfach nicht zubekam, und einmal der Moderator von «Galileo», den ich seltsamerweise erkannte, obwohl ich die Sendung noch nie gesehen habe. Bei diesen Gelegenheiten merkt man immer, daß Fernsehen jünger macht, denn in Wirklichkeit wirken die Fernsehmenschen circa zehn Jahre älter. Das liegt daran, daß man im Fernsehen vor dem Dreh geschminkt wird, oder daß die Beleuchtung dort besser ist, oder daß die Fernsehmenschen so entrückt wirken, sie leben ja im Fernsehen und müssen sich nicht mit unseren Alltagsproblemen herumschlagen. Auf dem dm-Bildschirm komme ich mir hingegen immer zehn Jahre älter vor. Vermutlich, weil ich dort so aussehe wie in Wirklichkeit.

EUROVISION

Einmal im Jahr muß ich dafür büßen, Vater zu sein, denn dann muß ich im Fernsehen den Eurovision Song Contest sehen. Früher, weil meine Tochter die Show gut fand, jetzt, weil sie sich darüber lustig machen will. Das tut sie in Wirklichkeit allerdings lieber mit ihrer Freundin, mit der sie den ganzen Abend am Handy chattet, ich höre sie nur glucksen und bekomme nichts von den Sprüchen mitgeteilt. Ungeduldig warte ich auf die Punktevergabe, das einzige, was mich am Wettbewerb interessiert, weil sich daraus ein Stimmungsbild Europas ergibt, die Musik könnte man auch gleich im Schnelldurchlauf zeigen. Ich habe noch nie verstanden, nach welchen Kriterien entschieden wird, daß das eine Lied, das alle singen, in der einen Version (man beginnt besonders leise und wird dann besonders laut) gewinnt und in der anderen (man beginnt gleich laut) letzter wird. Auch diesmal nehmen sie es mit der «Equality» zu wörtlich, es klingt alles gleich, regionale Eigenheiten kommen nur in Form des jeweiligen Akzents vor, mit dem Englisch gesungen wird. Daß die größten Geldgeber der Veranstaltung und die Mutterländer von Pop und Chanson immer am wenigsten Punkte bekommen, hat für Europa wahrscheinlich die therapeutische Funktion eines Machtumkehrspiels, so wie wenn ich mich beim Balgen von meinem Sohn umwerfen lasse, damit er seine Aggressionen abbaut und unsere Bindung gefestigt wird. Meine Tochter fragt mich, wie oft Deutschland schon gewonnen hat, und ich singe ihr «Ein bißchen Frieden» vor, bis sie kreischt. In Gedanken bin ich aber bei der Mörtelmischung, die ich morgen im Garten anrühren will, um eine Mauer ums Kräuterbeet zu ziehen (ich habe noch nie gemauert). Ich wette mit meiner Tochter, daß ich in die Top Ten kommen würde, wenn ich «Zickenschulze aus Bernau» singen würde, wie vorhin, als ich die Kleinen ins Bett gebracht habe (ich muß ihnen ja irgendwie Berlinern beibringen, im Kindergarten lernen sie das bei uns nicht mehr). Ich sehe es vor mir, wie ich Madonna ansinge: «Olle, komm, du kannst watt lern', ick tanz jetz' mit dir modern!» «Twitter das doch mal an deine Freundin», sage ich zu meiner Tochter, aber sie findet es nicht lustig. Lange vor der Entscheidung muß ich ins Bett, weil die Kleinen um sechs Uhr aufwachen werden, meine Tochter hält die Stellung. Beim Einschlafen denke ich gerne an etwas Tröstliches, zur Zeit an den Garten, ob der Kompost noch ausreicht als Füllung für das neue Hochbeet? Und soll ich Pferdemistpellets mit untermischen, oder riechen die dann? Am nächsten Morgen erfahre ich aus dem Internet, daß tatsächlich wieder ein Lied gewonnen hat, das hätte ich diesmal wirklich nicht gedacht!

LA LIGUE DES CHAMPIONS 2

Das wichtigste Spiel des Jahres, das Finale der Champions League, will ich in diesem Jahr wieder in Südfrankreich sehen, aber die Strandpromenade, wo wir einen Bildschirm suchen, ist voll mit Kurzurlaubern, die Meeresfrüchte essen wollen, niemanden interessiert hier ein Fußballspiel, und die Kneipe vom letzten Jahr zeigt nur noch Pferderennen. Ich wünschte, ich würde mich für Pferde interessieren! Niemanden berührt unsere Frage nach «le match», alle wimmeln uns ab, vielleicht, weil ich durch die Biosonnencreme, die ich morgens auftrage, immer noch wie ein Gespenst aussehe. Mein Schwiegervater hat Knieprobleme, er spielt schon sein Leben lang jede Woche Fußball, obwohl er gar keine Knorpel mehr hat, deshalb kommen wir nur langsam vorwärts. Am Port de Plaisance, wo die Balkons die Form der Nase von de Gaulle haben (der Architekt verehrte den Général), entdecken wir mit der Erleichterung eines Wüstenreisenden, der eine Oase erreicht, eine Kaschemme mit Fernseher, in der ein paar Aussätzige das wichtigste Spiel des Jahres gucken. Ich vermisse sofort meine neue Brille, die ich mir für die letzte WM angeschafft hatte. Ich versuche, die Spieler an ihren Bewegungsmustern zu erkennen, aber so richtig sicher bin ich mir nur bei den Torhütern. Es spielt eine Weltauswahl aus Liverpool gegen eine Weltauswahl aus London. Ich nutze die Gelegenheit zum

Französischlernen, es gibt wohl keine Sprache, die sich so wenig zum Kommentieren von Fußballspielen eignet, es klingt immer nach Racine, selbst wenn es um absichtliches Handspiel geht. «Il y a énormement de pression sur cette rencontre», sagt der Sprecher. Ich bin für die Auswahl von Jürgen Klopp, dem man menschlich lediglich vorwerfen kann, daß er seit Jahren Autowerbung macht. Wir sind zu spät gekommen und haben den Elfmeter in der zweiten Minute verpaßt, der, wie sich herausstellen wird, schon der Höhepunkt des Spiels war. Es ist wie immer im Leben, das Beste ist schon vorbei, und man merkt es erst Jahre später. «Du chaos dans l'air, les joueurs commencent à tomber comme les mouches», sagt der Sprecher, und ich erinnere mich an den Nachmittag, als ich mit meinem Sohn auf der Wiese der Anlage Fußball gespielt habe, im Nu kamen von allen Seiten französische Jungen herbeigestürzt und machten ihre Neymar-Tricks, die Tore hätte man abbauen können. In der Pause analysieren Willy Sagnol und Christophe Dugarry den Spielverlauf, auch in Frankreich kommen ehemalige Profis als soziale Wiedereingliederungsmaßnahme beim Fernsehen unter. Warum altern Fußballer nach ihrer Karriere so schnell? Selbst bei ganz jungen Spielern macht mich die Aussicht schon melancholisch. Ich schnappe eine Formulierung auf, die mir unfreiwillig philosophisch erscheint: «Il n'a pas anticipé cette anticipation de Rose.»

KÜCHENSCHLACHT 6

In früheren Zeiten hat man als kultiviertes Paar seinen «Fernseh-empfänger» zu einer bestimmten Uhrzeit eingeschaltet, um sich eine Sendung anzusehen wie eine Theateraufführung, und danach abzuschalten und über das Gesehene zu sprechen. Heute gibt es wahrscheinlich kaum noch jemanden, der den Fernseher einschaltet, weil er etwas Bestimmtes sehen will, man will sich doch lieber überraschen lassen im Getümmel der Kanäle. Für mich ist es deshalb fast schon Konzeptkunst, daß ich täglich dieselbe Sendung sehe, immerhin jeden Tag eine neue Ausgabe. Fast zwei Jahre haben wir es mit «Bares für Rares» ausgehalten und nun schon über ein Jahr mit der «Küchenschlacht», wir wissen inzwischen mehr über die Sendung als die Beteiligten, die sich ja immer abwechseln: Es fällt auf, daß fast jeden Tag Lachs zubereitet wird und daß er fast immer gelingt und «schön glasig» ist. Risotto hat dagegen seine Tücken. Garniert wird oft mit «Kartoffelstroh», was uns nur beim ersten Mal beeindruckt hat, wie auch das notorische «Parmesankörbchen». Um es spannender zu machen, wetten meine Freundin und ich immer, welcher der sechs Kandidaten Wochensieger wird. Mit dem Wetteinsatz werden wir irgendwann, wenn die Kinder aus dem Haus sind und wir wieder einmal einen freien Abend haben, «schön essen gehen». Es zeichnet sich ab, daß das meiste Geld dann von mir stammen wird, weil ich so schlecht tippe. Anfangs habe ich intuitiv auf die älteste Kandidatin gesetzt, weil man davon ausgeht, daß ältere Frauen am besten kochen können. Das denkt man auch, wenn eine Kandidatin etwas fülliger ist. Dabei können junge, dünne Männer auch manchmal kochen, man darf nur nicht den erwischen, der beim Motto «Lieblingsgericht» ein Holzfällersteak mit Zwiebelringen zubereitet. Andere Kriterien: Ich tippe eher auf Westdeutsche, weil ich selbst aus dem Osten stamme und Gastronomie eher nicht zu unseren Stärken gehörte, Österreicher ziehe ich aber Westdeutschen vor, weil man Österreich essensmäßig vage mit «Genuß» verbindet. Migrationshintergrund ist gut (könnte Tricks aus regionalen Küchen kennen), Tätowierungen sind schlecht (deutet nicht auf verfeinerte Lebensart hin), Küchenschürzen mit witzig gemeinten Sprüchen schrecken ab (paßt eher zum Grillen), tolle Berufe sind zwiespältig (bleibt da Zeit zum Kochen?). Ganz schlimm finde ich es, wenn eine Kandidatin ihren Namen *mit einem Herzchen als i-Punkt* auf die Kreidetafel an ihrem Kochplatz schreibt. Ich urteile offensichtlich völlig oberflächlich, schon mehrmals ist mein Kandidat gleich am ersten Tag rausgeflogen. Meine Freundin liegt dagegen oft richtig, wie sie das macht, weiß ich nicht, sie hat gar keine Kriterien, sondern nutzt ihre «Menschenkenntnis». Ich frage mich nur, warum sie sich dann für mich entschieden hat.

DER LETZTE MOSKITO

Wenn die Größe meiner Hotelzimmer ein Maßstab für meinen Erfolg ist, dann müßte ich es weit gebracht haben, denn neulich in Rostock wurde ich ungefragt auf die Juniorsuite *upgegradet*, so daß ich einen mit zwei Ferrero Rocher bestückten Gebäckständer zur Verfügung hatte, aber auch ein so großes Zimmer, daß die Fernbedienung vom Bett aus nicht bis zum Fernseher reichte. (Wenn man Erfolg an der Zuschauerzahl mißt, sieht es nicht ganz so gut aus, da zu meiner Lesung am heißesten Tag des Jahres im Grunde niemand gekommen war.) Ich hatte mich zudem leider für die Seite des Doppelbetts entschieden, die etwas weiter vom Fernseher entfernt war, denn ich scheue mich immer, die unbenutzte, frisch bezogene Bettseite zu berühren, damit die Bettwäsche dort nicht gewechselt werden muß. Das zweite Tütchen von den «Schlafschäfchen-Fruchtgummis», die auf den Kopfkissen lagen, ließ ich mir aber nicht entgehen, so dekadent bin ich dann doch. In Rostock hatte ich zudem ein «Kissenmenü» und konnte, wie beim Frühstücksbrei, zwischen Hülsenfrucht-, Pferdehaar- und Dinkelspelz-Füllung wählen. Ich mußte mich also auf den Bettrand setzen, um durchzuzappen, etwas anderes blieb mir nicht übrig, weil ich in Hotels wegen der zu kleinen Schreibtische nicht arbeiten und wegen der unpraktischen Leselichter nicht lesen kann. (David Garrett, der zeitweise in Talkshows zu *wohnen* scheint, sagte mal bei «Lanz», daß er in dreihundert Hotels im Jahr schlafe und darunter leide, beim Aufwachen nicht immer zu wissen, wo sich die Nachttischlampe befinde. Daraufhin Lanz: «Ich danke dir für dieses offene Gespräch.») Die Bilder an den Wänden sind häßlich, und durchs Fenster sieht man meistens nur auf ein Kiesdach und Lüftungsanlagen. Fernsehen wird zum Überlebensreflex. («Diese einsamen Straßen trocknen einem die Seele aus», sagt der Trucker Rubber Duck in «Convoy».) Ich zappe mich eisern durch chinesische Nachrichtensender, bis ich beim Radioprogramm lande (hat jemals jemand im Hotel mit dem Fernseher Radio gehört?). Es gibt Filme wie die «Terminator»-Serie, die ich bisher noch nie vollständig, dafür aber schnipselweise wie ein Puzzle gesehen habe, weil sie praktisch immer laufen. Manchmal habe ich Glück und erwische das Ende vom «Sportstudio» auf ZDF, dann halte ich mich so lange wach, bis ich gegen Morgen den Anfang der Wiederholung auf 3Sat sehen kann. Je später, umso mehr habe ich das Gefühl, der einzige Zuschauer zu sein, der hier noch die Stellung hält, es fühlt sich wie eine Mission an, denn einer muß das ja alles sehen, sonst schalten sie das Fernsehen irgendwann ab wie die Langwelle beim Radio. Ich denke dann an Larissa vom «Dschungelcamp» (von der es hieß, sie habe «keine Kinderschule genossen»), die gegen Ende der Staffel, als es im Dschungel einsam geworden war, sagte: «Ich bin jetzt hier der letzte Moskito.»

WESTFERNSEHEN

Eigentlich hadere ich immer damit, in meiner Kindheit so viel ferngesehen zu haben, ich hätte ja in der Zeit auch botanisieren oder Fagott lernen können, andererseits hätte ich sonst kaum etwas vom Westen mitbekommen, denn ich sah ja, wie eigentlich jeder, den ich kannte, fast ausschließlich Westfernsehen. Sogar, wenn im Osten und im Westen wieder einmal gleichzeitig die «Feuerzangenbowle» lief, schaltete man aus Gewohnheit Westen ein. Es gab ein paar wenige Mitschüler, die «kein Westen» sehen durften, weil ihre Eltern sich an ein offizielles Gelübde hielten, sie blieben Außenseiter, mit denen man nicht reden konnte, denn wir redeten ja immer übers Fernsehen. Der Montagmorgen in der Schule verging mit dem Nacherzählen des Programms vom Wochenende («Haste jesehn?»). Es beleidigt mich, wenn sich westliche Altersgenossen wundern, daß ich mich beim Fernsehen ihrer Jugend auskenne – wissen sie nicht, welche Anstrengungen Hausgemeinschaften bei uns unternahmen, um Antennenmasten zu errichten? Ein kollektives Projekt, ähnlich wie später das Sandsäckeschleppen für den Hochwasserschutz. Im Westfernsehen sagten sie die Wahrheit, aber mein Leben kam trotzdem nicht vor, deshalb guckte ich ja! Mein Leben kannte ich selbst, ich wollte «Colt Seavers» sehen, «Formel Eins» mit dem Video zu David Bowies «China Girl» (in der ungekürzten Version), oder den Moment, wenn sich die Kinder am Ende von «1, 2 oder 3» auf die Preise stürzten. Was mich am Westfernsehen reizte, war der lockere Ton (sieht man heute Sendungen von damals, empfindet man sie als unerträglich verkrampft). Die Menschen schienen keine Scheu zu haben, frei zu sprechen, während sie im DDR-Fernsehen ständig über ihre hölzernen Formulierungen stolperten. Im Osten sah ich immerhin «Sport aktuell», die Sendung, in der über die Fußball-Oberliga berichtet wurde, leider konnte ich davon immer nur den Anfang sehen, weil mein Vater irgendwann zur «Sportschau» umschaltete mit der Begründung: «Die schießen besser.» Tatsächlich war sogar der Rasen im Westfernsehen grüner, im Winter sowieso, denn da wurde im Osten im Schneematsch gespielt, aber auch im Sommer, ich weiß nicht, wie sie das hinbekamen. Ohne Westfernsehen wäre die DDR kaum erträglich gewesen und sicher früher zusammengebrochen. Die langweiligen Nachrichten, die leider auch im Westfernsehen liefen und nach denen mein Vater süchtig war, dauerten erfreulicherweise nur halb so lange wie die «Aktuelle Kamera», die sicher nicht einmal Erich Honecker durchhielt, ohne zu schummeln. Manchmal wurde im Westen über Drogen, Arbeitslosigkeit oder Neonazis berichtet, das mochte ich nicht, ich guckte lieber Werbung. Mein Melodienschatz für Ohrwürmer besteht nicht aus Volksliedern, sondern aus dem LBS-Song, dem Melitta-Song, dem Wrigley's-Spearmint-Gum-Song. Heute würde ich gerne wieder altes Fernsehen gucken, egal ob Ost oder West, es müßte einen Sender geben, der immer nur das Programm von damals wiederholt, damit man die Differenz zur Gegenwart studieren kann. Dasselbe gilt für Zeitungen, mit vierzig Jahren Abstand wird selbst das «Neue Deutschland» zur spannenden Lektüre. Ich liebe es, am Boden von Schubladen alte Zeitungen zu entdecken, die von irgendwelchen Vorfahren dort ausgelegt wurden. Die Gegenwart hört nie auf, das merkt man aber erst, wenn sie vorbei ist.

YOGA GEGEN STRESS

Wenn man am Computer fernsieht, fühlt man sich in die Kindheit zurückversetzt, als man noch einige Minuten warten mußte, bis die Röhren warm geworden waren und etwas auf dem Bildschirm erschien. Der Ton war schon eher da, was die Ungeduld noch steigerte. Computer werden immer leistungsfähiger, aber die Wartezeit beim Hochfahren hat sich nicht verkürzt. Wenn man den Rechner wenigstens wie eine Ketchupflasche auf dem Kopf lagern könnte, damit es beim Einschalten schneller losgeht! Besonders absurd ist die digitale Bummelei, wenn wir unsere «Yoga gegen Streß»-DVD sehen wollen. Nach minutenlangem Hochfahren des Rechners und einem Doppelklick auf «VIDEO_TS» öffnet sich der «PowerMediaPlayer», und es erscheint zum Klang eines Gitarrenarpeggios das Bild einer sich drehenden Erdkugel, über der «COOLVISION» steht. Leuchtspuren jagen durch die Atmosphäre auf uns zu, sie sehen ein bißchen aus wie früher Zini von «Spaß am Dienstag», dazu hört man das Geräusch sich in die Kurve legender Raumschiffe. Danach sehen wir den Schriftzug «Dolby Digital», während wir durchs All rasen, bis die Schrift sich kreiselnd in die Unendlichkeit verabschiedet. Dann beginnt die DVD im Laufwerk leise zu zirpen, manchmal muß sie mehrfach ansetzen. Das Menü «Tonwahl» erscheint, man kann zwischen «Stereo Dolby Digital 2.0» und

«Surround Dolby Digital 5.1» wählen. Ein pentatonisch-beruhigender Beat ertönt, man sieht eine im Meer versinkende Sonne und den Schriftzug «Wellness-DVD», bis das Bild sich kräuselt wie eine Wasseroberfläche, die Schrift sich auflöst und Quallen aufsteigen. Ein Gong ertönt, Stille tritt ein und man liest: «Bitte beachten Sie Ihre körperlichen Grenzen! Sollten Sie bei einer Übung Unwohlsein oder Schmerzen empfinden, brechen Sie die Übung ab und suchen Sie gegebenenfalls ärztliche Hilfe auf.» Ich überlege noch, was mir an der Formulierung falsch vorkommt, da höre ich schon Sphärenklänge, Zeit für das Menü «Untertitel für Hörgeschädigte». Endlich sitzt eine weiß gekleidete Frau auf einer Yogamatte am Meer (sie scheint den Weißen Hai nicht zu bemerken, der hinter ihr im Wasser lauert). Wir drücken auf «Alle Yoga-Sessions», woraufhin das Menü «Tonwahl für alle Yoga Sessions» erscheint, wir entscheiden uns für «Musik mit Anleitung in Stereo 2.0» und klicken uns zum dritten Tag vor: «Edle Haltung». Das ist eine Art Schneidersitz für Fortgeschrittene, ich wechsle ziemlich schnell ins Shavasana, die «Leichenhaltung», die einzige Position, die ich früher schmerzfrei einnehmen konnte, jetzt tut mir selbst auf dem Rücken liegend der Rücken weh. Es geht mir wie dem Laptop meiner Freundin, den man nicht mehr zuklappen kann. Ich soll an nichts denken, aber in Wirklichkeit warte ich nur auf das Ende der Session, nachdem ich schon so lange auf ihren Beginn warten mußte.

HOLZWERKENTV

In einer großen Arno-Schmidt-Ausstellung war einmal der Teddybär zu sehen, der beim Fernsehen immer zwischen dem Autor und seiner Frau auf dem Sofa saß und mitguckte. Das fand ich gar nicht so erstaunlich wie die Tatsache, daß Schmidts überhaupt einen Fernseher gehabt haben sollen. Ich kenne selbst ein Paar, das einen Teddy mitgucken läßt, allerdings um ihm politisch nicht korrekte Kommentare über die Akteure im Fernsehen in den Mund legen zu können. (Fernsehen macht mir besonders Spaß, wenn unsere Kommentare besser sind als die Dialoge im Fernsehen.) In der Schmidt-Ausstellung war außerdem ein vom Autor aus einer Wurzel gebastelter Küchenquirl zu sehen, die Schmidts hatten ja immer Geldsorgen. Am meisten haben mich aber die Zettelkästen interessiert, alles Eigenbau. Man sah ihnen an, daß jahrelange Erfahrung in die Konstruktion eingeflossen war. Ich leide immer unter einem Mangel an Kästen und benutze Handyschachteln, ausgeschnittene Tetrapacks oder DDR-Schuhkartons. Eine Internetsuche brachte mich auf HolzWerkenTV, einen YouTube-Kanal für Freunde ambitionierten Tischlerns und Drechselns. In der Ausgabe «Feines Kästchen nur mit Handwerkzeug» zeigte ein Tischlermeister mit hypnotisierender Gelassenheit und Bewegungen wie von einem Zen-Meister, wie man in einer Viertelstunde ohne Maschinen ein perfektes Kästchen bauen konnte. Die Eckverbindungen waren «ein Falz» (bei Schmidt waren sie genagelt, eigentlich hätte man von ihm ja Schwalbenschwanzzinken erwartet), der Boden «eingenutet». Zum Einsatz kamen ein Streichmaß, ein Klüpfel, ein breites Stemmeisen, ein Bankhaken, ein Nuthobel, ein Einhandhobel (zum «Brechen» der Kanten) und Zwingen, herrliche Werkzeuge, deren Anschaffung mich ungefähr vierhundert Euro kosten würde. Wenn ich früher Cowboy sein wollte, wegen «Western von Gestern», will ich heute Tischler werden wegen HolzWerkenTV. Mein Interesse an Fernsehsendungen hat sich einerseits verallgemeinert (mich würden auch KlempnernTV, KompostTV und FahrradfritzeTV interessieren), andererseits spezialisiert, denn ich will ja Sendungen zu ganz bestimmten Problemen sehen, die mich gerade beschäftigen, und das sofort. Ich zappte gleich weiter zu «Wissenswertes zu Stemmeisen» und erfuhr, daß es bei uns als «absoluter Tabubruch» gilt, zum Treiben des Stemmeisens einen Hammer zu benutzen statt eines Klüpfels, während «die Japaner ihre Stemmeisen traditionell mit einem Hammer treiben». Leider erfährt man bei YouTube aus den Kommentaren auch immer, was die Teddys mancher Leute zu den Sendungen sagen, an «Feines Kästchen nur mit Handwerkzeug» hatte aber nur jemand auszusetzen, daß man die Späne doch bitte mit der Bürste und nicht mit der Hand wegfegen sollte.

NEUES IRISCHES TAGEBUCH

Manchmal erwähne ich im Gespräch eine Sendung, und mein Gegenüber sagt: «Wir haben gar keinen Fernseher mehr ...» Dann fühle ich mich ertappt und beeile mich klarzustellen, daß wir ja auch nur im Internet gucken, weil wir gar nicht mehr wissen, mit welchen Tricks unser Fernseher nach den letzten technischen Umstellungen noch in Betrieb zu nehmen wäre. Heutzutage noch fernzusehen, das klingt so passiv, ungesund und erbärmlich, als würde man sich von Fertiggerichten ernähren. Etwas ganz anderes ist es, wenn ich, wie zur Zeit, jeden Abend die YouTube-Filme einer Auswandererfamilie aus Irland gucke, deren Kanal sich «Neues Irisches Tagebuch» nennt. Die beiden leben auf einem Hof in Westirland, was ganz gut dazu paßt, daß ich mich seit sechs Wochen nicht rasiert habe. Im Kopf lebe ich schon wie dieses sympathische Paar, das Gemüse anbaut, Schweine, Pferde, Schafe und Esel hat und ein Haus mit einer Blumenwiese auf dem Dach. Die Frau betreibt mit ihren Tieren einen Therapiehof für Kinder, und ihr Mann bastelt ständig an neuen Geräten, einer Walze zum Biegen von Blech, einer Linoldruckpresse, einem Blasrohr für Fahrradspeichenpfeile, einer Sämaschine für Riesenknoblauch, einem Akkordgriffgerät für die Gitarre. Dafür benutzt er Materialien, die ihm in die Hände fallen, am schönsten finde ich es allerdings, wenn er seinen Plasmaschneider einsetzt, der vollautomatisch aus Sechs-Millimeter-Stahlplatten Einzelteile für eine neue Erfindung schneidet. Seit ich YouTube-Kanäle gucke, kommt mir mein Leben wie eine Abfolge von ungedrehten YouTube-Filmen vor: Ich will das Vordach der Laube streichen, aber das Malerband hält nicht am Holz, ich verkitte die Fenster neu, und die Scheibe bekommt einen Riß, ich denke mir ein Rezept für Grünkohlsalat aus, und die Kinder weigern sich, auch nur zu kosten, ich baue ein Hochbeet, um biodynamisch zu gärtnern, und mache mir hinterher klar, daß meine Bretter aus sibirischer Lärche von OBI das Gegenteil von ökologisch sind. Währenddessen wird in Irland eine fünftausend Jahre alte Mooreiche aus der eigenen Torfwiese mit der selbstgebauten Bandsäge geschnitten (vielleicht kann man daraus Ohrringe basteln), und aus einem Akkuschrauber, einer Holzscheibe und einem Fahrradlenker entsteht eine elektrische Sense. Oder es wird die irische Tradition des «Meitheal» gepflegt, eine Gruppe Freunde trifft sich monatlich bei einem von ihnen, um gemeinsam eine größere Arbeit zu verrichten, zum Beispiel die Kartoffelernte. Hinterher gibt es Kuchen (oder Pizza aus dem aus einem alten Blechfaß gebauten Backofen). Im Osten hieß das Subbotnik, und alle haben es gehaßt, so wie in Irland kommt es mir wie das richtige Leben vor, was den Nachteil hat, daß mir mein eigenes Leben nur noch falsch vorkommt.

TESTBILD

Einen ganzen Tag lang hatte ich neulich den Impuls, beim Anblick meiner Tochter meinen Kopf um 90 Grad seitlich zu nei-
gen, weil es mich irritierte, daß sie ein T-Shirt mit waagerechten
Farbbalken trug, die mich an das alte Farbbalkentestbild erinnerten, bei dem die Balken aber senkrecht gewesen sind. Der Anblick löste bei mir nostalgische Gefühle aus, da ich als Kind ein
treuer Betrachter aller empfangbaren Testbilder gewesen bin, es
gab ja so viele Pausen im Programm. Ich weiß gar nicht, ob ich
damals mehr Zeit mit dem Fernsehprogramm oder mit dem Testbild verbracht habe, wahrscheinlich hält es sich die Waage. Das
Testbild war immer noch besser als der ausgeschaltete Fernseher, ein Lebenszeichen des Senders, daß es ihn noch gab, auch
wenn es nur zu einem Signalton und einem Standbild reichte.
Bei manchen Testbildern lief noch eine Digitaluhr mit solchen
eckigen Zahlen mit, wie ich sie, um meine Liebe zur Zukunft zu
betonen, zeitweise auch im Matheunterricht verwendete. Die
Uhr lief unaufhaltsam weiter, man bekam richtig Todesangst,
dabei wartete man ja ungeduldig auf den Beginn des Fernseh-
programms, ein lehrreiches Paradox. Ich schloß die Augen und
übte, in 60 Sekunden bis 60 zu zählen, vielleicht würde mir diese
Fähigkeit einmal etwas nützen. Eigentlich sollte man mit dem
Testbild seinen Fernseher scharf stellen, das hatte ich aber längst

erledigt. Es gab allerdings sowieso nicht viele Knöpfe am Fernseher, da war nicht viel zu verbessern, es half eher, den Bildschirm mit einem Antistatiktuch zu putzen, wobei die Härchen an den Fingern vom Glas magnetisch angezogen wurden. Möglicherweise habe ich auch einmal die Rundheit des Testbildkreises mit einem Zirkel geprüft und kam mir dabei wissenschaftlich vor. Man sollte es nicht glauben, aber es gibt tatsächlich eine Szene von Testbildsammlern, ausschließlich Männer, denn der Hang zur Fehlleitung von Zärtlichkeit auf für die meisten anderen Menschen wertlose Dinge ist eine männliche Eigenschaft. Die Testbildsammler sind teilweise schon seit den fünfziger Jahren aktiv, sie haben früh mit Fernsehtechnik experimentiert, um exotische oder kurzlebige Testbilder aus aller Welt zu jagen und zu fotografieren oder auf VHS aufzunehmen und das Ereignis in Logbüchern festzuhalten beziehungsweise Datenbanken zu nutzen, um ihre Streifzüge zu katalogisieren. Man braucht dafür vermutlich viel Zeit und muß Freude am Zuhausebleiben und ein gewisses Desinteresse am konventionellen Fernsehprogramm haben. Ich weiß nicht, wie ich so etwas vor meiner Familie rechtfertigen könnte, aber wenn es das Seelenleben befriedet, ist doch eigentlich jedes Mittel recht.

NADAL VS. MEDWEDEW

Ich wünschte, ich würde mich nicht für Tennis interessieren, und das auch noch jetzt, wo man Sender-Abos oder dubiose Streams braucht, um diesen Sport zu sehen. Wenn ich illegal gucke, leide ich immer unter der Zwangsvorstellung, daß jeden Moment die GSG 9 unsere Wohnung stürmt. Beim Tennis dauern Spiele bis zu fünf Stunden, damit kann Fußball nicht mithalten. Meine Sympathie wechselt ständig die Seiten, weil ich will, daß das Match ewig weitergeht. Beim US-Open-Finale wollte ich nur ein bißchen reingucken, und dann zeigte Nadal gleich beim zweiten Punkt seinen «banana shot», er stöhnte auch schon von Anfang an. Es begann um 22 Uhr, bis Mitternacht gab ich mir, schließlich muß ich jeden Tag gegen halb sieben aufstehen und den Kindern etwas zum Frühstück machen, das sie nie aufessen. Nadal interessiert mich, weil er so zwanghaft ist und so krankhaft fokussiert aufs Gewinnen, so ernst müßte man das Schreiben nehmen! Ob der auch mal ein Training ausfallen läßt, weil der Kindergarten wegen «Workshoptag» geschlossen ist? Medwedew wirkt gegen ihn magersüchtig, aber beim Tennis kommt es auf optische Fitness nicht an. Nadal gewinnt die ersten beiden Sätze, es ist ausgeschlossen, daß er jetzt noch verliert, aber Medwedew scheint das nicht zu wissen und gleicht nach Sätzen aus. Es ist inzwischen zwei Uhr nachts, demnächst stehen die Kinder auf, und ich gucke immer noch «nur den nächsten Ballwechsel». John McEnroe kommentiert mit New Yorker Akzent, und die Werbespots für amerikanische Versicherungen und Fluggesellschaften, die ich nicht kenne, wirken so schön exotisch. Was ist ein «squash shot»? Ich habe noch nie Tennis gespielt, ich bin dafür im falschen Teil Deutschlands aufgewachsen, wir haben Tennisbälle nur mit Federballschlägern gegen die Segmente der Plattenbauwände geschlagen. McEnroe sagt «the umpire», beim Tennis das Wort für «Schiedsrichter». So ein schönes Wort, das ich jetzt kenne, aber ob das als Entschuldigung reicht, bis drei Uhr nachts aufzubleiben? Niemand erwartet von mir, daß ich Wörter kenne, ich soll lediglich morgens ohne zu klagen aufstehen, beim Gehen die Mülltüten mitnehmen und beim Kommen volle Einkaufsbeutel dabeihaben. Ich bin schon fünfmal auf dem Klo gewesen, die Spieler noch gar nicht. Es ist so beglückend, wenigstens in Gedanken in New York zu sein, wenn ich schon in Berlin leben muß. Nach fünf Stunden gewinnt doch Nadal, das hätte man schneller haben können, aber sogar ihm selbst ist es lieber so, er will zwar siegen, aber noch lieber will er leiden. Vielleicht sollte er mal über eine Therapie nachdenken, das mit dem Tennis scheint ja nicht zu funktionieren. Es ist halb vier, ich mache vorsichtshalber noch schnell den Abwasch, als Ausrede, warum ich so lange auf war. Wann bin ich endlich Rentner und darf rund um die Uhr Sport gucken?

AUFERSTANDEN AUS PLATINEN

Bis Mitte der Achtziger war unser Fernseher unser wichtigstes Haushaltsgerät gewesen, eine Art Kontrollmonitor für die Welt, ein Sedativ, ein Instrument zur Familienzusammenführung, eine Glaskugel, ein Lagerfeuer, ein Freund. Aber plötzlich wurde er zum «Bildschirm» degradiert, denn nach langem Nörgeln wurde für das Westgeld der Großmutter ein C64 angeschafft – offiziell, um meinem Bruder und mir die Möglichkeit zu geben, uns auf einen technischen Beruf vorzubereiten, der uns politischen Ärger ersparen würde. In Wirklichkeit waren wir vom ersten Tag an spielsüchtig. Die acht Farben waren schöner als jeder Regenbogen. In der DDR gab es eine lebendige Heimcomputerszene, deren wichtigste Droge der C64 war. Es war eine der vielen eskapistischen Subkulturen in diesem Land, andere machten «Indianer»-Reenactments, trainierten heimlich Karate oder betrieben CB-Funk. War es eine schöne Zeit mit dem C64, oder war die Zeit nur durch ihn zu ertragen? Wer keinen Computer hatte, lernte aus Zeitschriftenbeiträgen in der «Jugend + Technik» BASIC und schrieb im Russischunterricht heimlich Programme auf Kästchenpapier, um sie im Kopf durchzutesten. Anders als heute mußte man Computer ja programmieren, sonst wäre nach dem Einschalten nicht viel passiert. Im Westen ist über die Heimcomputerszene in der DDR wenig bekannt, um so schöner, daß es in der 3sat-Mediathek einen Film dazu gibt, «Auferstanden aus Platinen». In den Computerklubs der Pionierhäuser wurden (auch von mir) die neuesten Raubkopien aus dem Westen getauscht. Wie schuldig ich mich fühlte, wenn ich als Pixelsoldat den Roten Platz beschoß oder gegen Samantha Fox Strip-Poker spielte! Als ich endlich «Bruce Lee» durchgespielt hatte (die Figur beherrschte ganze drei Kampftechniken, aber immerhin mehr als ich!), hatte ich zum ersten Mal im Leben etwas erreicht. Der Film spielt mit dem begeisternden Verfremdungseffekt und der immanenten Komik der 8-Bit-Ästhetik. Er zeigt, warum es so attraktiv war, statt die Grenze zu überwinden, sich in eine Computerspielfigur zu verwandeln, die ja, soweit wir wissen, keine Gefühle haben. Nicht der Westen lockte, sondern das Weltall in Gestalt des schwarzen Bildschirms. Heute ist der Computer für mich ein ständig bockendes Ärgernis, mich mit seinem Innenleben zu befassen wäre für mich so attraktiv wie Klempnern. Aber damals waren wir die Vorhut der Moderne, zwar ohne Kontakt zu Mädchen, aber mit doppeltem Gehirn, Schöpfer von Software, also Leben. Der Autor des Films hat mit Freunden noch 1991 ein C64-Computerspiel programmiert, das kommerziell vertrieben wurde, der «Spiegel» berichtete damals ganzseitig über die Newcomer aus dem Nichts (beziehungsweise aus dem Osten). Aber für den erhofften Erfolg war es, irgendwie symptomatisch für uns alle, schon zu spät.

STOCKHOCHSPRUNG

Ich habe als Kind immer besonders gern exotische Sportarten wie Bogenschießen oder Curling im Fernsehen gesehen, damals kam so etwas im «Aktuellen Sportstudio», wo heute praktisch nur noch über Fußball berichtet wird. Inzwischen ist für mich allerdings fast jede Sportart exotisch, es ist doch unglaublich, daß jemand die besten Jahre seines Lebens dem Versuch widmen kann, eine Kugel möglichst weit zu stoßen, statt sie einfach hinzutragen, so schnell es ging fünfzig Kilometer weit zu gehen, statt zu *rennen*, oder einen Speer zu werfen, ohne dabei irgendetwas treffen zu wollen. Die meisten Kugelstoßer haben einen auffälligen Embonpoint, während Hochspringer oft ungewöhnlich lange, dünne Beine haben, was mir wie Wettbewerbsverzerrung vorkommt. Es wäre doch interessanter zu sehen, wie sich die dicken Kugelstoßer beim Hochsprung machen und die dünnen Hochspringer beim Kugelstoßen. Am sympathischsten sind mir die Zehnkämpfer, weil sie sich in ihrer Jugend für keine Sportart entscheiden konnten, so ging es mir auch, ich wußte nie, was ich werden sollte, irgendwie klangen alle Berufe interessant, aber nicht so interessant, daß ich sie ein Leben lang ausüben wollte. Bei der Leichtathletik-WM in Doha habe ich mich wieder am meisten auf den abschließenden 1500-Meter-Lauf der Zehnkämpfer gefreut, bei dem sich diese hundert Kilo schweren

Modellathleten schwerfällig wie Gelegenheitsjogger über die Tartanbahn schleppen (in Wirklichkeit läuft selbst der Schlechteste schneller, als ich es je konnte, aber es sieht so schön unsportlich aus). Die Eltern des Siegers saßen nicht nur im Stadion, sondern trainieren ihn auch, sie können offenbar nicht loslassen. Weil unser Sohn nicht schlafen konnte, durfte er eine halbe Stunde Stabhochsprung mitgucken, er war überglücklich, denn er darf sonst nie fernsehen und schon gar nicht abends. Noch nie hat dieser Wettbewerb einen begeisterteren Zuschauer gehabt, während das Stadion in Doha nicht mal zur Hälfte gefüllt war. Als ein Sportler in die Kamera winkte, winkte mein Sohn zurück. Am aufregendsten fand er es, wenn einen Athleten der Mut verließ und er den Sprung abbrach und unter der Stange durchlief. Während ich mich mit dem Mann identifizierte, der vor jedem Versuch ein Verkehrshütchen aus der Anlaufstrecke räumen mußte. Die Reporter sagten, die Stabhochspringer seien wie eine große Familie, da herrsche, anders als unter Hoch- und Weitspringern, ein besonderer Zusammenhalt. Vielleicht sollte man an Bürgerkriegsparteien in aller Welt Stabhochsprungstäbe verteilen. Am nächsten Tag wollte mein Sohn wieder «Stockhochsprung» gucken und war enttäuscht, daß das nicht jeden Tag im Fernsehen kam. Wir haben ihm versprochen, daß er dafür ein bißchen Hürdenlauf sehen darf, weil er sich das so spannend vorstellt. Hoffentlich stolpert wieder einer über eine Hürde und fällt auf die Nase.

2 STUNDEN

Da ich für ein paar Wochen in Belgrad bin, konnte ich den Rekordversuch von Eliud Kipchoge, der im Wiener Prater als erster Mensch einen Marathon unter zwei Stunden laufen wollte, nicht im Fernsehen sehen. Ich hatte mit diesem Rekord erst in zwanzig Jahren gerechnet (für mich persönlich hatte ich ihn längst abgeschrieben, ich könnte dem Tempo keine vierhundert Meter folgen), seine Bedeutung ist vergleichbar mit Roger Bannisters Four-Minute-Mile im Jahr 1954. (Bannister hatte sich damals seine Spikes dünner geschliffen, um Gewicht zu sparen.) Kipchoge verglich die Leistung mit der Mondlandung. Ein österreichischer Sender streamte das Event, ich mußte aber erst ein Programm installieren, das den Österreichern vorgaukelte, daß ich in Österreich war, das dauerte, und das Rennen lief schon längst. Für Kipchoge war die Strecke neu asphaltiert worden, nachdem man Asphaltproben nach Amerika geschickt hatte, an den beiden Wendepunkten waren Steilkurven gebaut worden, drei Dutzend Weltklasseläufer unterstützten Kipchoge unterwegs. Das Ganze kostete den Sponsor über dreißig Millionen Euro. Unter dem Druck hätte ich die Nacht vor Aufregung mit Durchfall verbracht! Ich bin froh, daß ich für meine Bücher zwei Jahre habe und nicht zwei Stunden. Ich bin beim Schreiben auch nicht vom Wetter abhängig und muß hoffentlich nie aus Altersgründen zurücktreten.

Als der Stream endlich lief, war Kipchoge schon fast im Ziel. Ihm war keine Anstrengung anzusehen, was dem Ganzen etwas die Dramatik nahm. Als es vollbracht war, ging ich selbst laufen, allerdings herrschen in Belgrad ganz andere Bedingungen. Ich muß auf verschwundene Gullydeckel achtgeben, mich durch die überall wild parkenden Autos durchschlängeln und an Kreuzungen mein Leben riskieren, weil die Rotphasen für Fußgänger bis zu fünf Minuten dauern und ich nicht warten will. Ich nenne es «Urban Trail», man erobert sich die Stadt zurück, eigentlich bin ich bei jedem Lauf eine Ein-Mann-Demo. Ich laufe auf Trampelpfaden neben Schnellstraßen, durch verrottende Industriegebiete, mache Bergtraining an kaputten Treppen und Slalom durch Menschenmengen. Immer wieder bleibe ich stehen, um etwas zu fotografieren, einen Mann, der sich mit Klebeband eine Taschenlampe am Gehstock befestigt hat, den Baum, der von Erich Honecker 1977 im «Park der Freundschaft» gepflanzt wurde, verstaubte Tiermosaike an der Außenwand des Zoos, unter die sich ein Garfield geschmuggelt hat, brutalistische Betonarchitektur. Es klingt so schön und schwingt so angenehm, wenn man über eine Kellerluke aus Metall läuft! Die Wirkung des Laufens erfährt man am besten an Orten, die sich zum Laufen nicht zu eignen scheinen. Für Momente fühle ich mich federleicht wie Kipchoge, aber nur, bis ich mich in der nächsten Schaufensterscheibe sehe.

MAUERFALL

An meinem Geburtstag, dem 9. November, feiert immer das ganze Land, allerdings nicht mich. Den Mauerfall, mit dem ich mir diesen Tag teile, habe ich verpaßt, denn ich war damals seit einer Woche bei der Armee und hatte um die Zeit schon Bettruhe. Vorher hatte ich aber im Fernsehraum die «Aktuelle Kamera» geguckt, wozu wir jeden Abend verpflichtet waren und was ich bis dahin in meinem Leben noch nie freiwillig getan hatte. Plötzlich war man froh, daß diese einschläfernde Sendung doppelt so lange wie die «Tagesschau» dauerte, weil wir in dieser Zeit nicht stehen mußten, keine Befehle bekamen und dösen konnten. Westsender durften damals noch nicht geguckt werden, die Regler am Fernseher waren verplombt. Weil ich einen Teil meines Lebens als DDR-Bürger verbracht habe, werde ich manchmal als Zeitzeuge an Schulen eingeladen. Die Schüler dösen dann, wie ich damals im Fernsehraum der Kompanie, sie sind froh, die Schulstunde auf so bequeme Art hinter sich bringen zu können, und ich freue mich, daß sie die Freiheit haben, mir zu zeigen, wie langweilig sie mich finden. Zuletzt war ich an zwei Luxemburger Schulen eingeladen, um von früher zu erzählen, es entwickelte sich sogar ein wirkliches Gespräch. Anschließend wurde ich kurz für eine Nachrichtensendung interviewt. Abends im Hotel reiste ich mit dem Fernseher durch die Sprachenlandschaft Europas und erinnerte mich an die Zeiten in meinem Leben, als ich manche dieser Sprachen zu lernen versucht habe. Plötzlich erschrak ich, weil im luxemburgischen Fernsehen, wo man tatsächlich Lëtzebuergesch spricht, mein Interview angekündigt wurde. Ich hatte Angst, mich Unsinn reden zu hören, ich brauche eigentlich immer Jahre, um eine Frage zu beantworten, und das geht auch nur in Form von Literatur. Mein Beruf ist, zu schreiben und nicht zu denken. Die Redaktion hatte meine Aussagen mit Archivbildern unterlegt, marode Fabriklandschaften mit qualmenden Schornsteinen, Menschenschlangen vor halbleeren Obstständen. Schade, daß ich ihnen nicht gesagt hatte, daß ich als Kind nur Braunkohlebriketts als Spielzeug hatte. Ich überlegte wieder, warum der Westen dieses Bild der DDR braucht, an dem ja nichts falsch ist, das aber unvollständig ist und in diesem Fall mal wieder mehr über den aussagte, der den Beitrag gemacht hatte, als über das, wovon er handeln sollte. Aber vielleicht ist ein differenziertes Bild der Wirklichkeit in einer Nachrichtensendung auch gar nicht möglich. Ein Format, das am nächsten an der Wirklichkeit sein will, ist eigentlich am weitesten von ihr entfernt. Mein bevorzugtes Nachrichtenmedium ist deshalb die Literatur, durch sie erfahre ich das Neueste über Dinge, die schon immer so waren.

DNEVNIK

Zurück vom Aufenthalt in Belgrad, lerne ich weiter Serbisch, indem ich jeden Abend im Internet serbische Nachrichten gucke. Im Gefängnis würde ich polyglott werden, ohne die Zelle je zu verlassen. Rumänisch, Italienisch und Polnisch habe ich mit Kirchenradiosendern gelernt, weil nur hier ununterbrochen geredet wurde, oft in Form von Strafpredigten erzkonservativer Priester. Die serbischen Nachrichten gibt es in zwei vollkommen verschiedenen Versionen, der der staatlich kontrollierten Sender und der von N1, eines Senders, der mit CNN verbunden ist. Der Breaking-News-Stil ist eigentlich nicht mein Fall, der Jingle mit riesigen 3-D-Buchstaben und die dräuende Musik wirken wie ein Vorspann zu «Star Wars». In den Meldungen geht es hauptsächlich um innenpolitische Skandale, die über Wochen als endlose Epopöe nacherzählt werden, meist mit denselben Bildern. Die Wörter, die ich kenne, bilden langsam Cluster, manchmal sind es schon ganze Sätze, aus denen ich nicht mehr durch ein unbekanntes Verb rausgeschleudert werde. Die Meldungen auf N1 können auf die Dauer aber eigentlich nur Nichtserben ertragen, weil die Situation immer bedrückender wird. Der Präsident eröffnet einen Park (Rollrasen mit neu gepflanzten Bäumchen) im von den Emiraten finanzierten gigantischen Luxuswohnviertel im Zentrum Belgrads, für das der Hauptbahnhof stillgelegt wurde, maskierte Schläger Bewohner aus ihren Häusern vertrieben haben, um sie abreißen zu können, und eine historische Brücke demontiert werden soll, und spricht dabei in die Mikrophone der Journalisten, daß das doch wohl der schönste Park in dieser Gegend Europas sei. Er spielt eine Runde Tischtennis mit einem Freiwilligen (eine Szene, an die ich mich nur von Walter Ulbricht erinnere). Ein Reporter von N1 stellt ihm Fragen zu Skandalen, in die seine Minister verwickelt sind, der Präsident nennt den jungen Mann, der nicht locker lassen will und ihm sein Handy mit einem belastenden Dokument hinhält, «unhöflich». Am nächsten Tag muß der Präsident mit Herzproblemen ins Krankenhaus, und prompt behaupten Regierungsmitglieder und Journalisten auf den anderen Sendern, der N1-Reporter mit seinen Fragen sei schuld am Zustand des Präsidenten, in jedem anderen Land wäre er vom Sicherheitsdienst erschossen worden. (Der Präsident hat inzwischen den Zusammenhang dementiert, er habe tatsächlich chronische gesundheitliche Probleme.) In der Stadt hängen überall Zettel, die die Hände des Präsidenten in einer typischen Pose zeigen, darüber steht: «Laß die Lügen. Sei normal.» Auch der Wahlkampfslogan des jetzigen rumänischen Präsidenten lautete 2014 «Für ein normales Rumänien». In meiner Jugend war es unter uns verpönt, als «normal» zu gelten. Heute hoffe ich, daß unser Land «normal» bleibt, Menschen von anderswo beneiden uns darum.

WARTE-TV

Ich sitze im Warteraum der Kfz-Zulassungsstelle, unter der Decke sind zwei Flachbildschirme angebracht. Da die Stühle wie in einem Kinosaal ausgerichtet sind, kann man gar nicht wegGucken. Auf dem rechten Bildschirm erscheinen «Vorgangsnummern» mit den jeweiligen Räumen, in die man gehen muß. Jede Nummer erscheint mit einem Gonggeräusch und rutscht dann immer weiter nach unten. Obwohl so ein Fernsehprogramm nicht sehr interessant wirken mag, ist das Publikum zahlreich erschienen, viele haben Nummernschilder im Rucksack. Ab und zu verläßt uns ein Zuschauer, sein Platz wird aber schnell von einem Neuankömmling eingenommen. Allen im Raum steht die Angst ins Gesicht geschrieben, das Auftauchen der eigenen Nummer zu verpassen, wie hypnotisiert starren wir auf den Bildschirm. Links daneben hängt ein zweiter Bildschirm, auf dem «Warte-TV» läuft, ein Programm, das offenbar speziell für die Berliner Ämter produziert wird. In schneller Folge werden Fragen gestellt und auch gleich beantwortet: «Über welche Art Urlaubsgruß freuen sich die Deutschen am meisten?» (86 Prozent der Deutschen freuen sich über eine Postkarte.) «Welcher Grill ist bei den Deutschen am beliebtesten?» (38 Prozent grillen am liebsten auf einem Holzkohlegrill.) Dann wird für den neuen «Star-Wars»-Film geworben, auf Russisch vor Diskriminierung

103

gewarnt, und es werden gesunde Männer für eine Medikamentenstudie gesucht, bis endlich wieder eine Frage kommt: «Was erwarten die Deutschen von Nährwertkennzeichnungen?» (72 Prozent der Deutschen sagen, daß Nährwertkennzeichnungen vor allem eindeutig sein sollen.) Ein geniales Konzept: Man erzeugt Wartezeiten und verkauft das Publikum, das dadurch entsteht, an einen Produzenten von Werbefernsehen! Je länger wir warten, umso mehr verdienen die Ämter (also wir) mit unserer Wartezeit. Indem wir warten, tragen wir zu unserem eigenen Wohlstand bei. Wir könnten sogar heimlich weggucken, aber dafür sind mir die Informationen zu interessant: «Was unternehmen die Deutschen im Urlaub, um das mentale Wohlergehen zu steigern?» (72 Prozent gehen spazieren.) Als meine rote Nummer erscheint, habe ich fast Lampenfieber, ab jetzt geht alles ganz schnell. Im Büro der netten Mitarbeiterin hängen hinter einem anorektischen Ficus Poster mit Tropeninseln und amerikanischen Highways im Licht der untergehenden Sonne. Manchmal würde ich selbst gerne in so einem Amt arbeiten, mit Weihnachtsfeier, Wahlessen in der Kantine und echtem Feierabend. Als ich wieder am Warteraum vorbeikomme, muß ich der Versuchung widerstehen, mich noch einmal reinzusetzen, um mehr über uns Deutsche zu erfahren. Wieviel Prozent der Deutschen sich wohl dafür interessieren, wieviel Prozent der Deutschen sich für Prozentaussagen über die Deutschen interessieren?

STURM DER LIEBE

Seit vielen Jahren darf ich meine Eltern nicht zwischen 15 und 16 Uhr anrufen, weil sie in der Zeit eine Serie namens «Sturm der Liebe» gucken und sich gemeinsam darüber ärgern, wie unmöglich sich manche der Protagonisten benehmen und wie schlecht das noch dazu gespielt ist. Weil ich ihren Fernseher repariert habe (also einmal aus- und eingeschaltet), konnte ich bei der Gelegenheit nun endlich auch eine Folge gucken. Meine Mutter erklärte mir währenddessen die Handlung der letzten fünfzehn Jahre, weswegen ich kaum etwas von den Dialogen verstand, die klasse waren, weil sie wie ein postmoderner Roman ausschließlich aus Floskeln bestanden. («Das darf doch nicht wahr sein! Lassen Sie sich was einfallen, Sie sind der Anwalt!») Es geht irgendwie um ein Hotel, in dem Menschen mit Abgründen arbeiten, wovon man sich bei eingestreuten Kameraschwenks auf eine Landschaft ohne Klimawandel erholt. Der eine Hotelchef ist in den siebziger Jahren aus der DDR geflohen, hat dabei einen Grenzpolizisten erschossen und aus seinem Interhotel 30 000 Mark mitgenommen. Die Frau des anderen Hotelchefs hatte einst in Thailand entbunden und nicht bemerkt, daß sie Zwillinge bekommen hatte. Der zweite Sohn war heimlich entwendet worden, aber zwanzig Jahre später als Bundeswehrsoldat bei einem Manöver in Deutschland zufällig von seinem Bruder erkannt worden. Jetzt liebt ihn Franzi, die im Hotel putzen muß, nachdem er ihren Bauernhof ruiniert hat, indem er das Bioobst heimlich mit Pestiziden vergiftet hat, um auf dem Gelände ein Polofeld zu errichten. («Welches Spiel treiben Sie mit Franzi?») Die Schauspielerin, die ihre böse Nebenbuhlerin spielt, ist früher schon in mehreren anderen Rollen aufgetaucht. («Die verlassen sich auf unser schlechtes Gedächtnis», sagt meine Mutter.) Der Hotel-Fitneßtrainer ist vor kurzem Witwer geworden und will sich nicht eingestehen, daß er seine Schwägerin liebt. («Du solltest dir Gedanken machen, was du wirklich willst.») Der Hotelarzt gesteht seiner besorgten Frau, daß er tablettensüchtig ist, und sie macht sich («Michael, du brauchst Hilfe!») sofort daran, ihn mit Klangschalen und Yogaübungen zu heilen. Während sie Saft aus dem Keller holt, schluckt er aber schnell eine Tablette, die Serie muß ja weitergehen. Das alles erinnert mich an einen von Almodóvars besseren Filmen, nur ohne den künstlerischen Anspruch, was sofort süchtig macht. («Joseph vom Gestüt hat angerufen, der Hufschmied kommt jetzt eine Stunde früher.») Am liebsten würde ich für die Serie schreiben, mehr künstlerische Freiheit dürfte man als Autor selten genießen, alles ist möglich, man darf nur nicht den Fehler machen, zuviel nachzudenken, das würden die Zuschauer merken. Ich glaube, ich werde meine Eltern jetzt öfter besuchen.

EROTISCHES ZUR NACHT

Ein heimlicher Erinnerungsort für Ostdeutsche dürfte die französische Serie «Erotisches zur Nacht» sein, die im DDR-Fernsehen in der Winterzeit oft wiederholt wurde. Jeder erotische Durchbruch im Fernsehen wurde von mir damals aufmerksam registriert. Ich erinnere mich an die erste Frau, die im ZDF in einer BH-Werbung oben ohne zu sehen war, dazu erklärte eine Männerstimme in besänftigendem Ton: «Gott schuf die Frau, damit sie schön sei.» Gott würde also sicher auch einverstanden sein, wenn so eine von ihm geschaffene schöne Frau nackt im Fernsehen gezeigt wurde. Durch Gespräche auf dem Schulhof eignete man sich ein Spezialwissen über Nacktszenen an, so wie man wußte, in welchen Werken der Weltliteratur, die man sonst nie gelesen hätte, es anzügliche Stellen gab. Da der Westen als skrupelloser galt und ich bis auf Sport- und Kindersendungen praktisch nie DDR-Fernsehen guckte, kam ich lange gar nicht auf die Idee, daß es auch «bei uns» etwas zu entdecken geben könnte. Bis ich eines Nachts beim Umschalten ins Bodenlose fiel, weil eine Folge «Erotisches zur Nacht» lief, vielleicht sogar die, in der die kaum volljährige Penélope Cruz mitspielte. Diese Filme waren Bearbeitungen von Kurzgeschichten klassischer französischer Autoren, es handelte sich also eigentlich um Hochkultur. Es wurde viel durchs Schlüsselloch geguckt, von dekadenten Adligen, denen gewöhnliche Genüsse nicht mehr genügten, weshalb sie erfinderisch wurden. Einer legte Frauenkleider an, um sich unter Frauen mischen zu können, aber jetzt, wo er sozusagen an der Quelle war, hatte er nichts davon, da er sich ja nicht enttarnen durfte! Verwirrenderweise sah jede der vielen Schauspielerinnen geradezu vollkommen aus, es waren ja auch Französinnen, gut, daß ich diese Sprache in der Schule lernte, das war ein Schritt in die richtige Richtung. Leider hatten wir keine Fernbedienung, so daß ich gezwungen war, im wörtlichen Sinne «vor dem Fernseher» zu sitzen, um schnell umschalten zu können, falls jemand ins Wohnzimmer kam. Der Colormat 4506 hatte sechs Senderknöpfe, die verräterisch knallten, man mußte den herausspringenden Knopf beim Senderwechsel mit dem Daumen abbremsen. Ich hatte außerdem Angst vor der radioaktiven Strahlung der Bildröhre, die mein Gehirn zersetzte, wie ich deutlich spürte. Aber was sollte ich tun? Sobald einem Film anzumerken war, daß man «etwas sehen» würde – und dafür entwickelte man einen siebten Sinn –, mußte ich an die Bildröhre rücken. Manchmal kam, wenn ich gerade für stundenlanges, geduldiges Warten belohnt wurde, meine Mutter rein, so daß ich schnell auf einen Schwank des Ohnsorg-Theaters umschalten mußte!

INVESTIDURA

Ein Schauspiel waren für mich als DDR-Kind immer Bundestags-
debatten im Fernsehen. Bei uns stritten Politiker ja nicht öffent-
lich, sie kamen überhaupt selten in die Verlegenheit, frei zu sprechen. Dennoch verstand ich nie, wozu im Westen überhaupt
debattiert wurde, wenn kein Abgeordneter sich je durch die
Argumente der anderen Seite umstimmen lassen würde. (Und
wäre es nicht auch schlimm, wenn dafür eine Rede ausreichen
würde?) Loriot hat das Sprachspiel der Bundestagsdebatte paro-
diert, mit Aposiopesen sagt er nichts und alles: «Wir wollen nicht
vergessen, draußen im Lande, hier und heute, stellen sich die
Fragen und damit möchte ich schließen, letzten Endes, wer
wollte das bestreiten, ich danke Ihnen.» (Die Abgeordneten aus
den siebziger Jahren gucken seltsam konsterniert dazu, sie scheinen ihre Smartphones zu vermissen, die noch nicht erfunden
sind!) Die entscheidende Debatte zur «investidura» des spanischen Präsidenten im «hemiciclo» genannten Parlament, die ich
live auf TVE verfolgte, dauerte drei Stunden. Es gab einen Wald
an Codes zu entschlüsseln: hier ein T-Shirt mit einem katala-
nischen Spruch, dort eine rätselhafte Brosche, ein fehlender
Schlips oder ein Herrenzopf. Immer wieder wurde einer Abgeordneten gedankt, die trotz schwerer Krebserkrankung zur Ab-
stimmung erschienen war. Als ein Abgeordneter der baskischen

Bildu sprach, verließen die Abgeordneten von Vox aus Protest im Gänsemarsch den Saal, was peinlich lange dauerte. Fünf Minuten später kamen sie zurück, als seien sie gemeinsam auf dem Klo gewesen. Ein Sportlehrer sagte, an die Parteien PP und Vox gerichtet, daß er seinen Schülern vor allem das faire Verlieren beibringe. Jedem Redner wurde von einem Saaldiener ein frisches Glas Wasser hingestellt, auf einem Silbertablett, so daß das Holz des Pults keine Flecken bekam. Das Ende der Redezeit wurde durch das Aufleuchten eines im Pult eingelassenen Glasquadrats angezeigt, wobei der PP-Chef nur mehrmals «Ich komme zum Schluß» sagte und weiterredete. Einige Regionalparteien hatten nur einen Abgeordneten, aber das Ergebnis versprach so knapp auszufallen, daß jeder zum Königsmacher werden konnte. Manche waren deshalb über Nacht mit Tausenden E-Mail-Drohungen attackiert worden. Am Ende ging es 167 zu 165 aus bei 18 Enthaltungen. Die letzte Stimme gab die Parlamentspräsidentin ab. Pablo Iglesias, der Podemos-Chef, weinte, als er einen seiner Abgeordneten umarmte, der mit Muskelschwund im Rollstuhl saß. Währenddessen ging der PP-Chef zum PSOE-Chef und rang sich eine Gratulation ab, die so kurz geriet, als sei es sein Bruder, der bei «Mensch ärgere dich nicht» gewonnen hatte. War das nun ein Putsch («golpe de estado») gewesen oder hatte einmal im Leben das Gute gesiegt? Die einen sagen so, die anderen sagen so.

BILDUNGSFERNSEHEN

Zur Zeit probiere ich Babbel aus, um am Handy Türkisch zu lernen. Bei dieser App werden alle Wörter und Sätze von Muttersprachlern gesprochen, man kann sie sich immer wieder anhören und seine Aussprache korrigieren. Mit CDs, Kassetten, Tonbändern oder sogar Schallplatten, die ich zum Sprachenlernen schon genutzt habe, war das unpraktischer. Als Schüler erschien es mir völlig utopisch, mich in einer Fremdsprache unterhalten zu können, ich verstand schon nichts bei den Russischsendungen des DDR-Bildungsfernsehens, die allerdings auch sehr unattraktiv waren (heute würde ich sie gerne wiedersehen). Ein junges Pärchen, er mit strengem Scheitel, Schlaghosen und Bügelfalte, sie mit Rock und weißen Kniestrümpfen, flaniert durch eine sowjetische Betonmetropole und unterhält sich über Wasserkraftwerke. Die Sendung lief etwas zeitversetzt zu unserer Hofpause, so daß ich oft zu spät kam, weil ich vergessen hatte, daß wir früher hochkommen sollten, was mir von der Lehrerin als Absicht ausgelegt wurde. Und das, wo Russisch im Grunde wichtiger als Deutsch war, bis heute wundere ich mich, daß in der DDR nicht die kyrillische Schrift eingeführt wurde. Daß auch Englisch, die Sprache des Kapitalismus, unterrichtet wurde, war nach dem Krieg lange gar nicht selbstverständlich gewesen. Wenn ich krank war, sah ich zu Hause Bildungsfernsehen, es lief ja nichts anderes am Vormittag. Minutenlang wurde das Titelbild gezeigt, ab und zu ertönte ein Fanfarentusch, bis es endlich losging mit einer langweiligen Sendung über Chemiefaserstoffe, die ich schon auswendig konnte. Oder es lief «English for You», das Ende der siebziger Jahre gedreht worden war und selbst für unsere Verhältnisse schon altmodisch wirkte, wegen der riesigen Hemdkragen und Koteletten der Männer und weil alle Folgen in Schwarzweiß waren, es gab in den Schulen keine Farbfernseher. Trotzdem wurde «English for You» bis zur Wende ständig wiederholt. Man sah den Reporter Mike Webster, der in England für eine sozialistische Zeitung arbeitete und dessen Namen heute noch jeder ehemalige DDR-Schüler kennt, beim Besuch der «G. D. R.», wo er sich über die paradiesischen Lebensbedingungen informieren will, die dort für die Menschen herrschen («And will they all get jobs after University?» «Yes, of course!»). Ein Mann mit fettigen Haaren, der durch die Sendung führt, fordert die Zuschauer zum Nachsprechen auf: «Say after me: television tower ... *dingdong* ... Palace of the Republic ... *dingdong* ...» Es fühlte sich hoffnungslos an, auf diese Weise alle Wörter auch nur eines kleineren Wörterbuchs durchgehen und lernen zu wollen, dazu hätte ich viele Jahre krank sein müssen, um zu Hause «English for You» gucken zu können, und nach England hätte ich dann ja trotzdem nicht fahren dürfen.

SHOPPING QUEEN

«Shopping Queen» gehört zu den Sendungen, deren großes Verdienst es ist, daß man ihren Zuschauern, wenigstens während die Sendung läuft, nicht auf der Straße begegnet. Jemand wie ich, der höchstens einmal Mottenfallen bei dm oder Briefumschläge bei der Post «shoppt», wird hier in eine andere Welt entführt. Fünf Frauen bekommen die Aufgabe, in lediglich vier Stunden für karge fünfhundert Euro Klamotten und Accessoires zu kaufen, um damit zu einem Motto, wie «O'zapft ist, sei der Hingucker im Biergarten», den interessantesten Look zu präsentieren. Wie bei anderen Textgattungen (Möbelhaus-Werbung, Andrea-Berg-Hits, Pornofilm-Titel) frage ich mich, wie man wohl zum Shopping-Queen-Motto-Autor wird und ob das nicht ein finanzielles Standbein sein könnte, davon braucht man ja heutzutage deutlich mehr als zwei. «Die neue Woll-Lust. Bringe Strick optimal zur Geltung.» (Und zwar nicht, indem man sich vor laufender Kamera aufhängt!) Die Welt, die in der Sendung präsentiert wird, ist traurig und bedrohlich, es ist, grob gesagt, unsere Gegenwart. Das geht mit den Wohnungen der Kandidatinnen los, man müßte Dichter sein, um für deren Elend Worte zu finden. Am schlimmsten ist das Mißverständnis, daß diese Frauen die geschichtslosen Interieurs, in denen sie ihr Dasein fristen, für einen Ausdruck ihres persönlichen Geschmacks halten. Dessen spiritueller Kern offenbart sich im heimlichen Schlüsselmoment der Sendung, der Öffnung des Schuhschranks, die einen Blick auf die Lebensleistung der Frauen in Gestalt von Schuhen diverser Marken gewährt. Es gibt aber auch Jahreszahlen aus Aufblasbuchstaben an den Wänden, Hundefotos in Glitzerbilderrahmen, silberne Bettwäsche. Während die Konkurrentinnen das alles neidisch begutachten, rennt die Kandidatin mit ihrer persönlichen Shoppingbegleitung durch eine dieser zur City gewordenen deutschen Innenstädte, um so schnell wie möglich das Geld auszugeben und mit dem Kauf von Kleidern, Modeschmuck, Handtaschen und durch das Umsortieren ihrer Haare ihre «Personality» herauszuarbeiten oder sich schlimmstenfalls neu zu erfinden. Bei der Präsentation im Studio heißt es dann: «Wie war dein Tag?» «Mega, Adrenalin pur.» Das Ergebnis des Raubzugs wird kennerhaft begutachtet, als handle es sich um einen Vermeer. Oberste Instanz ist ein Modemacher, der sagt: «Einziger Kritikpunkt, daß der Schuh das Kleid nicht erzählt», oder: «Gelb ist gerade ein Riesenthema.» Ist ein Leben, in dem man «ein Outfit um ein It-Peace aus Leder» kreiert, schlicht attraktiver als die vagen Versprechungen der Aufklärung? Ich würde mir wünschen, daß eine angehende Shopping Queen spontan einen Kleidercontainer vom Roten Kreuz plündert, um ein Outfit zu kreieren, für das man wirklich Persönlichkeit braucht, um es zu tragen.

HOTEL BAYERISCHER HOF

Manchmal sieht man im Fernsehen Dinge, die man aus der Wirklichkeit kennt, so daß man sich gleich ein bißchen wie ein Experte fühlt. Mir ging das so, als ich vor kurzem in den serbischen Nachrichten, die ich immer noch täglich gucke, um die Sprache zu lernen und um mich zu freuen, wenn jemand «PUPS» sagt (so heißt die «Partei der vereinigten Rentner», die in der Regierungskoalition ist), Bilder der 56. Münchner Sicherheitskonferenz sah, die im Hotel «Bayerischer Hof» stattfand. In einer Pause erzählte Präsident Vučić seinem staatlichen Heimatsender, mit welchen berühmten Politikern er sich noch zu Gesprächen treffen werde, und wirkte dabei wie ein fleißiger Student, der sich voller Vorfreude seinen Seminarplan für das neue Semester zusammenstellt. Ich versuchte mich währenddessen an dieses Hotel zu erinnern, in dem ich einmal während eines Autoren-Fußballturniers geschlafen habe, ohne zu ahnen, daß es sich um ein Luxushotel und um einen Schauplatz aus «Kir Royal» handelte. Daß es kein Hotel wie jedes war, erkannte man an pickligen Teenagern, die vor dem Eingang auf Jon Bon Jovi warteten, der als Belohnung für seine Musik hier übernachten durfte. Für mich bestand der Luxus in einem ungewöhnlich weiten Weg von der Zimmertür zum Bett und ungefähr tausend Fernsehkanälen. Da ich in Hotels die schlechte Angewohnheit habe, als erstes alle Programme wenigstens einmal durchzuschalten, verspätete ich mich fast zum Auftaktspiel meiner Mannschaft. Jemandem, der mit fünf Kanälen aufgewachsen ist, fällt es schwer, irgendeinen Kanal unbeachtet senden zu lassen, das kommt mir immer wie Verschwendung vor, als würde ich zu Hause in meiner Abwesenheit das Wasser laufen lassen. Aber was kann ein Einzelner bei tausend Kanälen schon ausrichten? Und es ist ja nur die Spitze des Eisbergs, es gibt vermutlich mehr Kanäle auf der Welt, als ein Mensch in seinem Leben durchzappen könnte. (Leider kann man in Hotels nicht auch die Bilder über dem Bett wegzappen.) Der Kanalüberfluß überforderte mich, es waren einfach zu viele. Ich wurde ganz traurig, denn mir wurde bewußt, daß auch tausend Kanäle nichts daran ändern können, daß Fernsehen nie wieder so schön sein wird wie an dem einen Abend, als ich vier oder fünf Jahre alt war und mein Vater ins Kinderzimmer gestürzt kam, um uns zu holen, weil in einer Abendshow ein Mann mit drei Beinen auftrat. Schnell rannten wir hin und bestaunten das Wunder. Man rannte damals oft zum Fernseher, um etwas nicht zu verpassen, was vielleicht nie wieder gesendet würde, und um dieses kurze und vergängliche Schauspiel zu genießen wie die Japaner die Kirschblüte.

SCHWEIGEFUSSBALL

Als Schüler trainierte ich eine Weile in einem Ringerzentrum und hatte Angst, daß ich nicht rechtzeitig rausgeschmissen würde, bevor ich auch einen dieser peinlichen, bis zum Bauchnabel ausgeschnittenen Strampelanzüge tragen müßte. Als Belohnung für gute Trainingsleistungen durften wir manchmal «Schweigefußball» spielen, eine Entlastung für die Nerven des Übungsleiters und für uns eine Herausforderung. Daran mußte ich denken, als ich neulich den «Clásico» sah, der wie immer so wichtig war wie noch nie. Das Problem war, daß ich nur einen Stream ohne Kommentar zum Laufen brachte, man sah also das Spiel, hörte die Geräusche der Zuschauer, aber niemand äußerte sich zum Geschehen. Ich vermißte die spanischen Kommentatoren, deren Stimmen mir sonst immer so ein Urlaubsgefühl verschaffen. Es war seltsam, wie sich die Spieler auf dem Rasen ins Zeug legten, denn da niemand darüber sprach, was sie taten, fühlte es sich bedeutungslos an, als würde man Kindern zusehen, die auf dem Schulhof kicken. Durch das Schweigen achtete ich auf Details, die ich sonst kaum bemerke, zum Beispiel die Männer in gelben Mänteln, die mit dem Rücken zum Spielfeld saßen und das Publikum beobachteten. Fiel es ihnen schwer, sich auch bei einem Torerfolg nicht umzudrehen, oder hatten sie den Job bekommen, weil sie sich nicht für Fußball interessierten? Irgendwann trotteten alle Spieler wie auf ein Zeichen vom Spielfeld, anscheinend hatte der Schiedsrichter zur Pause gepfiffen. Die Kameraeinstellung blieb aber, die ganze Pause über sah man das Spielfeld, wo eine Menge los war! Über Lautsprecher lief Musik, mehrere Rasensprenger gingen an, Rasenmähfahrzeuge glätteten die grüne Fläche (schade, daß keine Sensen benutzt wurden!), ein paar Männer waren zu Fuß unterwegs und bückten sich ab und zu, als pflückten sie Gänseblümchen oder vierblättrige Kleeblätter für ihre Mütter. Obwohl das im Grunde interessanter war als das Spiel, wurde mir beim Anblick der leeren Rasenfläche seltsam zumute, es war, als seien meine Kinder plötzlich erwachsen geworden, und ich saß als alter Mann auf einer Bank am Rand unseres Spielplatzes, der jetzt verwaist war. Warum war man beim «sandeln» nur immer so gelangweilt und ungeduldig gewesen! Wenn sie doch noch einmal klein wären und man mit ihnen buddeln könnte, nur für fünfundvierzig Minuten! Während ich mit diesen Gefühlen kämpfte, wurde das Stadion aus der Vogelperspektive gezeigt, als blicke man in einen gigantischen Fernseher. Es war der Blick, den Gott hat, wenn er Fußball guckt, von oben durchs geöffnete Stadiondach. Wie einsam er sich dabei fühlen muß! Der einzige Zuschauer, der sich auch Geisterspiele live ansieht.

WER WIRD MILLIONÄR?

Als Kind hatte ich große Angst vor dem Atomkrieg. Wenn ich nachts Düsenflieger hörte, rechnete ich mit dem Schlimmsten und betete, daß es die Welt am nächsten Tag noch gab. Einmal lugte ich am Morgen ganz vorsichtig durch die Gardine des Kinderzimmers und war darauf gefaßt, daß von unserem Neubaugebiet nur noch Ruinen stehen würden. Wenn tagsüber eine Sirene ging und wir nicht sicher waren, ob der Krieg schon ausgebrochen war und wir gerade die berühmten letzten fünf Minuten erlebten, schalteten wir schnell den Fernseher ein, solange sich im Fernsehen noch jemand blicken ließ, war nicht alles verloren. Was im Fernsehen zu sehen war, hatte einen höheren Grad an Realität. Ein Beispiel dafür ist die rumänische Revolution im Dezember 1989, bei der das Fernsehen eine bedeutende Rolle gespielt hat. Als die Übertragung von Ceaușescus letzter Balkonrede abgebrochen wurde, weil sich aus den Massen, zu denen er sprach, zum ersten Mal seit über zwanzig Jahren Zwischenrufer meldeten, dachten viele Fernsehzuschauer, es habe ein Erdbeben gegeben. Als das Gebäude des Rumänischen Staatsfernsehens besetzt wurde, wandte sich der Dichter Mircea Dinescu, schwitzend vor Aufregung, live ans rumänische Volk, um den Sieg zu verkünden und zur Besonnenheit aufzurufen. Er stand hinter dem Tisch, an dem sonst die Nachrichtensprecher saßen, gemeinsam mit dreißig finster und entschlossen blickenden Revolutionären (fast nur Männern), manche mit Schnurrbärten, einer mit einer Schaffellweste. Daß sich im Fernsehen das Volk ans Volk wandte, als ginge es wirklich darum, etwas von allgemeinem Interesse mitzuteilen, war der Beweis dafür, daß die Macht des Diktators gebrochen war. (Das Bild erinnert mich aber auch an eine Szene in einer Frank-Castorf-Inszenierung am Deutschen Theater im Jahr 1988, als ein Fernseher auf die Bühne gestellt wurde und nach und nach alle Schauspieler verschwanden und auf dem Bildschirm wieder auftauchten, wo es ein großes Gedränge gab. Es sah aus, als würden sie aus dem Fernsehgerät das Publikum beobachten.) Für meine Freundin und mich ist das Fernsehen, was für ein Kind der geöffnete Türspalt der Kinderzimmertür ist, durch den etwas Licht scheint, wir suchen immer nach Sendungen, in denen nichts Aufregendes passiert, und die man trotzdem möglichst lange aushält. So sind wir mit etwas Verspätung auf «Wer wird Millionär?» gekommen – und machten uns schon Sorgen, wie die Sendung in Corona-Zeiten ohne Zuschauer auskommen soll, denn dann kann es ja keinen Publikumsjoker mehr geben. Wir sind deshalb froh, daß man schnell einen anderen Joker erfunden hat und tapfer ohne Publikum weitergesendet wird. Bleibt nur die Frage, wie die Menschen im Fernsehen sich beruhigen, wenn ihnen Zweifel kommen, ob da draußen überhaupt noch jemand ist, den Fernseher können sie ja nicht einschalten.

ALBI THERE

Die erste Corona-Ansprache der Bundeskanzlerin sah ich mir als Stream auf «Spiegel-Online» an. Während ihrer historischen Rede an das Volk wurde die Kanzlerin plötzlich von tanzenden Saft-Tetrapacks unterbrochen, die «I'll be around» sangen, einen Song von den Spinners aus dem Jahr 1972. Allerdings sangen sie statt «I'll be there» «Albi there». Ein Beispiel für die Witzelsucht in der Werbung, wenn ein Fitneßklub mit «Power sucht Frau» wirbt oder aus Edeka eine «Curryphäe» wird. Es gibt den «Yes we Kännchen»-Tee, einen «Beercules»-Smoothie, die «Specktakel»-Tage beim Fleischer, eine «Rohvolution»-Feinkostmesse und einen Kaffee, der «Bohn(e) Appetito» wünscht. Die Berliner Stadtreinigung gibt sich besonders clownesk, sie wirbt mit «We kehr for you». Ich warte noch darauf, daß die Polizei ihre Fahrzeuge mit Golfschlägern bedruckt: «Wir lochen Sie ein!» Ich bin natürlich nur neidisch auf die Werbetexter, deren Arbeit mir leichter vorkommt als meine, man muß nur immer «auf der Kalauer» liegen. Im ersten Moment fand ich es frivol, daß eine Ansprache der Bundeskanzlerin zu einem so ernsten Thema gleich zweimal von Werbung unterbrochen wurde. Aber ist es nicht viel schlimmer, wenn Kindersendungen von Werbung unterbrochen werden? Eigentlich ist jede Werbeunterbrechung dreist und unhöflich. Irgendwann werden Werbebotschaften auf den Vollmond projiziert werden, vielleicht wird er uns dann von einer Käsemarke präsentiert. Angesichts der Allgegenwart der Werbung kommt es mir manchmal so vor, als sei es für mich als Bürger weit weniger wichtig, wählen zu gehen, als Dinge zu kaufen (und möglichst schnell wegzuschmeißen). Weil ich jahrelang im Fernsehen hauptsächlich Fußball gesehen habe, war mein Eindruck, daß es nur noch Auto-, Bier- und Naßrasiererwerbung gab, ich wußte nicht, daß die Werbung an die Sendungen und ihr Publikum angepaßt wird. Früher sahen alle dieselbe bunte Mischung aus Waschmittel-, Kaffee-, Überraschungsei- und Kopfschmerztablettenwerbung. Die Werbung im Westfernsehen fanden wir als Kinder interessant, und viele Melodien und Sprüche sind in unser kollektives Gedächtnis eingegangen. Manchmal wußte man auch nicht, worum es ging, was war ein «Underberg», der einem «schnell übern Berg» half? Warum war Bac «für uns alle da»? Inwiefern räumte Rennie «den Magen auf»? Wenn meine Freundin den Kindern ihren Butterkonsum rationiert, sage ich: «Butter ist rundum wertvoll», wie es in einer Kampagne der Milchindustrie aus den Achtzigern hieß. Mit vierzig Jahren Abstand kann ich Werbung als Kulturgut akzeptieren, aber in der Gegenwart halte ich sie für einen Diebstahl von Lebenszeit. Und es funktioniert doch gar nicht. Warum sollte ich einen Saft kaufen, nur weil mir singende Tetrapacks auf die Nerven gegangen sind?

DINOS

Als Kind habe ich einmal im Fernsehprogramm der Zeitung das Wort «Spielfilm» gelesen und war dann bitter enttäuscht, weil der Film nichts mit irgendeinem Spiel zu tun hatte, sondern für Erwachsene, also langweilig war. Heute wundert mich daran vor allem, daß mich niemand vom Fernsehen abgehalten hat, es gab überhaupt keine Beschränkungen, tagsüber guckte ich, wann und was ich wollte. Neulich sagte meine Freundin ganz beiläufig, daß ich jetzt mit unserem Sohn einmal in der Woche einen Film gucken dürfe, er wäre alt genug. Ich atmete auf! Als erstes suchte ich «Reise in die Urzeit» aus, einen tschechischen Film von 1955, der früher hin und wieder im Ferienprogramm lief. Als Vater kommt man nicht umhin, sich mehr Dinosaurierarten zu merken, als man je vorhatte. Wenigstens fühlt es sich wie Bildung an, weil ihre Namen altgriechisch klingen. Mir ist es lieber, wenn meine Kinder «Dilophosaurus» sagen, als wenn sie mich verbessern, weil es angeblich nicht «Ninja» heißt, sondern «Ninscha». (Erst kürzlich wurde mir klar, daß «Ninjago» eine Ableitung von «Lego» ist.) «Reise in die Urzeit» erzählt von den besten Sommerferien, die vier Jungen jemals haben können. Der jüngste von ihnen hat am Eingang einer Höhle einen versteinerten Trilobiten gefunden und wünscht sich nun sehnlichst, einmal einen lebenden zu sehen. Also brechen die vier mit einem Ruderboot zu einer Expedition in die Vergangenheit auf, der Weg führt durch die Höhle, einen Fluß hinauf. Wieder draußen, durchqueren sie die Erdzeitalter, sehen dabei einen Säbelzahntiger, rennen vor einem Phorusrhacos weg, sie machen Fotos von einem Stegosaurus, der mit einem Edmontosaurus kämpft, und bewundern im Sumpf eine Riesenlibelle. Der Trickfilm-Regisseur Karel Zeman hat sich in seiner Darstellung an den Urzeit-Illustrationen von Zdeněk Burian orientiert. Am Ende stehen die Jungen am Ufer des Urmeers, und Jirka kann einen Trilobiten mit seinem Fossil vergleichen, 500 Millionen Jahre liegen dazwischen. Die Jungen tragen keine bunten T-Shirts, sondern Hemden, kurze Hosen und Lederschuhe. Sie waten durch Sümpfe, schlafen in Bäumen, ziehen ihr Boot übers Packeis, geraten in heftige Gewitter, rudern gegen den Strom und jammern nie, weil die Neugier sie vorantreibt. In einem Reisetagebuch wird alles festgehalten. Wie sehr habe ich mir als Kind so eine Reise in die Urzeit gewünscht, wenn ich schon nicht in den Westen durfte! Jetzt saß mein Sohn im Zorrokostüm neben mir, aß die ersten Erdnußflips seines Lebens, und ich freute mich auf die nächste Woche, wenn wir «Der tapfere Schulschwänzer» von 1967 sehen würden, einen anderen meiner Lieblingsfilme, der so schön zur Corona-Stimmung paßt, solange die Schule noch nicht wieder begonnen hat und den Kindern keine Zeit mehr für Reisen in die Urzeit bleiben wird.

TRUMP

Um mich im Hörverstehen zu üben, gucke ich nun schon seit Monaten die Nachrichtensendung des serbischen Senders N1. Es geht um Corona, Zahlen werden verlesen, aus den großen Städten des Landes berichtet und die tägliche Pressekonferenz von Virologen und Politikern referiert. Ich muß zugeben, daß ich es unterhaltsamer finde, wenn gegen Ende der Sendung endlich ein paar internationale Meldungen kommen und man erfährt, was Trump wieder angestellt hat. Deshalb habe ich mir nun auch eine seiner Pressekonferenzen angesehen und überlegt, was daran bei mir solche Beklemmungen auslöste? Dann fiel es mir ein: Ich fühlte mich an die Schule erinnert! Die Journalisten melden sich, und Trump zeigt auf den nächsten, der eine Frage stellen darf. Manche sind nervös, wenn die Wahl auf sie fällt, und lesen vom Handy ab. Ich stelle mir vor, daß der Präsident auf mich zeigt, und ich habe zehn Sekunden, um ihm eine Frage zu stellen, der er nicht ausweichen kann, und die ihn zum Nachdenken bringt. Genauso unangenehm wäre es natürlich, die Fragen, die Trump gestellt werden, beantworten zu müssen, ein falsches Wort, und es gibt einen diplomatischen Konflikt mit Nordkorea, oder die Amerikaner beginnen Desinfektionsmittel zu trinken, um ihr Immunsystem zu stärken. In den ersten Schuljahren wollten wir noch drangenommen werden, unsere Arme reckten sich nach oben wie sonnenhungrige Pflanzentriebe. Wir schnipsten mit den Fingern und machten dabei kehlige Geräusche wie Ertrinkende, um auf uns aufmerksam zu machen. Das Schicksal der guten Schüler war, daß der Lehrer sagte: «Von dir weiß ich, daß du das weißt» und lieber einen rannahm, der sich gar nicht gemeldet hatte. In den späteren Jahren versteckte man sich hinter seinem Vordermann und betete, daß der Lehrer sich ein anderes Opfer herauspicken würde. Ich stelle mir vor, wie Trump «Next question!» sagt und seinen Blick über die Journalistenköpfe schweifen läßt. Als er mich hinter meinem Vordermann entdeckt, zeigt er auf mich und sagt: «Johänn!» Mir schießt das Blut in den Kopf, warum habe ich mich nicht vorbereitet? Wie sagt man auf Englisch «Hintergrundimmunität?» oder «Tröpfcheninfektion»? Ich darf nicht versagen, ich repräsentiere hier mein Land! «Mr Trump, tear this wall down!» (Er baut ja gerade eine an der Grenze zu Mexiko.) Aber ich will gar nicht provozieren, ich bin für gewaltfreie Kommunikation. «Mr Trump, do you know the movie ‹The little Lord›? In Germany it's on TV every christmas. It's about a rich and depressed old man, and how his grandson – who by the way looks a lot like me – touches his heart, and he changes his perspective of life. It's never to late! Let me live in the White House this summer, and I'll help you to connect with your inner child!» Und was würde er antworten, während er sich abwendet? «You should be ashamed of yourself! Next question!» Aber wer weiß?

JAUCH

Es fühlt sich ein bißchen antizyklisch an, aber wir gucken neuerdings gerne «Wer wird Millionär?» oder, wie es unter uns heißt, «Jauch». Wegen Corona gibt es dort kein Studiopublikum mehr, was wir begrüßen, da nicht mehr so viel Zeit mit dem ständigen Applaus verlorengeht. Stattdessen gibt es jetzt den Millionärs-Joker, das heißt, drei ehemalige Jauch-Millionäre lümmeln in den leeren Sitzreihen und können befragt werden. Dieser Joker gilt wie selbstverständlich als der «wertvollste» und wird nur im Notfall «gezogen». Bei einem weiteren, neuen Joker darf man seine Begleitperson befragen. Sollte das der Partner sein, ergibt sich ein interessantes Dilemma, denn dann darf man sich nicht anmerken lassen, daß man dessen Wissen eventuell weniger vertraut als dem irgendeines Telefonjokers. Würde ich meine Freundin als Begleitperson-Joker mitnehmen? Weiß sie irgend etwas, was ich nicht weiß? Das hätte ich nach so vielen Jahren doch merken müssen? Meine Freundin würde mich aus Trotz nicht einmal fragen, wenn es um eine Million Euro ginge, weil sie Angst vor meinen «Vorträgen» hat, wie sie es nennt, wenn ich meine Begeisterung für etwas, was ich tagsüber in Erfahrung gebracht habe, am Abend mit ihr teilen möchte. Sie behauptet, es würde beim Begleitperson-Joker auch weniger um Wissen als um emotionale Unterstützung gehen. Meine Eltern ärgern sich seit Jahren über die Sendung, seit mein Vater einmal nicht wußte, was «Stracciatella» ist, während meine Mutter noch nie von «Kajal» gehört hatte, das habe doch «mit Bildung nichts zu tun». Dabei ist es sogar noch schlimmer, die Sendung demonstriert eindrucksvoll, daß es keine Allgemeinbildung mehr gibt, sondern nur noch Partikularwissen, von dem niemand alles wissen kann. Dinge zu wissen, ist hoffnungslos retro, man kann ja googeln. Wer darüber nicht hinwegkommt, sollte sich klarmachen, daß man immer genau das für Allgemeinbildung hält, was man zufällig selbst weiß. Die Sendung lebt von der Rache am Bildungsbürger. Es nützt mir nichts, die Millionenfrage zu wissen, nämlich daß der Schriftsteller, der in Zürich ein Freibad gebaut hat, Max Frisch war (das soll schwer sein?), ich würde gar nicht so weit kommen, sie gestellt zu bekommen, weil ich Heidi Klums ersten Mann nicht kenne. Übrigens hilft «der Jauch» offensichtlich Kandidaten, die ihm sympathisch sind, wenn sie «auf dem Schlauch stehen», indem er das Einloggen der falschen Antwort subtil verzögert. Meinen Schwiegervater regt die Art auf, wie angeblich besonders Frauen versuchten, durch harmlos daherkommende Suggestivfragen solche heimliche Hilfestellung zu erheischen. Mich würde Jauch sogar bei fünfzig Euro gnadenlos durchrauschen lassen, behauptet meine Freundin, weil ich so arrogant sei, und das Video davon würde dann ein YouTube-Hit.

BIENE MAYER

Unser Auto ist zum Glück so alt, daß es keine Daten funkt oder empfängt, dafür hat es noch ein Kassettenteil. Das scheint auch für andere attraktiv zu sein, jede Woche klemmen Zettel oder handgeschriebene Briefe hinter der Scheibe, weil jemand das Auto kaufen will, am liebsten mit Motor-, Getriebe- und Unfallschaden. Da ich nur noch zwei meiner Kinderkassetten besitze, hören wir unterwegs zum Garten nun schon zum fünfzigsten Mal abwechselnd «ALF» oder «Biene Maja». Es sind die alten Folgen aus dem ZDF, die auch als Hörspiel funktionieren, meine Kinder ahnen gar nicht, daß es davon auch «bewegte Bilder» gibt. Wenn man die geniale Maja-Musik und die Qualität der Sprecher mit heutigen, kommerziellen Kinderproduktionen vergleicht, kann man schon kulturpessimistisch werden. Früher war alles besser! Am meisten liebe ich Majas Freund Willi, der, wie mir erst jetzt klar wurde, immer schlafen will, weil er ja eine Drohne ist («Haaaa! Wenn ich denke, tut mir der Kopf weh!»). Sein Sprecher war ein Genie, das Näseln und die sich überschlagende Stimme sind so markant, daß ich manchmal den Rest des Tages so zu reden versuche. Das Buch «Die Biene Maja und ihre Abenteuer» von 1912 stammt ja leider von einem militanten Antisemiten, davon merkt man der Serie aber zum Glück nichts an. Maja ist eine mutige, sympathische, neugierige, hilfsbereite

Biene, die in der neuen, computeranimierten Version, warum auch immer, schlanker gemacht wurde. Es geht viel um soziales Verhalten, wobei wir es ungerecht finden, daß die Spinne Thekla so negativ dargestellt wird, sie will ja auch nur leben. Majas Lehrerin heißt «Fräulein Kassandra», was einen bei «Wer wird Millionär?» weitergebracht hätte, als nach dem «Lehrerinnenzölibat» gefragt wurde, in der Bundesrepublik durften Lehrerinnen bis in die fünfziger Jahre nicht heiraten, sie waren «Fräulein». Ich befasse mich seit ein paar Jahren mit Imkerei, allerdings nur theoretisch, wenn ich Bienen hätte, dürften sie den Honig behalten. Neulich habe ich aus einem Bauschuttcontainer einen Balken geklaut, tiefe Löcher hineingebohrt und ihn im Garten als Brutstätte für Wildbienen platziert, weil diese ja noch viel gefährdeter sind als die Honigbienen. Nach zwei Wochen sah ich, wie sich eine Wildbiene an einem der Löcher zuschaffen machte, und einen Tag darauf war das Loch schon verdeckelt. Ich war so glücklich, seitdem fühle ich mich, als hätte ich zum ersten Mal im Leben ein Haustier. Vielleicht liegt es am Alter, aber noch lieber als «Biene Maja» zu gucken, setze ich mich auf einen Stuhl und gucke «Biene Mayer» zu, wie meine Kinder unsere Wildbiene nennen. Jetzt fehlt uns nur noch so etwas wie Alf.

AUS ALT MACH ÄLTER

Einer der vielen Berufe, die mich mehr interessieren als der, den ich ausübe, ist der des Restaurators. Ich würde gerne mit meinen Händen etwas dagegen tun, daß die Welt immer häßlicher wird. Oft reicht es ja schon, sich zurückzuhalten und die Patina nicht zu zerstören, die alte Gegenstände haben. Das meiste, was heute hergestellt wird, kennt leider nur noch zwei Zustände: neu oder Schrott. Weil ich die Fenster unserer Laube verkitten wollte, bin ich auf einen YouTube-Kanal mit dem sperrigen Titel «Tischlerarbeiten, Handwerk, Restaurierungen, Antiquitäten» gestoßen. Ein sympathisch-ungelenker Mann mit Nickelbrille und halblangen Haaren zeigt dort, wie er in vielen Stunden ein altes Fenster restauriert, wobei er dessen Aufbau gleichzeitig erforscht. Als ich mir später einen Bilderrahmen bauen und wissen wollte, wie man einen Falz hobelt, bin ich wieder auf Lothars Kanal gelandet. Es geht ihm um mehr als Tischlertips zu geben, er will sein Wissen über alte Handwerkstechniken teilen, die ja selbst Handwerker heute nicht mehr beherrschen. Ein Möbelstück sollte aber mit den Werkzeugen restauriert werden, mit denen es hergestellt worden ist, und das waren um 1800 «Zieheisen», «Brustleier» oder «Kransäge» (auch die Wörter sind in Vergessenheit geraten). Lothar sagt, daß er die Dinge, die er tut, mit allen Sinnen erleben will, deshalb gräbt er eine Sandsteinsäule, die er von einem Acker rettet, mit dem Spaten aus, und wenn er mit seinem Sohn einen dicken Ast absägt, genießt er jeden Sägezug, was mit einer Kettensäge nicht ginge. Ein lebenslanges Projekt scheint sein Fachwerkhaus zu sein, für dessen Erhalt er die Arbeit mit Lehmputz, das chemiefreie Bekämpfen von Holzbökken, das Anheben von tragenden Balken mit einer auf dem Flohmarkt gekauften Winde studiert. Wenn man durch die Einfamilienhaussiedlungen am Berliner Stadtrand joggt, ist man immer wieder betroffen von der pompös-sterilen Häßlichkeit der meisten in den letzten dreißig Jahren errichteten Häuser, sofern die Sicht darauf nicht von in Zäune geflochtenen Plastikfolien versperrt ist, manchmal in Gabionenoptik. Während Lothar zeigt, wie man aus Holz vom Haselnußstrauch und Draht einen wunderschönen Zaun «rödelt», der praktisch kostenlos ist. Sein Kanal hat Tausende Abonnenten, in den Kommentaren bekommt Lothar viel Zuspruch, um so unangenehmer berührt es mich, wenn ein User moniert, bei Holz spreche man von «Dicke», nicht von «Stärke». Was treibt einen dazu, einem erfahrenen, unprätentiösen und großzügigen Vermittler von Wissen so kleinlich einen «Fehler» anzukreiden? Ich sah mir gleich noch einmal an, wie Lothar sich freute, als er das charakteristische Knarren einer Schranktür vorführte, um das es doch schade wäre, wenn man es beseitigen würde. Das Geräusch klang, als würde sich eine Tür zu verschütteten Erinnerungen öffnen.

ALF

Welche Sendung habe ich in meinem Leben wohl am häufigsten gesehen? Ich schwanke zwischen «Dinner for One», dem «Mahna Mahna»-Song aus der «Sesamstraße» (das war so eine Phase ...) und der Endlos-Werbeschleife für eine Andrea-Berg-CD-Sammlung, die ich oft nachts nach Lesungen im Hotel gesehen habe. Meine Kinder haben nun bestimmt schon fünfzigmal im Auto die eine «Alf»-Kassette gehört, die wir besitzen, und es ist kein Ende der Begeisterung in Sicht. Das Bizarre ist, daß sie überhaupt noch nicht verstehen, worum es geht, aber trotzdem kann mein Sohn schon den Text auswendig, und immer, wenn uns eine seiner Formulierungen etwas sperrig und nur vage kontextualisiert vorkommt («Das passiert immer dann, wenn jemand die nationale Sicherheit gefährdet»), stammt sie sehr wahrscheinlich von Alf (Staffel 1, Folge 4, «Pennsylvania 6–5000»). Ich leide ja stark unter Langeweile und habe schon manche Veranstaltung nur durchgestanden, weil ich einen herausgerissenen Zeitungsausschnitt mit einer Amerika-Karte dabei hatte und heimlich die US-Bundesstaaten auswendig lernen konnte. Wie erklärt es sich, daß Kinder dasselbe immer wieder hören wollen? Aus Verzweiflung habe ich sogar schon angefangen, selbst zuzuhören, und dabei festgestellt, daß die Dialoge echte Glanzpunkte haben. («Wie wär's mit einer Dose Katzenfutter, ich brauch' Ballaststoffe», sagt Alf. «Also gut. Aber eine verbeulte!», antwortet Mutter Tanner.) Meine Freundin ist sowieso begeistert von Alf, sie konnte die Kassetten (von denen meine Schwiegermutter noch Dutzende besitzt, die sie uns, sobald Corona es zuläßt, auch bringen wird!) schon als Kind auswendig, sie liebte ihn, weil er alles machte, was sie nicht durfte. Er trinkt Bier, rülpst, denkt nur ans Essen, singt Rock 'n' Roll mit einer Gurke als Mikrophon, bezieht sein Wissen über unsere Welt ausschließlich aus Fernsehsendungen, hypnotisiert den Kater («Ich dachte, so wird er besser mit seinem Raucherproblem fertig») und liebäugelt ständig damit, ihn zu fressen. Und dabei ist er sehr einsam, denn sein Heimatplanet ist bei einer nuklearen Katastrophe explodiert, weswegen er den Funkcode von Air Force One knackt und den Präsidenten auffordert, alle Atomwaffen zu verschrotten. «Was sollen wir bloß mit dir machen?» fragt Mutter Tanner (die mir heute so jung vorkommt) in der ersten Folge. «Ich denke, ihr müßt mich einfach liebhaben, solange die Sache dauert.» Sind unsere Kinder nicht wie Außerirdische, die unsere Beziehung auf den Kopf stellen und von ihren Planeten seltsame Gebräuche mitgebracht haben (Katzen zu fressen gehört da noch zu den harmloseren) und die man schrecklich vermissen wird, wenn sie ihr Raumschiff eines Tages reparieren und weiterreisen?

EIN DICKES EI

Einer meiner Lieblingskanäle auf YouTube ist seit längerem «Neues Irisches Tagebuch»: Man ist dort zu Gast im Leben von Sandra und Tim, einem deutsch-englischen Auswanderer-Pärchen in den mittleren Jahren, die einen Hof im Westen von Irland haben. Trotz aller Geldsorgen haben sie eine ansteckend positive Ausstrahlung und sind dem Leben und der Natur ohne jede Verklärung zugewandt, Schicksalsschläge bleiben nicht aus, im letzten Jahr ist Tims erwachsener Sohn gestorben. Trost verschafft ihm das Werkeln, denn er ist ein genialer Bastler, der aus Schrott immer neue Maschinen baut, um Igelhäuser aus Wellblech, mobile Hühnerställe oder gemahlene Holzkohle (für Terra preta) herzustellen. Man lernt etwas über die irische Küche, über das Training von Therapiepferden, über den Klimawandel in Westirland, der dort viel Regen bedeutet, was problematisch für die Imkerei ist (Tims eigentlichen Beruf). Wegen der Bodenerosion experimentieren sie mit pfluglosen Anbaumethoden für Kartoffeln. Im mit über acht Millionen Views bei weitem erfolgreichsten Video dieses Kanals sieht man allerdings etwas scheinbar Banales, nämlich wie eine Gans heimlich um eine Ecke biegt, es sich in einer Grasmulde bequem macht und mehrmals mit dem Unterleib pumpt, bis aus einer Öffnung auf ihrer Rückseite ein Ei herausploppt. Die Gans versteckt das Ei unter Laub, wenn sie genug davon gelegt hat, wird sie das Nest ausbauen und die Eier ausbrüten. Der Zuschauer weiß jetzt, daß Gänseeier mit der spitzen Seite voran gelegt werden. Was sagt mir der Erfolg dieses Videos über meine Bemühungen, als Schriftsteller ein möglichst großes Publikum zu erreichen? Im ersten Moment: Ich muß mir gar keine Mühe geben, die Leute wollen Gänsen beim Eierlegen zusehen. Aber warum auch nicht? Gänseeier sind ja wichtig, und wie sie gelegt werden, sieht man selten oder nie. Viele werden das Video natürlich gucken, weil sie auf der Suche nach etwas sind, womit in der Literatur selten gearbeitet wird, dem spektakulär Blöden. Daß die Gans uns im entscheidenden Moment ihren Hintern zuwendet, scheint uns als Zuschauer zusätzlich abzuwerten, was einen rezeptionsmasochistischen Schauder erzeugt, zumal wir im doppelten Sinne Voyeure sind. Denn eigentlich sehen wir uns selbst dabei zu, wie wir einer Gans beim Eierlegen zusehen. In diesem Fall entpuppt sich das Blöde aber als Sinnbild für das Leben. Die Heimlichtuerei der Gans, das besorgte Schmierestehen des Ganters, die Unerklärlichkeit, mit der das Ei in seiner zerbrechlichen Vollkommenheit ausgerechnet aus dem Hintern eines watschelnden Vogels fällt. Vielleicht hat Gott, den man sich ja zu Unrecht viel zu lange männlich vorgestellt hat, bei der Erschaffung der Welt in Wirklichkeit auch so ein Ei gelegt, schade, daß es damals noch kein YouTube gab.

HOMESCHOOLING

In der Zeitung stand, daß viele Schüler wegen Corona weniger Zeit mit schulischen Inhalten verbringen und mehr mit Computerspielen, sozialen Medien und Fernsehen. Dabei wird wie selbstverständlich davon ausgegangen, daß sie auf diese Weise weniger lernen als während ihrer Präsenzzeit in der Schule. Ich könnte mir aber vorstellen, daß sie zu Hause nicht weniger lernen als in der Schule, sondern genauso wenig oder mit Glück sogar mehr. Was habe ich als Kind getan, wenn nichts im Fernsehen kam, alle meine Freunde in den Ferien waren, die Sonne auf die leeren Spielplätze brannte, die Fußballplätze verwaist waren? Ich habe einen Hammer durch die Luft gewirbelt und am Griff wieder aufgefangen, ich bin mit einem Tischtennisball gegen die Wände jonglierend durch die Wohnung gewandert, ich habe versucht, ein Zwei-Meter-Maßband aus Metall auszuziehen und aufrecht in der Luft zu balancieren, ich habe die Troddeln der Teppiche gekämmt, ich habe alle Bleistifte, die ich finden konnte, mit der Bleistiftanspitzmaschine angespitzt, ich habe ein Bündel dikker Aluminiumdrähte geradegezogen, bis ich schwarze Finger hatte, ich habe die Reste der abgerissenen Seiten aus dem Küchenkalender gepopelt, ich habe alle Schreibmaschinentasten gleichzeitig gedrückt, so daß die Typen verklemmten und einen Klumpen bildeten, ich habe die Rippen vom Stoff meiner Cordhosen abgepult, bis an den Oberschenkeln zwei glatte Rechtecke entstanden, ich habe versucht, mir breite Strohhalme über die Eckzähne zu stülpen, ich habe Rollfilme zusammengewickelt, bis sie wieder in ihre Plastikdöschen paßten, ich habe alle Karikaturen aus den Zeitungen vom Zeitungsstapel ausgeschnitten, ich habe im Schlafzimmer meiner Eltern nach versteckten Weihnachtsgeschenken gesucht, ich habe mir mit einem Pflanzenbestäuber süße Granulattee-Wolken in den Mund gesprüht, ich habe mit einem an einer Schnur befestigten Lot vom fünften Stock aus in den Fahnenhalter des Parterrebalkons gezielt. Dann bekamen wir endlich einen C64, und ich hatte bis zum Ende meiner Schulzeit nie wieder Langeweile, außer natürlich im Unterricht. Heute frage ich mich, warum ich nicht einfach auf dem großen, «Loggia» genannten Plattenbaubalkon gegärtnert habe, warum ich nicht versucht habe, mit BBC-Sendungen im Radio und einem Wörterbuch Englisch zu lernen, warum ich nicht mit einer Kamera Fotostreifzüge durch Ostberlin gemacht habe, warum ich die Tausende Bücher, die wir hatten, nicht gelesen habe, warum ich nicht gelernt habe zu kochen, warum ich nie joggen war, warum ich nicht Schach gespielt habe, warum ich unser Klavier nie angerührt habe, warum ich mir im Keller keine Tischlerwerkstatt oder einen Trainingsraum eingerichtet habe. Und ich frage mich, wie es gekommen ist, daß ich das alles heute viel lieber tue, als vor Bildschirmen zu sitzen?

OHRENSCHMALZ

Eigentlich wollten wir ein YouTube-Video über das Fermentieren von Sauerkraut sehen, da wurde der Film von Werbung unterbrochen. In solchen Fällen steht es in unserer Macht, dem Kanalbetreiber zu ein paar Cent zu verhelfen, indem wir die Werbung bis zum Ende durchlaufen lassen, was wir aber normalerweise nicht tun, weil uns unsere Zeit wichtiger ist. Diesmal war es aber anders, denn in dem langen, spielfilmartig aufgemachten Clip ging es um eine völlig neue Methode der Ohrenreinigung. Beim Thema verstopfte Ohren werde ich hellhörig, denn da ich Ohrstöpsel benutze, sind meine Ohren einmal im Jahr zu (seltsamerweise immer nur eines). Ich muß dann jedes Mal zum Ohrenarzt gehen, um mein Ohr reinigen zu lassen, möglichst vor dem Badeurlaub, bevor zusätzlich Wasser hineingerät. Dieses Jahr bekam ich wegen Corona kurzfristig keinen Ohrenarzttermin und stocherte mir abends beim Lesen mit einer Schere im Ohr herum, wodurch es sich auch noch entzündete. Wattestäbchen benutze ich nicht, weil der Ohrenarzt das sehen und schimpfen könnte, man stopft damit das Ohrenschmalz ja bekanntlich nur tiefer in den Hörkanal. Auch in der Werbung wurde vor diesem Teufelszeug eindringlich gewarnt, jeder, der es benutze, habe verstopfte Ohren, was zu Schwindel, Ohrensausen und Demenz führen könne. Deshalb sei man das Problem endlich einmal ingenieurtechnisch angegangen. Das Ergebnis ist ein Gerät, mit dem man sich sein Ohrenschmalz nach dem Prinzip der archimedischen Schraube selbst aus dem Ohr ziehen kann. Die von der Gummischraube erfaßten Ohrenschmalzklumpen sahen zwar eklig aus, aber es war trotzdem ein Wunder der Mechanik, und als Zuschauer fühlte man förmlich die Erleichterung. Ich war kurz davor, so ein Gerät zu ordern, da füllten den Bildschirm große Buchstaben: «EINE METHODE, DIE DEM 21. JAHRHUNDERT WÜRDIG IST.» Wieviel hunderttausend Euro hatte die Produktion dieses Films wohl gekostet, und dann war niemand zur Hand gewesen, um den Text auf Grammatikfehler zu prüfen? Warum hatten sie nicht mich gefragt? Korrektes Deutsch ist so ungefähr meine einzige Kompetenz. Im Alltag behält man seine grammatikalischen Akzeptabilitätsurteile lieber für sich, weil man sich damit nur unbeliebt machen würde, und Geld verdient man so auch nicht, denn an korrektem Deutsch sind meist nur diejenigen interessiert, die selbst korrektes Deutsch beherrschen, und das ist bei uns eine Minderheit, meist arme Schlukker. Sollte ich ein ingenieurtechnisch revolutionäres Ohrenschmalz-Entfernungs-Tool von einer Firma kaufen, die Dativ und Genitiv verwechselte? Nein, als Konsument durfte man nicht alles mit sich machen lassen, lieber blieb ich halb taub, litt unter Schwindelanfällen und würde dement.

GORIZONT

Durch die Meldungen über Demonstrationen in Belarus kommen bei mir Erinnerungen an 2004 auf, als ich zum Russischlernen in Minsk war. Wir waren in einem Wohnheim aus sowjetischer Zeit untergebracht, dessen Fahrstuhl angeblich kaputt war, weswegen sich im Treppenhaus ständig ein Strom Studenten die zwölf Etagen auf und ab bewegte, durch die häufigen Begegnungen lernte man sich schneller kennen. Die einheimischen Produkte im Kaufhaus trugen Namen aus der griechischen Mythologie, der Kleister «Monolith», die Taschenlampe «Kosmos», der Elektroherd «Elektra», die Kopfhörer «Feniks» oder das Telefon «Proton», eher profan nahm sich daneben die Kondommarke «One Man Show» aus. Auf den Spielplätzen sah ich Metallrohr-Klettergerüste aus meiner Kindheit, Raumschiffe, Elefanten, Lokomotiven. Im Lebensmittelgeschäft hing am Brotregal eine Metallzange, mit der man prüfen konnte, wie frisch die Brotlaibe waren, um sich den besten auszusuchen, auch das kannte ich von früher. In der Oper machten die Zuschauer in einer Aufführung von «Schwanensee» bei jeder Pose mit Blitzlicht Fotos von den Tänzern. Ich fand einen Friedhof mit Gräbern aus der Kriegszeit, die Kreuze bestanden aus zusammenmontierten Rohren, etwas Besseres hatte man damals nicht gehabt. Bei einem Open-Air-Konzert «Rock für die Freiheit» sang ein Musiker zum Abschluß

«Ein Stern namens Sonne» von Wiktor Zoi, die Jugendlichen tranken Sekt aus Gläsern, die sie sich aus Plastikflaschen zurechtgeschnitten hatten. Es gab eine inoffizielle Gedenkwand für Wiktor Zoi, der einzige Ort, wo man in Minsk Graffiti sah und sogar zwei Jungs mit Iro, die mich um «eine Spende für den russischen Punk» baten. Unweit davon war im «Haus der Offiziere» das Internet-Café und gegenüber das «Museum des Großen Vaterländischen Krieges» mit Dioramen von Kampfszenen und als Höhepunkt des Rundgangs über vier Etagen einer weißen Porzellanbüste von Stalin. Als Exkursion besuchten wir die Fernseherfabrik «Gorizont», hier war der erste russische Farbfernseher produziert worden (die im Osten dafür berüchtigt gewesen sind, Feuer zu fangen, manche sagten: wenn man Westen guckte). Ich durfte nicht fotografieren, auch nicht das Modell «Kombat», dessen Gehäuse Militär-Tarnfarben hatte, und das Modell «Chumanik», das einem auf Russisch einen guten Morgen wünschte. (Inzwischen stellt die Fabrik nur noch Flachbildschirme her, auf dem alten Gelände befindet sich ein «creative hub» mit Start-ups und Streetfood.) Unsere Lehrerin erzählte uns, daß sie und viele ihrer Kommilitoninnen sich 1980 bei den Olympischen Spielen in Moskau als freiwillige Helfer gemeldet hätten und, als sich die Nachricht von Wladimir Wyssozkis Tod herumsprach, auf der Straße geweint hätten. Die Medien hatten darüber nichts berichtet, um kein Aufsehen zu erregen.

RÖHRENBILDSCHIRME

Da ich als Läufer viel unterwegs bin, und besonders gerne in urbanen Randzonen, wo es unfreiwillig Interessantes zu sehen gibt, habe ich immer einen Fotoapparat dabei. Ich sammle Ladenschilder mit Tieren, die dafür Werbung machen, sie zu verspeisen, Träger von Messi-Trikots, bepflanzte Trabant-Karossen, Großschachfelder, Minigolfanlagen, Geschäfte mit «Paradies» im Namen, mißglückte Kunst im öffentlichen Raum, Werbebotschaften, die den Berliner Fernsehturm verwenden (als Tätowiernadel oder als Dönerspieß), Wortspiele aus der Werbung («Schuhbidu, der Schuhladen», «Seidensprung, die Wohlfühlboutique», «Quark and Ride, die Käsetorte von Bäcker Wiedemann»). Manchmal fällt mir aber auch ein neuer Entsorgungstrend auf, also daß Dinge auf dem Bürgersteig landen, weil man sie wohl für zu wertvoll für die Mülltonne hält. Das sind neben den immer aktuellen, in Yoga-Verrenkungen herumliegenden kaputten Wäscheständern, den Schreibtischstühlen, die man sehr häufig sieht, den Katzenkratzbäumen und Matratzen, Röhrenbildschirme, die eine Zeitlang auf den Bürgersteigen landeten wie Weihnachtsbäume nach der Weihnachtszeit. Ich freue mich immer, wenn ich einen entdecke, und fotografiere ihn und das Typenschild. Wie wertvoll so ein großer Fernseher einmal war! Und was für ein anspruchsvolles Möbelstück, um das die ganze

Wohnungseinrichtung organisiert wurde. Wieviel Stauraum wir durch die Flachbildschirme gewonnen haben! Was dort wohl alles steht? Ich erinnere mich, daß bei meinen Eltern einmal ein Fernsehreparateur kam und ihr Gerät hinten öffnete, was nur ein Fachmann durfte, um an den Bauteilen herumzuschrauben, als sei der Fernseher eine kaputte Kaffeemaschine. Mein Bruder und ich warteten so lange auf dem Fernsehsessel sitzend ungeduldig auf «Dick und Doof». Diese alten Fernseher mußte man lange vor dem Beginn der Sendung anschalten, es dauerte immer eine Weile, bis das Bild erschien und auf Bildschirmgröße angewachsen war, aber man ging ja auch rechtzeitig los, wenn man ins Theater wollte. Am warmen Fernseher erkannten die Eltern beim Nach-Hause-Kommen, daß man heimlich geguckt hatte, ganz dumme kippten deshalb angeblich vor dem Schlafengehen Wasser über das Gerät. Ich hatte immer großen Respekt vor diesem Kasten, weil ich einmal in einer Sendung gesehen hatte, wie eine Bildröhre implodiert war, die Scherben würden mich durchlöchern. Als Kinder haben wir einmal einen Röhrenbildschirm auf dem Müllplatz gefunden, es war ein Fest, man konnte ihn «ausschlachten», Kupferspulen, Leiterplatten, Potentiometer, alles, was man brauchte, um sich daraus einen Fernseher zu bauen. Die Mutigsten versuchten, die Röhre mit einem Stein zu zerschmeißen, was nicht gelang. Ich hatte mich aber lieber in Sicherheit gebracht.

FUSSNÄGEL

Auf einer unserer Meditations-CDs gibt es die Übung «Der heile Ort», man soll dabei ein paar Minuten an einen solchen Ort denken und das Gefühl der Geborgenheit anschließend mit in den Alltag nehmen. Seltsamerweise sehe ich dabei immer unsere alte Neubauwohnung vor mir und sitze im Fernsehsessel meines Vaters, es ist Sonnabendabend, ich bin alleine zu Hause und gucke «Im weißen Rößl» (im Westfernsehen und in Farbe). Den zweitbesten Sessel habe ich für die Beine herangeschoben, so daß ich mich wie in einem Boot fühle. Im Wohnzimmer guckte sonst mein Vater, während wir Kinder im kleinen Zimmer mit meiner Mutter vor dem Schwarzweißfernseher saßen, heute hätte wahrscheinlich jeder seinen eigenen Bildschirm. Der Fernsehsessel stammte aus einer Zeit, als es noch keine Fernseher gab, er war also eigentlich gar nicht als Fernsehsessel gebaut worden, sondern vermutlich, damit der Hausvater darin saß, wenn er seiner Familie vor dem Schlafengehen aus der Bibel vorlas. Wenn ich abends ins Bett mußte, gab es eine Möglichkeit, noch etwas Fernsehzeit herauszuschlagen, sofern meine Nägel lang genug waren. Ich konnte mir nämlich mit der linken Hand nicht die rechte Hand schneiden, und deshalb ging ich nach dem Baden (wenn die Nägel weich waren) ins Wohnzimmer, wo mein Vater im Fernsehsessel saß und mir die Nägel schnitt, während ich ein paar Minuten Fußball gucken konnte, manchmal wurde daraus auch eine ganze Halbzeit. Das erste Fußballspiel im Fernsehen hatte ich noch langweilig gefunden, bis auf die Tatsache, daß die Spieler vier Schatten hatten (das lag wohl am Flutlicht) und daß einer «Sparwasser» hieß, ein seltsamer Name. Später wollte ich immer die DDR-Oberliga gucken, aber mein Vater sah lieber Westen. Es ärgert ihn heute noch, daß die Spieler so viel spucken. Meine Freundin und ich haben beobachtet, daß Torhüter nicht ganz so viel spucken, vielleicht weil sie intelligenter sind und Abitur haben? Unsere Fuß- und Fingernägel wurden übrigens gesammelt und wie Hornspäne als Dünger für die Zimmerpflanzen verwendet. Leider wuchsen die Nägel nur sehr langsam und mußten höchstens alle vier Wochen geschnitten werden (inzwischen scheinen sie mir immer schneller zu wachsen, vielleicht ist das so im Alter?). Vor wichtigen Spielen half ich nach, indem ich Gummibärchen und Götterspeise aß, wovon angeblich Haare und Nägel schneller wuchsen. Süßigkeiten galten damals ja noch nicht als schädlich, und niemand interessierte sich für unseren Zuckerkonsum. Heute sitze ich selbst im Fernsehsessel, den ich inzwischen besitze, nur daß ich gar keinen Fernseher mehr habe (dafür einen Nagelknipser), die Zeit als Fernsehsessel war für unseren Fernsehsessel nur eine Episode in seinem hoffentlich noch langen Leben als Möbelstück.

MELONEN

Wenn ich für meine Enkel meine Kindheitserinnerungen auf-
schreiben würde, müßte ein Kapitel von den Filmen handeln, die
ich als Kind im Fernsehen gesehen habe und bei denen ich mich
nur noch an eine bestimmte Szene erinnere und nicht daran, wie
sie hießen. Manchmal fällt mir so eine Szene ein, zum Beispiel
wie ein Mann, der irgendwo eingesperrt ist, etwas aussagen soll,
und ihm, da er sich weigert, vom Widersacher ein Finger abgeschossen wird mit der Ankündigung, daß das jetzt jeden Tag mit
einem weiteren Finger geschehen werde, bis er bereit sei, sein
Schweigen zu brechen. Ich nehme nicht an, daß das ein Kinderfilm war, und ich muß oft daran denken, wenn ich meine Finger
betrachte. In einem anderen Film liefen zwei verliebte Jugendliche im Hochsommer durch eine osteuropäische Betoninnen-
stadt und gossen aus Übermut Waschmittel ins Wasser einer
Springbrunnen-Kaskade, so daß es in den Becken herrlich
schäumte. Später (aber wahrscheinlich war es wieder ein ganz
anderer Film) fotografierte der Junge seine Freundin mit der
Polaroidkamera seines Vaters und ließ sich dabei so mitreißen
von ihrer Anmut, daß er einen ganzen, wertvollen Film verschoß
und deshalb Ärger mit seinem Vater bekam, als dieser die vielen Polaroidbilder mit dem immer gleichen Motiv entdeckte.
(Das konnte ich nachvollziehen, denn ich ging sehr sparsam mit

Materialien aus dem Westen um, ich besaß beispielsweise einen Bleistift, den ich, da er aus Zedernholz war, für so wertvoll hielt, daß ich ihn nie benutzte.) Eine andere unvergeßliche Szene spielte in Georgien oder Armenien (warum denke ich das?). Man sah einen breiten Fluß, an dessen Ufer ein Berg Wassermelonen lag. Ein Junge ritzte den Namen seiner Angebeteten in eine Melone und warf sie ins Wasser, damit sie zu ihr schwamm und das Mädchen sich über die Botschaft freute. Da er sehr verliebt war, beschriftete er nach und nach alle Melonen vom riesigen Haufen und warf sie ins Wasser. Ob er damit etwas erreicht hat, weiß ich nicht mehr, und natürlich auch nicht, wie der Film hieß, aber bestimmt habe ich mir die Szene gemerkt, weil Melonen bei uns so eine Rarität waren, es gab sie höchstens einmal im Jahr, ich aß sie so gründlich, daß ich sogar noch das Weiße abnagte, bis zur grünen Schale. Wie konnte man so verrückt sein, wegen einer Frau Melonen ins Wasser zu werfen? In einer anderen Szene, die ich nie vergessen habe, warf ein Punk ein Ei an die Berliner Mauer, die Kamera fuhr zurück, man sah, daß es sich nur um ein Segment der Mauer handelte, das als Mahnmal auf dem Bürgersteig stand und mit Eiern beworfen werden durfte. Es muß ein sozialkritischer Science-Fiction aus dem westlichen Kinderprogramm gewesen sein, ich weiß noch, wie mich die absurde Vorstellung, die Mauer könnte in ferner Zukunft zu einem Gedenksegment zusammenschrumpfen, beeindruckte.

AFRIKA

Einmal durften wir als Kinder länger aufbleiben, weil im Fernsehen «Frei geboren – Königin der Wildnis» kam, ein Film, den ich, wie «Der Tiger der sieben Meere», «Petroleum-Miezen» oder «Die tollkühnen Männer in ihren fliegenden Kisten», nach meiner Erinnerung wenigstens einmal im Jahr sah. Das Fernsehprogramm war damals verläßlich und doppelte sich zudem in Ost und West. In der ersten Szene wäscht eine Gruppe Frauen in einem Fluß Wäsche. Bis auf eine gehen die Frauen schwatzend ins Dorf zurück, als die Bummlerin sich umdreht, blickt sie einem Löwen ins Auge, man hört sie nur noch entsetzlich schreien. Als der Löwe und seine Partnerin später erschossen werden, tauchen überraschenderweise drei Löwenbabys auf, die vom Wildhüter und seiner Frau aufgezogen werden. Das aus England stammende Paar lebt in der Savanne Kenias auf einem Anwesen mit Sesselgruppe und Bediensteten. Das klügste Baby ist Elsa, die bleiben darf, als die Tiere abgegeben werden müssen. Als Elsa groß ist und aus Übermut Elefantenherden erschreckt, soll auch sie in einen Zoo, was für die Frau nicht in Frage kommt: «She was born free!» Das Paar versucht Elsa auszuwildern, aber Elsa jagt nicht und läßt sich nicht mit Löwenmännern ein. Am Ende gelingt das Unmögliche, Elsa lebt in der Wildnis, sie kommt aber mit ihren Babys noch einmal auf die Farm, um sich bei ihren Stiefeltern zu verabschieden. Durch diesen Film war ich mir sicher, nie freiwillig einen Fuß auf einen Kontinent zu setzen, auf dem es Löwen gab. Und das war noch nicht alles, in einem anderen Kinderfilm, der in Afrika spielte, wurden zwei Geschwister entführt, und in einer Szene krabbelte dem Jungen unbemerkt ein Skorpion ins Hosenbein. Wieder in einem anderen Film blieb ein Junge im Dschungel mit dem Fuß in einer Wurzel stecken, und als er hochsah, hing über ihm im Baum eine Boa constrictor. Es reichten aber auch schon Mücken, die in Afrika tödlich sein konnten, man bekam dann Malaria und delirierte. Am abschreckendsten waren die alten Tarzan-Filme aus den dreißiger Jahren, die immer nachmittags liefen, die einheimischen Stämme waren kriegerisch und grausam und jodelten furchterregend beim Angriff, in einer Szene wurden Gefangene an zurückgebogene Bäume gebunden, die ihre Körper beim Zurückschnellen zerreißen würden, was nur Tarzan verhindern konnte, aber der konnte ja nicht überall sein. All diese Bilder habe ich im Hinterkopf, wenn eine Kandidatin bei «Bauer sucht Frau» um einen Bauern in Namibia wirbt und sich seine Ranch zeigen läßt. Er verrät ihr natürlich nie, daß er stets mit einem Gewehr in den Händen schläft und daß seine letzten drei Frauen von Löwen gefressen worden sind. Wie wohl in Afrika über Europa gedacht wird, wenn man dort «Shopping Queen», das «Dschungelcamp» oder «Goodbye Deutschland! Die Auswanderer» guckt?

PRESIDENTIAL DEBATE

Die erste Fernsehdebatte zwischen Trump und Biden erinnerte mich an Tischrunden mit meiner Familie, wo sich alle ins Wort fallen. «Ich bin für ein Grundeinkommen.» – «Willst du dann 1000 Euro für einen bezahlen, der nicht arbeiten will?» – «Jeder will arbeiten, wenn er einen Sinn darin sieht und davon leben kann.» – «Du hast doch noch nie gearbeitet, mach mal ein Praktikum.» – «Ich hab keine Zeit für ein Praktikum, ich muß Geld verdienen. Ist die Milch noch gut?» – «Guckst du etwa aufs Verfallsdatum?» – «Darf ich das nicht?» – «Du würdest als Präsident vom ersten Tag an die Steuern erhöhen.» – «Aber nur ab einem Jahreseinkommen von 400 000 Dollar.» – «Das ist Kommunismus.» – «Die Reichen werden immer reicher.» – «Im Vergleich mit einem Straßenkind in Nairobi bist du doch selber reich.» – «Ich werde ein Präsident für alle Amerikaner sein.» – «Du hast mir früher immer meine Schokolade weggefressen.» – «Weil sie sonst schlecht geworden wäre.» – «Und wegen euch mußte ich um acht ins Bett, weil ich kein eigenes Zimmer hatte.» – «Dafür wußtest du, wie gefährlich das Corona-Virus ist, und hast es den Amerikanern verschwiegen.» – «Das sind Fake news!» – «Dafür gibt es Beweise.» – «Nächstes Jahr wird alles gut. Ich hab so eine Ahnung, und ich liege oft richtig, wenn ich eine Ahnung habe.» – «So, wie mit dem Bleichmittel?» – «Ihr habt meine Beatles-Kassette mit Pupsen überspielt.» – «Dafür hast du meine Fußballzeitung als Malunterlage benutzt.» – «Ich hab in 47 Monaten mehr für Amerika getan als du in 47 Jahren.» – «Wir müssen Jobs in der Umweltindustrie schaffen.» – «Und ich dachte, die Kartoffeln reichen nicht.» – «Ich bin für kristallklares Wasser, aber es darf die Amerikaner nichts kosten.» – «Othello darf sich nicht mehr als N---schminken.» – «Das Wort sagt man nicht mehr.» – «Das ist Lateinisch und bedeutet ‹schwarz›.» – «Ist das so schwer, auf ein Wort zu verzichten?» – «Obama ist gar nicht richtig schwarz.» – «Was ist denn ‹richtig schwarz›?» – «Die Schwarzen sind auch rassistisch gegen Schwarze, die nicht richtig schwarz sind.» «Niemand sollte rassistisch sein.» – «Ihr werdet schon noch sehen.» «Wer ‹wir›? Und was ‹sehen›?» – «Du hast drei Millionen Dollar vom Moskauer Bürgermeister bekommen.» – «Ich kenn den gar nicht.» «Drei Millionen!» – «Und warum veröffentlichst du deine Steuererklärung nicht?» – «Muß wer noch mal aufs Klo, bevor es Nachtisch gibt?» – «Mutti, ich bin fast fünfzig!» «Drei Millionen!» «Es sind schon mehr Menschen an Corona als im Vietnamkrieg gestorben!» «Mit dir als Präsident wären es noch mehr.» «Warum wurde nicht rechtzeitig gehandelt?» «Drei Millionen Dollar! Das ist eine Menge Geld.» «Was ist mit deinen 400 Millionen Schulden?» «Das ist nicht viel.» «Warum müssen wir uns eigentlich immer streiten?» «Ihr wißt doch, was Hubrichs Kinder immer gesagt haben: Schmidts streiten sich immer, wie hauen uns nur.»

BAUER SUCHT FRAU 2

«Ultimativ geil», wie man im Fernsehen sagt, ist bei «Bauer sucht Frau», daß das uninteressante Geschehen von einer Stimme aus dem Off noch uninteressanter kommentiert wird. Antonia weint, weil sie es nicht gewohnt ist, zwei Konkurrentinnen zu haben: «Patrick versucht, ihren Gefühlen in einem Einzelgespräch auf den Grund zu gehen.» Antonia zieht alle Register, Patrick zu verführen: «Als die Antonia ihn mit Wurst gefüttert hat, hätt' ich ihr am liebsten unterm Tisch 'n Kick gegeben», sagt eine Konkurrentin. Jedesmal, wenn Inka Bause in diesem Kosmos auftaucht, stutze ich und murmele: «Die ist irgendwie authentisch, einfach 'ne Ostfrau», und meine Freundin, die «'ne Westfrau» ist und trotzdem «irgendwie authentisch», ärgert sich über meine Oberflächlichkeit. Sie guckt die Sendung so gerne, weil sie sich immer freut, wenn sich eine besonders Erbarmungswürdige eines besonders Erbarmungswürdigen erbarmt. («Für mich ist Renate 'ne supertolle Frau, und das wär natürlich schön für mich, wenn sie über mich das gleiche denkt», sagt ein Bewerber.) Zur Strafe muß man dann aber in so einem Haus wohnen, denn bei deutschen Bauern sieht es offenbar immer aus wie in einer frisch renovierten, preiswerten Pension mit Fliesenfußboden, Flachbildschirm und Deko-Gerümpel, keine Spur von «Heidi». Diesmal ist ein Longhornzüchter dabei, seine Kissen und Tassen sind

mit Rinderfotos bedruckt, und auf dem Sofa sitzt ein Kuschel-
rind. Aber er ist aus dem Osten und wirkt dadurch «irgendwie
authentisch» auf mich, mit seiner Vokuhila und dem Schottland-
fimmel. Er hat sich halt nie verbiegen lassen, wie die Puhdys (was
sie natürlich nicht besser macht, aber mit den Jahren werde ich
milde). Und die Kandidatin? «Sie genießt das schöne Gefühl,
hier mitten in der Rinderherde zu sitzen mit Lutz», denn sie ist
«offen gegenüber Tieren». Währenddessen warten drei andere
Frauen auf ihren Bauern – meistens ist eine davon «Make-up-
Artist» («Grundsätzlich find ich's gut, wenn sich 'ne Frau
schminkt, aber man muß auch mal ohne können»), und mindestens eine kommt aus Rußland und ist «Nagel-Designerin» (bei
OBI?) – und überlegen, was er sich wohl fürs Abholen überlegt
haben wird: «Ich würde mir wünschen, daß er mit 'm Traktor
kommt.» Eine ist zwanzig und wird angekündigt mit «seit
2 ½ Jahren Single». Ich dachte immer, ich hatte mit siebzehn nur
noch keine Freundin, aber vielleicht war ich da in Wirklichkeit
schon Single? «Ich bin positiv begeistert», sagt ein Bauer über
eine Frau, und: «Das Herz fängt an zu kochen.» Zum Glück ist
jetzt wieder Inka zu sehen, und ich murmele: «Die ist irgendwie
authentisch.» Meine Freundin hat nicht mehr die Kraft zu widersprechen, ich mache es einfach wie Trump, irgendwann wird
schon geglaubt, was ich sage, ich darf nur nicht darüber nachdenken.

DER KLÜGERE GIBT NACH

Donald Trumps Weigerung, Joe Bidens Sieg bei den Präsidentschaftswahlen anzuerkennen, erinnert mich daran, wie ich als
Kind mit meinem Bruder gespielt habe, denn auch bei uns kam
die entscheidende Phase des Spiels erst, wenn einer verloren
hatte und das nicht zugeben wollte. Wenn man lange genug
durchhielt, konnte man den Sieger zur Weißglut bringen, was
sich sogar noch besser als ein Sieg anfühlte. Wenn wir beim
Schach nur noch den König übrig hatten, hieß das noch lange
nicht, daß einer von uns bereit gewesen wäre, dem anderen ein
Remis anzubieten, wir zogen stattdessen stundenlang mit den
Königen über das leere Spielfeld, ohne uns schlagen zu dürfen,
und spekulierten darauf, daß der andere zuerst die Lust verlor.
Bei «Monopoly» versteckten wir die letzten Geldscheine im
Hausschuh, um unsere Schulden nicht bezahlen zu müssen, bei
«Memory» stritten wir uns so lange, wer anfangen durfte (was
gar kein Vorteil ist), daß wir nicht mehr zum Spielen kamen,
außerdem ging es für mich sowieso nur darum, das weiße Kaninchen zu finden, weil ich wußte, daß mein Bruder es unbedingt haben wollte. Bei «Malefiz» wollte keiner die gelben Steine
nehmen, weil er dann die häßliche Frau mit der Haarschleife sein
mußte. Wenn meine Mutter sagte «Der Klügere gibt nach», bedeutete das für uns, daß keiner der Klügere sein wollte. Beim

Skat überreizten wir uns grundsätzlich, weil wir darauf spekulierten, Kreuz- und Pik-Bube im Skat vorzufinden, Hauptsache, der andere kam nicht ans Spiel. Ich habe einmal ein Fußballspiel gegen die Klasse meines Bruders mit 1:17 verloren, weil ich mich, in der Hoffnung, das Spiel noch zu drehen, weigerte, den Abpfiff zu akzeptieren, und wir weiterspielten, bis es dunkel und das Ergebnis immer peinlicher wurde. Wenn ich als Kind ein Team von Rechtsanwälten gehabt hätte, hätte ich jede Niederlage, ob bei «Mau-Mau» oder bei «Cluedo», so lange angefochten, bis mein Bruder nachgegeben hätte. Zur Not hätte ich behauptet, daß Fidel Castro mittels morphogenetischer Felder die Karten gezinkt habe. Umso seltsamer ist es für mich, daß ich heute gar nicht mehr gewinnen will, sogar beim Fußball ist mir das Ergebnis egal, ich warte eher auf seltene Randereignisse wie, daß der Ball einmal gegen die Eckfahne prallt und im Spielfeld liegenbleibt oder daß ein Spieler aus Versehen den Schiedsrichter umrennt. Der einzige Sieg, um den es im Leben geht, ist doch der gegen das eigene Ego. Ich glaube, ich würde auch eine Niederlage bei den Präsidentschaftswahlen in den Vereinigten Staaten nicht weiter schwer nehmen, dann müßte ich wenigstens nicht nach Washington in diese kitschige Villa umziehen und für die Zeit einen Untermieter für meine Wohnung suchen. Es sei denn, der Gegenkandidat wäre mein Bruder, dann würde ich so lange behaupten, gewonnen zu haben, bis er vor Wut seine Tischtenniskelle nach mir schmeißt.

ELTERN UND TECHNIK

Mein Bruder hat meinen Eltern einen Laptop geschenkt, damit sie im Urlaub damit Nachrichten gucken können, allerdings müßten sie ihn zu diesem Zweck auch bedienen können, und da sie seine Erklärungen nicht gleich verstanden haben, wurde mein Bruder ungeduldig und behauptete, das würde ein Achtjähriger können. (Dafür weiß «ein Achtjähriger» nicht, was ein Deponens ist und wie es zum 17. Juni gekommen ist.) Ich gebe zu, daß es schwerfällt, meinen Eltern etwas zu erklären, weil wir für vieles so unterschiedliche Begriffe verwenden. «Die Scheibe» ist eine CD, das «Grammophon» der Plattenspieler, die «Affenschaukel» das @-Zeichen, «der Drücker» die Fernbedienung, ein «Ohrhörer» ist ein Kopfhörer (dessen Akkus man «aufpumpt»), der «Gürtel» ist der Autogurt und «Basilikum-Essig» ist Aceto balsamico (abgesehen davon, daß auch zunehmend wieder von «Mark» und «Pfennig» die Rede ist). Ich habe ihnen erklärt, wie sie das Touchpad benutzen können, allerdings drücken sie immer so kräftig drauf, als müßten sie eine Sprengladung zünden. Außerdem verschwindet manchmal der Pfeil auf Nimmerwiedersehen, und dann beschuldigen sie sich gegenseitig deswegen. Meine Mutter dachte, daß der «Tagesschau»-Stream unterbrochen war, weil das Netzkabel nicht mehr steckte. «Das hat damit nichts zu tun.» «Gestern ging's aber noch.» «Ich weiß nicht, was ihr gestern anders gemacht habt.» «Dann hören wir eben Radio.» Das Schlimme ist, daß ich kaum mehr über Technik weiß als sie, sobald etwas Unvorhergesehenes passiert, bin ich genauso ratlos und probiere rum, aber sie probieren nicht rum, weil sie Angst haben, etwas Verbotenes zu tun. Sie vermissen eine «Bedienungsanleitung» für den neuen Laptop. Wenn ich denke, daß man mit so einem Gerät eine Rakete auf dem Mond landen könnte, und wir benutzen es, um «Bares für Rares» zu gucken ... «Wie geht das denn lauter?» fragt mein Vater. «Da, die Taste, wo der Ohrhörer draufgemalt ist», antwortet meine Mutter, die sich schon etwas eingearbeitet hat. «Das ist ein Lautsprecher», sage ich. «Meine ich doch.» «Jetzt ist der Ton wieder weg.» «Nein, du hast den Stream gestoppt, du mußt ihn einfach wieder anklikken. Nicht so doll, nur sachte tippen. Jetzt war der Pfeil wieder verrutscht, warte mal.» «Wir können ihn ja zurückgeben, wenn er nicht geht, oder wir gucken eine Scheibe.» «Das geht nicht.» «Ist da keine Klappe dran?» «Nein. Aber du kannst mit dem Rechner C++ programmieren und dich in Trumps Handy einhacken.» «Ist das nicht verboten?» «Wer viel fragt, kriegt viel Antwort.» «Gleich kommen die Nachrichten», sagt mein Vater. «Du kannst die jederzeit aus der Mediathek abrufen.» «Ich will sie aber um 20 Uhr gucken, ist das möglich?» «Ja, das ist möglich, es ist nur gar nicht nötig.» Ich hoffe, daß sie überhaupt noch einmal in den Urlaub fahren, wenn das Fernsehen sich dort so kompliziert gestaltet.

BAUER SUCHT FRAU 3

In der Corona-Quarantänezeit erfanden wir notgedrungen neue Belustigungen für unsere Kinder. Sie durften versuchen, so langsam wie möglich quer durchs Zimmer zu gehen, und wir stoppten die Zeit. Sie tippten mit der Schreibmaschine ohne Leerzeichen «Harry Potter» ab. Wir spielten mit Laserpointern an der Wand «Pong». Wenn die Kleinen, die jetzt auch noch Windpocken hatten, endlich schliefen, versuchte ich schüchtern, das Fernsehprogramm zu beeinflussen: «Auf YouTube gibt es eine tolle Doku über Schacheröffnungen.» «Ich kann am Abend nichts Anstrengendes mehr gucken.» «Ich hab' endlich die zweite Staffel von ‹The West Wing› besorgt.» «Dann müßten wir erst noch mal die erste gucken, ich hab' schon alles vergessen.» Es war nichts zu machen, am Ende lief es immer auf «Bauer sucht Frau» hinaus, meine Freundin wollte am Abend «runterkommen», damit sie anschließend in der richtigen Stimmung für ihre Meditations-CDs war. Außerdem fand sie viele der Bauern so rührend und wollte wissen, wie es seit der letzten Folge mit ihren Gefühlen weitergegangen war. Ich vertrieb mir die Zeit damit, auf die sprachlichen Innovationen zu achten, an denen die Sendung reich ist. Wenn ein Paar eine Chance haben will, muß es zwischen ihnen «matchen», früher hätten wir gesagt, daß «die Chemie» stimmen muß. «Ich freu mich, daß wir auf einer Wellenlinie mit unserem Humor liegen», sagte ein Bauer. Manchmal matcht es bei einem Bauern gleich mehrmals, und es fällt ihm schwer, sich zwischen den vielen Kandidatinnen, die er zur «Hofwoche» eingeladen hat, zu entscheiden. Und auch die Kandidatinnen leiden unter dieser Situation. Wenn ein Bauer mit der einen Trecker fährt, fühlt sich die andere wie «das dritte Rad am Wagen». Ausschlaggebend für die finale Entscheidung ist fast immer, ob es im Bauch von Bauer und Frau «Schmetterlinge» gibt, ein Bild, das für romantische Gefühle steht, ohne Schmetterlinge, so selten sie in der Natur auch geworden sind, geht nichts: «Das war wie ein Vulkan von Schmetterlingen, die geplatzt sind.» Wenn das nicht der Fall ist, ist die Verbindung «nicht das Goldene vom Ei». Bei der «Hofwoche» bekommen die Kandidatinnen einen Einblick in den Alltag der Bauern: «Schweine sind neugierige Tiere, da hat man zu tun, wenn man die alle im Schacht halten will.» Manchmal wird sogar ein Tier geboren: «Immer schön anzusehen, wenn ein neues Lebewesen das Licht erblickt.» Wenn ich unsere Gespräche über die Sendung nicht so interessant finden würde, wäre die Sendung für mich ziemlich uninteressant. Wir fachsimpeln darüber, ob der Bauer die richtige Wahl getroffen hat, ob die Kandidatin eine ist, die es ehrlich meint, oder ob er sich nur von ihrer Schönheit blenden läßt. «Das ist so ein lieber Mensch», sagt meine Freundin. «Ja, der bräuchte eigentlich eine wie uns.»

HOME-SCHOOLING

Alle reden von Home-Schooling, was mir fehlt, ist «Home-Kin-dergarding», die Erzieher müßten sich dafür nur als Teletubbies verkleiden und ihren Alltag filmen. Weil es das nicht gibt, will unsere Kindergarten-Tochter immer zugucken, wenn unser Grundschul-Sohn am Computer «Zahlenzwerge» hat. Ich habe schon gelernt, daß ein «Konsonant» heutzutage «Starter» heißt und ein «Vokal» «Klinger». Bei mir hieß es «Selbstlaut» und «Mit-laut», mal sehen, wie es heißt, wenn wir mal Enkel haben, wahr-scheinlich «Konsi und Voki, die lustigen Lauselaute». Der Bild-schirm des Laptops meiner Freundin hängt nur noch an einem Faden, er geht auch nur mit Gewalt auf, und man muß ihn mit einem Schullineal und einer Klammer fixieren (meine Erfin-dung), sonst schnappt er zu wie ein Krokodil. Das Mikro geht auch nicht, aber man kann sich über Telefon in die «Konferenz» einwählen. Zehn Kinder, die sich langweilen, gucken uns an, so hat das für die Lehrer bei uns in der Klasse also immer ausge-sehen. Aber heute sagt keiner mehr: «Sitz gerade!» «Kippel nicht!» «Hier spielt die Musik!» Eine kämmt sich, eine guckt sich in der Kamera ihre Zähne an, von einem sieht man nur die Beine, weil er kopfüber auf dem Sessel liegt. Eigentlich müßte ich ja arbeiten, aber es ist so spannend. Es ist wie bei «Wer wird Millio-när?», man nimmt sich immer vor, nur noch die nächste Frage zu gucken. «Wieviel macht 20 + 60? Wer weiß das?» Fritzchen hat längst die Antwort aufgeschrieben. «Darfst du das schon wissen?» flüstere ich. «Ja.» «Dann sag doch mal was!» «Nein!» «Weiß es wirklich keiner?» fragt der «Lernbegleiter», wie die Lehrer bei uns heißen, und ich muß mich zurückhalten, die Antwort nicht selbst reinzurufen. «Ich kann meine Schrift nicht mehr lesen», sagt Fritzchen, und ich flüstere: «Achtzig!» Bei Olympia und Leonore habe ich auch schon den Arm eines Erwachsenen gesehen, wahrscheinlich sitzt überall heimlich einer daneben und sagt vor, wir wollen ja, daß unsere Kandidaten irgendwann die Million gewinnen, wir brauchen schließlich einen neuen Computer. Es ist ein bißchen wie Puppentheater, unsere Kinder sind die Puppen. «Guck mal, was die für Stofftiere hat, warum haben die rosa Pferde denn alle ein Horn?» frage ich. «Was heißt S. O. S.?» fragt Fritzchen. «Wieso?» «Weil Dylan das geschrieben hat.» «Bob Dylan?» «Nein, Dylan Schliebrowski.» Dylan schreibt tatsächlich die ganze Zeit in den Chat, der nebenbei geöffnet ist, falls bei jemandem das Mikro nicht geht und er kein Telefon hat. «S. O. S. ist Englisch, das heißt ‹Hilfe!›.» «Und was heißt ‹Madafaka›?» «Wieso?» «Das hat Dylan geschrieben. Ist das auch Englisch?» «Keine Ahnung. Meld dich doch mal, daß du 20 + 60 weißt.» «Nein, ich schreib das in den Chat, das ist cooler.» «Wollnwiauns fabredn?» schreibt Dylan dort gerade. «Schreib mal, wir haben Corona.»

OLSENBANDE

Mir ist endlich etwas Positives an Corona aufgefallen: daß ich durch die Maske jetzt immer ein Stück Stoff in der Tasche habe, um meinen Fahrradsattel trockenzuwischen. Bisher haben wir die Pandemie ohne viel Fernsehen hinter uns gebracht, aber die Luft wird dünn. Meine große Tochter hat mich einmal mit einer Erkenntnis aus dem Geschichtsunterricht überrascht: «Stalin wollte bestimmen, welche DVDs man gucken durfte.» Da Stalin zum Glück tot ist und meine Freundin mit den Nerven am Ende, durfte ich für die Kinder eine der DVDs auswählen, die immer an der «Superillu» hängen, weswegen meine Mutter dieses Blatt kauft. Das Material würde inzwischen schon für zwei Kindheiten reichen! Meine Wahl fiel auf «Die Olsenbande sieht rot». Ich war so glücklich als Kind, als ich diesen Film sah, warum konnte nicht jeden Abend die Olsenbande laufen? Inzwischen könnte sie das, aber unsere Kinder sollen es ja besser haben als ich und nicht so viel fernsehen. Ich hatte mal einen Mitschüler, der als «schwer erziehbar» galt und wochenlang im Unterricht die Olsen-bande-Melodie sang. Damit mein Sohn durch die neue Droge nicht ebenfalls abdriftet, gucke ich mit und freue mich über die Selbstironie der Dänen, die mir früher nicht aufgefallen ist. Ein Baron aus einem alten Adelshaus, das den Wahlspruch «Ein Schelm, der denkt» im Wappen hat und dessen Anwalt Egon

Olsen in seiner Knastzelle kennengelernt hat, plant einen Versicherungsbetrug. Ein Kommissar läßt Beweismittel verschwinden und sagt: «Das ist der einzige Weg, die Gesellschaft zu erhalten, die Probleme werden unter den Teppich gekehrt, dann bleibt Kraft für das Wesentliche: Pflichterfüllung und Avancement.» Wir essen Erdnußflips, die neuerdings «Erdnußlocken» heißen, und ich erkläre meinem Sohn, daß die Schauspieler, wenn sie stolpern, das nur spielen. Als der Butler des Barons ihm auf einem silbernen Tablett ein Telefon bringt, sagt mein Sohn, der so ein Gerät noch nie gesehen hat: «Ach so! Der spricht immer da durch und oben hört er.» Ich amüsiere mich über die veraltete Jugendsprache: «Das ist 'ne Wolke». Im Finale sprengen sich die drei Ganoven im Königlichen Schauspielhaus synchron zur Ouvertüre des dänischen Nationalschauspiels «Elfenhügel» bis zur Loge durch, um dem Baron eine chinesische Vase zu klauen. Die Bereiche der verschiedenen Sparten sind mit Stahlbetonmauern getrennt, weil sich am Theater alle gegenseitig verachten. Der Dirigent ist begeistert von den Klängen, die sein mieses Orchester diesmal zustande bringt, obwohl sie sich in Wirklichkeit nur mit Bohrlärm und Explosionen mischen. Die erbeutete Million wird Egon durch die neue Schwiegertochter seines Kumpans entwendet, deren junger Gatte sie dafür lobt: «Du bist 'ne Perle, und so schmuck.» Da schnallste ab!

THE WEST WING

Durch den Lockdown fühlt sich unser Leben inzwischen an wie «Kevin – zu zehnt zu Haus». An Arbeit ist nicht zu denken, ich bin froh, wenn ich alle paar Tage zum Duschen komme. Und nicht nur, daß ich beim «Memory» dauernd verliere, mein Sohn hat mich sogar schon im Schach besiegt, obwohl er die Regeln gerade erst gelernt hat. Ich freue mich, daß er intelligenter ist als ich, aber ich muß auch darunter leiden, weil sein Gehirn beschäftigt werden will. Wie soll ich ihm erklären, was sich «hinter dem Ende vom Weltall» befindet? Und «wo die Einbrecher wohnen». Wenn ich allein sein will, lege ich mich aufs Sofa und gucke mir die Kinder durch ein umgedrehtes Spielzeugfernglas an. Ich stelle mir auch vor, sie mit einem Betäubungspfeil zu beschießen, wie ein Nashorn in einem Tierfilm. Abends, wenn sie im Bett sind und wir das Schlachtfeld unserer Wohnung notdürftig aufgeräumt haben, gucken wir eine Folge «The West Wing», weil es so tröstlich ist, daß wenigstens der amerikanische Präsident noch mehr Streß hat als wir. Ich glaube, ich habe seit Jahrzehnten kein Theaterstück gesehen, das auch nur ansatzweise so gute Dialoge gehabt hätte wie eine Folge dieser Serie. Der Präsident hat den Regierungschef eines afrikanischen Landes zu Besuch, der für seine Bürger bezahlbare Medikamente gegen HIV braucht, aber die amerikanischen Pharmakonzerne stellen sich quer, da wird der Präsident in den «Situation Room» gerufen, zu seinen Generälen, weil in Kolumbien fünf US-Antidrogen-Ermittler entführt worden sind, außerdem ist seine Frau sauer, weil sie einen Deal hatten, daß er wegen seiner MS-Erkrankung für keine zweite Amtszeit kandidieren würde, und nebenbei muß, wie es Tradition ist, zu Thanksgiving ein Truthahn begnadigt werden. Am Abend raucht er dann auf der Terrasse vor dem Oval Office eine Zigarette, spielt eine Partie Schach gegen sich selbst und tröstet einen seiner Redenschreiber, weil die Rede, an der dieser seit Tagen gearbeitet hatte, im letzten Moment umgeschrieben worden ist. Ich gucke voller Neid auf sein Team von hochintelligenten, gebildeten und schlagfertigen Mitarbeitern, die ständig durch die Gänge des Weißen Hauses eilen und, wenn sie sich dabei begegnen, mit Anspielungen gespickte Strategiegespräche führen. Ich hätte auch gern so ein Team um mich, ich wüßte nur nicht, wofür. Am Ende jeder Folge, wenn es pathetisch wird, muß ich immer weinen, und meine Freundin guckt mich entgeistert an. Ich habe Angst, daß sie sich trennen will, weil ich neulich bei «Wer wird Millionär» eine Frage falsch beantwortet habe. Andererseits bin ich sauer auf sie, weil sie bei unserem Mittagsschlaf immer den Wecker stellt. Schlimm genug, daß unsere Tochter ständig «Klaus, es hat gebimmelt!» ruft, seit sie bei einer Kindergartenfreundin zu Besuch war, deren Eltern offenbar einen anderen Musikgeschmack haben als wir.

SNACKS

Neulich hatten wir eine Diskussion über die «natürliche» Belegung der Tasten einer Fernbedienung. Meine Schwiegermutter ist der Meinung, daß es sich von selbst erklärt, daß Pro Sieben auf die «7» gehört. Ein Freund hat bei seiner Fernbedienung Arte auf die «1» gelegt, damit Gäste denken, das sei sein bevorzugter Sender, während das in Wirklichkeit Eurosport ist. Man könnte auch so weit gehen, mit dem Finger die Beschriftung von der Arte-Taste zu rubbeln, so wie ich ja auch hoffe, daß ein Team von Germanisten bei der Auflösung meines Nachlasses einmal erstaunt feststellt, wie schmutzig der Vorderschnitt meiner Ausgabe vom «Mann ohne Eigenschaften» durch offenbar intensives Lesen ist. Eigentlich ist die Frage nach der Tastenbelegung für uns nur noch akademisch, weil wir «streamen» und der Rechner vor uns steht, so daß wir mit der Hand «umschalten» können. Damit ist zwar die ewige Suche nach der Fernbedienung Geschichte, aber jetzt stellt sich die Frage, wer das «Skippen» der Werbung übernimmt. Mein Eindruck ist, daß ich deutlich öfter skippe als meine Freundin, ja, daß sie manchmal gar nicht skippen würde, weil sie nicht darauf achtet, wann sich uns diese Möglichkeit bietet. Sie findet hingegen, daß ich aus verschiedensten Gründen ohnehin so tief in ihrer Schuld stehe, daß ich eigentlich bis an mein Lebensende ohne zu murren für uns skippen müßte. Es ist nicht leicht, für unsere Fernsehabende, die ihretwegen leider nur immer eine Folge lang dauern (die Zeit reicht sonst nicht mehr zum Meditieren), ein gemeinsames Programm zu finden, aber noch schwieriger ist es mit einem gemeinsamen Snack. Bei Eis ist es hoffnungslos, denn während ich nach vielen Experimenten reumütig zu Vanille zurückgekehrt bin, ißt sie am liebsten Eis, das gleichzeitig salzig, zartbitter und süß ist und in dem andere Nahrungsmittel, Muffins oder Kekse, eingelassen sind wie Mücken im Bernstein. Das Gute ist, daß sie zum Kapitulieren neigt, wenn man einmal etwas Ungesundes gegessen hat, ist es auch egal, und dem Eis dürfen (vegane) saure Fruchtgummis folgen oder Wasabi-Erdnüsse, «ab morgen» leben wir dann wieder gesund. Die Kinder sind fasziniert davon, was wir abends «beim Gucken» essen. Tagsüber verstecken wir es auf dem Kühlschrank, aber mein Sohn hat eine Klettertechnik entwickelt, mit der er den Türrahmen hochsteigt wie eine Felsspalte, um seine Beute zu meiner Tochter zu werfen, die schnell damit wegrennt. Ich habe ihnen deshalb zum Nachtisch jedem zwei Erdnuß-Flips erlaubt, aber meine Tochter schrie eine Stunde wie am Spieß, weil sie wenigstens drei wollte. Die Lösung war, daß ich ihre beiden Flips durchschnitt und sie sogar vier hatte. Das heißt aber nicht, daß meine Freundin aus Dankbarkeit für meinen Einfallsreichtum bei der Kindererziehung einmal das Skippen übernehmen würde.

DAS GROSSE UMSTYLING

Ein großes Thema ist dieser Tage, daß die Friseure wieder öffnen. Ich persönlich hätte einem Friseurbesuch immer schon einen Zahnarztbesuch vorgezogen, lieber hätte man mir gleich den Kopf abgehackt, als daß ich am nächsten Tag zur Schule gehen und den Spott der Mitschüler ertragen mußte, weil ich «beim Glatzenschneider» war. Schlimmer war nur die Demütigung im Musikunterricht, wenn man vor der Klasse «Das Lieben bringt groß' Freud, das wissen alle Leut» singen mußte. Noch heute gehe ich nur im Winter zum Friseur, weil ich dann auf dem Nachhauseweg meine Wollmütze aufsetzen kann. Hauptsache, es sieht hinterher nicht noch schlimmer aus als vorher, was aber noch nie gelungen ist. Als Höhepunkt ihrer traurigen Arbeit präsentiert sie mir immer stolz im Spiegel meinen Hinterkopf, und ich sehe die kahle Stelle, die jedes Mal größer ist, ein umgekehrter Aralsee. Obwohl ich weinen will, lächle ich zufrieden, damit ich möglichst schnell gehen kann. Wegen meiner Friseurphobie verpasse ich nie die jährliche «Das große Umstyling»-Folge («Schnipp, schnapp, Haare ab») bei «Germany's Next Topmodel». Für die «Mädchen» scheint es der dramatischste Moment in ihrem jungen Leben zu sein, daß sie eine von Fremden bestimmte Frisur bekommen. «Sie hängen an ihren Haaren, was ich einhundertprozent nachvollziehen kann», sagt Heidi, aber es muß leider sein, um «ihre Persönlichkeit noch besser zur Geltung zu bringen.» Die Todgeweihten zittern dem Moment entgegen, anders als ich weinen sie schon vorher. Eine spricht sich Mut zu: «Ich denke, Heidi hat Ahnung, was sie tut, und sie macht das nicht unbewußt.» Dann kommen Messer und Schere zum Einsatz. «Dieses Geräusch, so eklig, das tut richtig weh im Herzen.» Besonders gefürchtet sind kurze Haare. «Ich mach mir zu Hause Extensions rein», sagt eine trotzig. Diejenigen, die verschont bleiben, weil sie ihren «Style» schon vorher gefunden hatten, sitzen im Loft und sehen auf dem Bildschirm live zu, geschockt wie Hillary Clinton im Situation Room bei der Tötung Bin Ladens. Beim ersten Blick in den Spiegel führen sich die Mädchen auf, als seien sie in Frösche verwandelt worden. «Ich weine innerlich, wenn man jetzt nach innen guckt, is' das 'n Wasserfall.» «Ich krieg Kopfschmerzen von dem Anblick.» «Mich macht das einfach nur zu so einer aus Bayern.» «Ich weiß nicht, ob ich jetzt schön bin.» Eine faßt das Problem am rätselhaftesten zusammen: «Der Fokus ist jetzt noch mehr in meinem Gesicht.» Die Verschonten trösten die Frisierten bei ihrer Rückkehr ins Loft, denn: «Bei uns heißt es: Girls support girls.» Eine, die jetzt orange Haare hat, weint bitterlich: «Ich trauer so'n bißchen um mein altes Ich. Aber hier geht's ja darum, Personality zu zeigen.»

FERNSEHEN MIT OMA UND OPA

Vor dem letzten Umzug meiner Eltern behauptete meine Mutter, das Sofa würde zu groß für die freie Ecke in der Wohnküche ihrer neuen Wohnung sein. Sie wollte nicht, daß ich nachmesse, denn es ging ihr darum zu verhindern, daß der Fernseher dort aufgestellt wurde und mein Vater dann dort fernsehen würde und sie beim Kochen nicht Radio hören könnte. Genauso ist es gekommen. Tatsächlich hatte er in unseren Wohnungen immer ein Arbeitszimmer, hielt sich aber selten dort auf, sondern meist im Wohnzimmer, wo, während er arbeitete, der Fernseher lief, mit den Jahren immer lauter. Inzwischen hat er Funkkopfhörer, die aber unter Zeitungsstapeln liegen, und außerdem sind die Akkus nie aufgeladen. Wenn wir zu Besuch kommen, rennen meine Kinder sofort zum Fernseher, weil wir so etwas zu Hause nicht haben. Egal, was dort läuft, sie sehen wie hypnotisiert zu. Im Media-Markt setzen sie sich auf den Fußboden vor einen der riesigen Bildschirme, aus dem Späti, wo unter der Decke in einer Endlosschleife Zigarettenwerbung läuft, muß ich sie rausscheuchen, sogar ihre Puppen und die Holztiere aus dem Waldorfshop (die immer umkippen) arrangieren sie im Kinderzimmer zu einem Public Viewing vor einem zum Fernseher umgebauten Bauklotz. Bei meinen Eltern gucken meine Kinder Boxen, eine Doku über Atombomben oder irgendwas mit Hitler. Ich lotse sie deshalb ins Zimmer meiner Mutter, wo wenigstens nur eine Aufzeichnung vom «Rosenkavalier» läuft, so laut, daß man kein Wort mehr reden kann. Auch das verfolgen sie gebannt, meine Mutter deutet das als Interesse an klassischer Musik. Ich halte bei Oper nicht lange durch, schon gar nicht im Fernsehen. Ich verstehe immer nicht, warum man sich das alles nicht ohne die anstrengende Musik sagen kann. «Wollt ihr mal mit Oma in die «Opa» gehen?» scherze ich, aber meine Kinder reagieren gar nicht. Zum Abendbrot gibt es Kakao, Würstchen mit Ketchup, Wurststullen und Vanillepudding von Müller und für unterwegs noch eine Handvoll Kekse. (Meine Nichten und Neffen sind neuerdings Vegetarier, seitdem müssen sie sich vor meiner Mutter dafür rechtfertigen, daß sie «die armen Salatköpfe» töten.) Weil meinen Sohn zur Zeit Waffen so begeistern, bekommt er davon erzählt, wie sich die echten Granaten im Krieg angehört haben und daß sein Urgroßvater von einer zerfetzt worden ist. Und daß meine Mutter früher den Teppichklopfer holen mußte, wenn sie «frech» zu ihren Eltern war. (Mich hat man sogar noch in einen Teppich gewickelt, um mich «an die Zigeuner zu verkaufen».) Ich rechne es meinen Eltern hoch an, daß sie wenigstens nie geraucht haben und wir nach unseren Besuchen nicht nach Tabak stinken. Wie froh bin ich, daß sie geimpft sind und wir wieder zu ihnen können!

SCHULSCHWÄNZER

In den Ferien wirkt die Stadt durch Corona noch stiller. Ich stelle die Sattel der Kinderfahrräder höher, die Zeit vergeht! Am Vormittag sind wir auf dem Spielplatz beim Basketball ganz allein, als würden wir die Schule schwänzen. Mal scheint die Sonne, mal gibt es einen Graupelschauer, die S-Bahn rauscht vorbei und es klingt schön. Wir staunen, wie geduldig die maskierten Gangster vor der Sparkasse in der Schlange anstehen, und gucken in jede Verschenkekiste. Habe ich je die Schule geschwänzt? Ich habe nur meinen monatlichen Termin beim Kieferorthopäden auf die Musikstunde gelegt und auf dem Rückweg so lange gebummelt, daß auch noch Geschichte ausgefallen ist. Wir sind zum Bäcker gegangen, ins Anglergeschäft, zum Schaufenster vom RFT-Laden, die neuen Plattenspieler angucken. Die Spange habe ich nur in der Nacht vor dem Termin getragen, schon weil ich weiter jeden Monat einen Vormittag freihaben wollte. In einer Vitrine konnte man die Gipsgebisse der Mitschülerinnen bewundern. Ich habe jetzt mit meinem Sohn «Der tapfere Schulschwänzer» gesehen. Der Film beginnt mit Aufnahmen der Schönhauser Allee im Jahr 1966, alte W50, Pferdekarren, die gelben Straßenbahnen aus Gotha. Thomas, der Held der Geschichte, geht in die vierte Klasse. Um halb sechs wird er vom Vater geweckt, der zur Arbeit muß, während Thomas seinen kleinen Bruder allein zum Kindergarten bringt. Zur Schule fährt er mit der U-Bahn, steigt aber nicht aus, weil er sich an der Stelle, an der es in den Tunnel geht, auf dem Klappsitz im letzten Wagen wie ein Kosmonaut beim Start einer Rakete fühlt. Am Alex bewundert er das Baustellenballett der Abrißarbeiten und die automatischen Türen vom Hotel Berolina, er freut sich am Luftzug, der aus dem Schacht der U-Bahn dringt, wenn ein Zug vorbeifährt, er staunt über Fritz Kühns Metall-Lettern an der Stadtbibliothek, er spielt auf dem leeren Aufmarschplatz, an dem noch nicht der Palast der Republik steht (der ja momentan in der Reparatur ist und durch ein temporäres Stadtschloß vertreten wird). Man sieht den Fernsehturm im Entstehen, noch ohne Kugel, und die Gründerzeitbauten an der Friedrichsgracht, die bald nach den Dreharbeiten für Hochhäuser abgerissen wurden. Aus einem Fenster dringt Rauch, Thomas ruft die Feuerwehr und rettet dadurch zwei Kindern, die mit Streichhölzern gespielt hatten, das Leben. Leider konnte er das nur, weil er die Schule geschwänzt hatte, und darf sich deshalb nicht als der unbekannte Retter zu erkennen geben, den die Zeitung sucht. Immer mehr berühren mich an diesem Film die Details eines verschwundenen Berlins. Die damals noch berlinernden Berliner Kinder («Mann, da haste ja jarkeen Jenuß von!» – «Witzlos ...» – «Ditt is' Spinne.»). Wie sie sich morgens in ihren kurzen Lederhosen die Hände schütteln. Ein bißchen vermisse ich auch die Schule, die doch die wichtige Funktion hat, daß man sie schwänzen kann.

WERBUNG

Wenn ich gekocht habe, rufe ich immer «Mirácoli ist fertig!» durch die Wohnung. Anders als in der Fernsehwerbung, in der die Kinder sofort aus ihren Unterschlüpfen angerannt kamen, wenn deren Mutter so rief, rühren sich meine Kinder nicht, und sie wissen auch nicht, was «Mirácoli» sein soll, aber mich heitert die Referenz auf. Vielleicht hätte es mehr mit Bildung zu tun, wenn ich Sätze wie «ultra posse nemo obligatur» murmeln würde, aber das Gefühl, aus der Zeit gefallen zu sein, ist das gleiche. Ich erwarte gar nicht, daß meinen Kindern klar ist, warum ich, wenn es schmeckt, meinen imaginären Schnurrbart zwirble und «Mmmh, excellent!» sage, wie «Le Tartare, der frische Franzose». Und warum ich, jedes Mal, wenn das Telefon klingelt, «Thoeeeelke» rufe. Beim Schulessen ließen wir den matschigen Reisklumpen von unserer Alugabel in die Sauce plumpsen und sagten: «Onkel Benz Reis mit der ‹Paarbeul-Garantie›...» (Wie staunte ich, als ich nach der Wende beim Einkaufen auf einer Reispackung las, daß es sich um «Uncle Ben's Reis» handelte.) Wenn es bei uns Suppe gibt, verkünde ich unvermeidlich: «Etwas Warmes braucht der Mensch», was, glaube ich, aus einer Werbung für die «5-Minuten-Terrine» stammt, in der ein Fußgänger im Regen an einer Ampel wartete. Wenn meine Freundin wieder erfolglos darum kämpft, daß unsere Kinder sich weniger Butter auf ihre Stullen stapeln, murmle ich: «Butter ist rundum wertvoll», wie in meiner Kindheit noch behauptet wurde. (Ein, zwei Generationen früher hieß es sogar: «An Zucker sparen, grundverkehrt! Der Körper braucht ihn – Zucker nährt.») Daß die Vielfalt der Produktwelt einen im Westen ständig vor die Qual der Wahl stellte, darauf war ich durch die Werbung vorbereitet. «Der General», «Meister Propper» oder «Domestos»? Wer verstand mehr von Sauberkeit, das Militär, Amerika oder die Römer? (Man mußte drüben sogar zwischen *Parteien* wählen, die deshalb Werbung im Fernsehen machten!) Manchmal beobachte ich beim Einkaufen melancholisch, wie meine «Ware» auf dem Band an mir vorbeigleitet, und versuche, mich daran zu freuen, daß ich mir das alles kaufen kann. Es hat sich ja herausgestellt, daß wir die meisten Dinge, für die geworben wird («Zwiebli, Zwiebeln ohne Tränen» – Zwiebeln aus der Tube?) eher meiden, vor allem bei Lebensmitteln. Vielleicht sollte ich einmal einen Festtag einlegen und Drei-Wetter-Taft, Kukident-3-Phasen, «Omo mit TAED-System» und das mysteriöse «Mein Bac? Dein Bac? Bac ist für uns alle da!» kaufen, Produkte, bei denen wir immer gerätselt haben, worum es sich überhaupt handelte. (Und was war ein «Deo»?) Meine Freundin bekäme eine Ado-Gardine («Die mit der Goldkante»). Dann hätte die Werbung am Ende doch noch etwas bewirkt.

TOM & JERRY

«Wir lieben Schlüpper, Schlüpper, den Freund aller Kinder!» so singe ich beim Sortieren der Wäsche, die bei uns schneller drekkig als trocken wird. Seit Corona leide ich unter Witzelsucht, ich nenne es mein Lock-Downsyndrom. Das Problem ist, daß ich meine Wortspiele immer vor demselben Publikum wiederholen muß, ich habe ja nur eine Familie. Meine Freundin bezeichnet mich als ihr «zentrales Nervsystem». «Sag nie, es gibt keine Schlümpfe, sonst stehlen sie dir die Strümpfe», singe ich, denn inzwischen haben wir mehr einzelne Kindersocken als vollständige Sockenpaare. (Mit den Jahren sollte man sich von der Vorstellung freimachen, gleichfarbige Socken tragen zu müssen.) «Ich muß meinen Termin beim Hautarzt absagen», sagt meine Freundin. «Hoffentlich haut er dich nicht!» «Ich wollte eigentlich vor achtzehnfünfzehn anrufen.» «Da gab es doch noch gar kein Telefon.» «Der Internist hat neulich gesagt: ‹Sie wirken so vital›.» «Wie ‹Tal›? Der Schachspieler?» «Ich soll aber mal ein 24-Stunden-EKG machen.» «Und wie lange würde das dauern?» «Denk dran, daß ich heut' abend noch Yoga mache.» «Haben wir denn keins mehr?» Sie geht genervt raus, und ich wende mich wieder «300 Fragen und Antworten zu Zwergkaninchen» zu, einem Buch, das die Kinder aus einer sogenannten Verschenkekiste angeschleppt haben. Leider wird man den Müll anderer Leute, den man auf diese Weise angedreht bekommt, schlecht wieder los, weil wir, um selbst eine Verschenkekiste rauszustellen, schon in eine andere Stadt fahren müßten, damit die Kinder sie nicht entdecken und alles wieder nach Hause mitbringen. Immerhin sind wir so an eine «Tom&Jerry»-DVD gekommen und konnten staunen, wie die Katze Vogelfutter fraß und deshalb fliegen konnte, wie sie die Maus toastet und zur Strafe von ihr innerhalb von zehn Minuten mit einem Flammenwerfer geräuchert, mit Korken beschossen, in den Kühlschrank gesperrt, mit einer Dampfwalze überfahren und anschließend aufgepumpt wird, bis sie ihren Körper um vier Stuhlbeine wickelt und verknotet. Es war, als würde man die Stöße und Püffe, die Sprünge von unten ans Kinn und die nächtlichen Tritte ins Gesicht, die einem die Kinder in den letzten Jahren verpaßt haben, die Schnipsgummis im Auge, den Hexenschuß vom Rumtragen mit der Manduka, das Erbrochene in den Händen (zum Aussteigen aus dem Bus war keine Zeit) im Schnelldurchlauf als Film angucken. Zur Erholung schaltete ich auf die «Sportschau» um. «Äh? ‹Duseldorf› führt gegen ‹Führt›?» fragte mein Sohn, und obwohl er es gar nicht als Wortspiel gemeint hatte, freute ich mich, daß er schon in meine Fußstapfen tritt. «Kann man mit dir auch mal etwas besprechen, ohne daß du dich drüber lustig machst?» fragt meine Freundin vor dem Einschlafen. «Ja.» «Das Brot hat wieder geschimmelt, wischst du den Kasten morgen bitte mit Essig aus?» «Sag mal, gibt es in Indien eigentlich Indernet?»

WISSEN IST MATT

Seit Corona spiele ich begeistert Schach, ich hatte mich immer für zu dumm dafür gehalten, aber ich habe festgestellt, daß es trotzdem Spaß macht. Wenn die Familie schläft, hole ich ein altes Schach-Magazin 64 hervor und spiele Partien von russischen oder indischen Großmeistern nach, die oft noch gar nicht volljährig sind. Wenn ich erst fünf Jahre alt wäre, wäre auch ich ein Phänomen. Was ich am Schach so schätze, ist, daß die Probleme unserer Gegenwart, verglichen mit einer komplexen Stellung, so banal wirken. Alle, denen ich von meiner Leidenschaft erzähle, unterstellen mir, wohl auf Netflix «Damengambit» gesehen zu haben, dabei haben wir gar kein Netflix. (Allerdings könnte es vielleicht tatsächlich mit meiner Fernsehvergangenheit zu tun haben, daß ich abends gern auf quadratische Flächen starre.) Wenn mich eine Serie angeregt hat, dann «The West Wing», denn US-Präsident Bartlet, um den es dort geht, ist nicht nur mein Lieblingspolitiker, sondern auch Schachspieler. Er leidet an MS und nutzt das Schach, um zu prüfen, wie gut sein Gehirn noch arbeitet. (Mein Gehirn arbeitet immer besser, nur daß niemand etwas davon hat, nicht einmal ich.) Wir sind fast durch mit der Serie und wissen nicht, was danach aus uns werden soll. Wenn meine Freundin einen schlechten Tag hatte, kauft sie zum Trost Gummitiere, so daß ich von ihren Problemen profitiere. Allerdings darf die Tüte erst geöffnet werden, wenn die Serie läuft, so hat sie es angeblich früher auch im Kino gehalten. An ihren guten Tagen kaufe ich vorsichtshalber selbst Gummitiere. Sie hat mich schon gebeten, unvegane zu kaufen, weil sie die nicht ißt und dann nicht in Versuchung kommt. Ich drücke dauernd auf Pause, weil ich mit ihr darüber diskutieren will, wie man China zu einem Nordkorea-Gipfel überredet, und ob es richtig ist, «Vouchers» für talentierte Arme einzuführen, damit sie auf «Private Schools» gehen können, oder ob man lieber die «Public Schools» verbessern sollte, woran man allerdings schon so lange gescheitert ist. Mein innerer Monolog tendiert leider häufig zum äußeren Monolog. (Dafür vergißt sie regelmäßig, auf «Full Screen» zu klicken, und wirft immer ihre Teebeutel in die Spüle.) Ich wünsche mir von ihr eine Schachuhr, damit könnte ich ihre Behauptung, bei unseren Streitgesprächen mehr Redezeit als sie zu beanspruchen, entkräften. Nach der Serie meditiert sie, was ich so beruhigend finde, daß ich gar nicht mehr selbst meditieren muß. Während der Jugendliche, der in die Wohnung unter uns gezogen ist, mit seinen Kumpels Deutsch-Rap übt und ich, weil der Qualm durch alle Ritzen dringt, passiv mitkiffe, konzentriere ich mich in der Küche sitzend auf die Stille zwischen den Geräuschen, um wahrzunehmen, wie sie wächst, und suche nach dem richtigen Zug, dem, den auch Kasparow gemacht hätte, und nicht dem, über den der Kommentator von Schach 64 schreibt: «Haben Sie denn gar nichts gelernt?»

EM

Man war kurz mit seinen Gedanken woanders, und schon ist wieder EM, wenn man Glück hat, weiß man noch den letzten Europameister, oder wenigstens, daß Müller nicht mehr Müller ist. Man erlebt im Alter ja auch, daß vertraute Abkürzungen ihre gewohnte Bedeutung verlieren, «NSA» ist kein Nachsendeauftrag mehr, «LPG» ist jetzt «Liquefied Petroleum Gas» und «DDR-RAM» ist ein Computerspeicher. «EM» sind für mich inzwischen Effektive Mikroorganismen, die man seiner Holzkohle zusetzen kann, um Terra Preta herzustellen (man könnte wohl auch einfach reinpinkeln). Je mehr ich vom Leben weiß, umso schwieriger wird es für mich, beim Fußball einer der beiden Mannschaften den Sieg zu wünschen. Ich versuche, für die Spieler zu sein, die sich am meisten freuen würden, aber dabei kann man natürlich auch falsch liegen. Wir essen gleichzeitig Erdnußflips und saure «Wunderland»-Einhörner von Katjes, und ich trinke eine Biersorte mit den bayerischen Landesfarben auf dem Etikett, weil sich das so anfühlt, als müßte es schmecken. «Wäre es dir lieber, wenn ich freßsüchtig oder wenn ich trunksüchtig würde?» frage ich meine Freundin. Sie antwortet nicht, weil sie am Abend zu müde ist zum Reden, während ich zu munter bin zum Schweigen. «Ich muß endlich im Garten den Rasen mähen.» «Wie kommst du jetzt darauf?» «Mein Vater hat mich immer gefragt, welcher von den Spielern ‹Thom› und welcher ‹Thon› hieß, das hat mich zur Weißglut gebracht.» «Das erzählst du mir zum xten Mal.» «Seltsam, es ist mir doch eben erst eingefallen?» Dafür stellt sie immer Fragen, als sei sie gerade aus einem längeren Koma erwacht: «Wieso sitzt Hansi Flick denn auf der Tribüne? Ist der nicht Assistent von Jogi Löw?» «Ich frag mich eher, warum Jogi Löw und sein Assistent, von dem ich den Namen nicht weiß, das gleiche anhaben.» «Du hast doch auch immer das gleiche an.» «Aber ich bin nicht mein Assistent.» «Guck mal, der hat pinkfarbene Schuhe, die sind ja schön.» «Toni Kroos ist übrigens noch in der DDR geboren.» «Na und?» «Genau wie ich.» «Aha.» «Das verstehst du nicht.» Wenn Kroos zurücktritt, ist es definitiv vorbei, denn ich bin zu alt, um für ihn einzuspringen, ich habe ja beim Training schon Angst, hinterher in der Dusche auszurutschen. Außerdem habe ich mir das Knie beim Yoga verdreht. Man verletzt sich im Alter zunehmend außerhalb des Platzes, Roger Federer hat sich mal den Meniskus beim Baden seiner Töchter angerissen. Das Spiel ist ein bißchen langweilig, aber dann passiert endlich das, worauf ich mich die ganze Zeit freue: Beim Freistoß rennt ein Spieler zur Verwirrung des Gegners über den Ball, ohne ihn zu berühren, und ein anderer Spieler schießt. Das könnte ich auch! Also, nicht schießen, aber über den Ball rennen. Das könnte ich vielleicht sogar noch mit achtzig, sofern sie mich dann dafür einwechseln, den letzten Spieler aus der DDR!

UMZUG

Ich hatte eigentlich nicht vorgehabt, noch einmal im Leben umzuziehen, aber die Kinder wachsen, und meine Freundin wünschte sich einen Raum für ihre Yin-Yoga-Übungen, sie möchte nicht, daß ich die «old people's noises» höre, die man laut DVD-Anleitung dabei machen soll. Mein Einwurf, daß man für den Quadratmeterpreis unserer letzten Wohnung inzwischen nur noch die Fläche einer Briefmarke mieten kann, wurde mit dem Argument «Es ist doch nur Geld» gekontert. Ich gab auf und unterschrieb den Vertrag für eine architektonische Sünde, in der alle Wände aus Rigips sind und man an die Decke springen kann, dafür gibt es ein zweites Klo, falls man das erste einmal schmutzig vorfinden sollte. Beim Aushängen der Regalbretter betrachtete ich wehmütig die Bräunungsstreifen, die das Sonnenlicht auf den Stützen hinterlassen hatte. Widerstrebend drehte ich die vielen Schrauben wieder aus den Wänden, die ich über die Jahre dort versenkt hatte, anfangs sogar noch ohne Akkuschrauber. Zuletzt kam die schwenkbare Fernseherhalterung dran, die für meine Augen inzwischen viel zu hoch hing, lange nicht so bequem wie in einem Krankenhausbett. Am Abend nach dem Umzug wollten wir endlich wieder in Ruhe «The West Wing» gucken, aber die Laptopbatterie hatte nur noch sechs Prozent Strom, ob das für die restlichen achtzehn Minuten unserer heutigen Folge reichen würde? «Ich würde es riskieren, oder willst du aufstehen und das Ladekabel holen?» sagte ich. «Das ist zu kurz.» «Auch, wenn man ganz fest dran zieht?» «Hab ich schon versucht, wir brauchen ein Verlängerungskabel.» «Vielleicht haben wir ja Glück, und der Akku reicht noch.» «Wie kann man nur immer so faul sein?» «Ich hab gerade fünfzig Kisten mit aussortierten Kinderklamotten geschleppt!» «Das würden andere Männer überhaupt nicht erwähnenswert finden.» «Denen wird ja auch nicht ständig vorgeworfen, wie faul sie sind.» «Die machen auch nicht dauernd Mittagsschlaf.» «Wenn er ins Bett geht, wechselt er nur seinen Arbeitsplatz, schreibt Ernst Jünger.» «Niemand macht vormittags Mittagsschlaf.» «Der Schlaf am Vormittag ist der wohligste Schlaf, schreibt Proust.» Ich werde komischerweise immer erst richtig munter, wenn die Familie schläft, und nichts macht mich so müde wie das Warten darauf, daß endlich alle im Bett sind. Und jetzt fühle ich mich auch noch wie in einem überteuerten Ferienappartement, wo man jedesmal, wenn man in der Küche etwas sucht («Wo ist die bescheuerte Scheuermilch?»), alle Schranktüren öffnet. Wie tröstlich, daß ich nachts am Horizont die roten Lichter des Fernsehturms blinken sehe. Ein bißchen hoffe ich ja, daß es mir eines Tages gelingt, beim Senat auf Eigenbedarf zu kündigen und die Fernsehturmkugel als Wohnung zu beziehen, bis dahin empfinde ich jede Behausung als Provisorium.

EM-AUS

Wie oft bin ich nun schon aus großen Turnieren ausgeschieden? Die Spieler machen sich keinen Begriff davon, wie sich das anfühlt, die haben ihr Leben ja noch vor sich, und außerdem müssen sie nicht tatenlos zusehen. Ich bin nur froh, daß ich nicht aus San Marino, Gibraltar oder Andorra komme, dann müßte ich jede einstellige Niederlage feiern wie einen Sieg. Wir gucken England gegen Deutschland, wie eigentlich jedes Jahr seit 1966, nur diesmal unter erschwerten Bedingungen. Meine Tochter verliert kurz vor dem Anstoß die Geduld, weil sie die belgischen Zuschauer mit den Frittenperücken vermißt, aus Langeweile steckt sie mir ihren großen Zeh ins Ohr, mein Sohn hat Brechfieber und sagt: «Können wir nicht eine andere Sportart gucken?» und meine Freundin fragt: «Die spielen in Wembley? Ich denke, die spielen in London?» Ich versuche, ruhig zu bleiben und alle Fragen zu beantworten. «Das ist Werner, der spielt bei Chelsea.» «Woher weißt du denn das alles? Wir gucken doch gar keinen Fußball mehr?» «Aber ich lese mir nach jedem Spieltag die Mannschaftsaufstellungen auf kicker.de durch.» Als sich ein Spieler verletzt, fragt meine Freundin: «Was sind das eigentlich für welche, die die behandeln?» «Das sind Fans, die ein Preisausschreiben gewonnen haben.» «Nein, ich meine, ob das Ärzte oder Physiotherapeuten sind?» «Füßetherapeuten? In dem Fall eher Podologen.» «Wieso?» «Der faßt sich doch ans Gesäß. Das ist übrigens Trippier. Wenn der Deutsch könnte, wäre er froh über sein zweites ‹i›.» «Haben die gestern auch in Wembley gespielt?» «Nein, in Sevilla, dabei wollte 'se vielleicht gar nicht.» «Wer?» «Na, 'se.» «Versteh ich nicht.» «Zum Glück.» «Ich muß kackern», wirft meine Tochter ein, und wenig später ruft sie: «Ich bin fertig!», das heißt, daß ich hingehen muß, um ihr den Po abzuwischen. Aber als ich komme, lacht sie mich aus, sie wollte mich nur austricksen. In dem Moment ruft mein Sohn: «Tor!», aber er wollte mich auch nur austricksen, und so irre ich eine Weile zwischen Bildschirm und Klo hin und her. Ich drücke auf «Pause», und das Bild friert ein, noch glauben sie mir, daß ich die Realität so anhalten kann. «Oh, Ne-hon, meine Lieblingsfarbe!», ruft meine Tochter, als sie die Schuhe eines Spielers sieht. «Hummels ist mit Abstand der schönste deutsche Spieler seit langem», sagt meine Freundin. «Guck mal, Fritzchen, der Schiedsrichter sprüht Schlagsahne auf den Rasen.» «Ist das wirklich Schlagsahne?» «Ja, und manchmal kriegt sogar einer was auf den Schuh.» «Mama, ist das wirklich Schlagsahne?» «Nein, der Papa veralbert dich, das ist Rasierschaum.» «Ist dir mal aufgefallen, daß es noch nie einen bedeutenden Spieler gab, der ‹Schmidt› hieß? Mayer, Müller und Lehmann gibt es öfter mal, aber Schmidt? Eher nennen sie sich ‹Mertesacker›, ‹Beckenbauer› oder ‹Schweinsteiger›, dabei gibt es die gar nicht so oft in Deutschland.» «Dafür wart ihr schon Bundeskanzler.»

EM-FINALE

Wir gucken das EM-Finale in Wembley, was wohl bei Wimbledon liegt, wo Wumb und Wembelin wohnen. «Wir», das sind sechs Kinder und ein Erwachsener. «Ist der auch ein Millionär?» fragt mein Sohn bei jedem Spieler. «Die sind alle Millionäre.» «Der auch?» «Ja, der besonders.» «Wie können die so harte Bälle köpfen?» «Millionäre können das.» «Üben die das mit 'nem weichen und dann immer härter?» «Nein, die üben das mit Steinen, und dann ist es mit Bällen nicht mehr so schlimm.» «Da steht, der Akkustand ist niedlich.» «Ich weiß, ich find das Stromkabel nicht.» «Ist der auch Millionär?» «Die sind alle Millionäre.» «Kriegen die auch mal ein neues Hemd, wenn die wachsen?» «Erwachsene wachsen nicht mehr, die schrumpfen höchstens.» «War Brasilien schon mal Europameister?» «Bis jetzt noch nicht.» «Jetzt kommt der lange Ball.» (Den Satz muß sich mein Sohn bei mir abgelauscht haben.) «Hört mal, die Zuschauer singen ‹God save the Queen› für ihre Königin, die wird bald hundert, genau wie Oma Krüger von nebenan. Ist das nicht nett?» «Da läuft wer nackig über den Platz.» «Das ist ein Flitzer.» «Hat der grad gebadet?» «Ja, und der will noch nicht ins Bett, deshalb ist er weggerannt.» «Wer ist der Kapitän von den Engländern?» «Käpt'n Hook.» «Und wie sieht der aus?» «Das ist der mit der Augenklappe.» «Ich bin ein Kind von dem Kapitän, dann kann ich immer den Pokal anfassen und hab am meisten Taschengeld und kann Süßigkeiten kaufen, für hundert Euro im Jahr. Oh, diese Reichigkeit!» «Kinder, wollen wir mal eine Minute lang alle nichts sagen?» «Wieso haben die Zahlen hinten drauf?» «Das ist mir noch nie aufgefallen.» «Und der mit der höchsten Zahl ist der Kapitän?» «Eine Minute, hatten wir gesagt, ab jetzt …» «Was ist dis andere Land?» «Welches? Italien oder England?» «Ich würde den Pokal kaputtmachen und jeder kriegt eine Hälfte.» «Guck mal, jetzt wird Belotti eingewechselt.» «Ist das Ottos Kind?» «Ach, übrigens, ab morgen gibt es keine Ottifanten mehr bei Edeka.» «Der heißt Shaw, wie Shaw das Schaf.» «Wenn die Italiener jetzt treffen, gibt es Verlängerung.» «Tore schießen ist doch einfach, mit Torwart weg und nicht alle auf'm Haufen, dann wär's babyleicht.» «Jetzt wird Insigne ausgewechselt, der kleinste Spieler der EM.» «Das ist ja gemein, daß die ausgerechnet den auswechseln.» «Dafür ist er Millionär.» «Der kleinste Millionär der EM.» «Wer ist der Mann in Pink?» «Das ist der Schiedsrichter.» «Ist der von England oder von Italien?» «Der ist von den Niederlanden.» «Die sind doch schon ausgeschieden?» «Die Minute war noch nicht um!» «Ist der auch Millionär?» «Weiß ich nicht.» «Jetzt kommt der lange Ball.» «Nein, jetzt kommt Elfmeterschießen.» «Ich find's gut, daß der Pink anhat, es gibt nämlich keine Jungs- und Mädchenfarben. Wieso ist das Bild jetzt weg?» «Ich glaub, der Akku ist alle.» «Wollten wir nicht bis zum Ende gucken?»

OLYMPISCHES FLAIR

Den ganzen Tag gucke ich die Olympischen Spiele, ich kann erst wieder arbeiten, wenn endlich eine Sportart kommt, die mich nicht interessiert. Bei Wildwasser-Kajak habe ich kurz geschwächelt, aber es hat am Ende nicht gereicht, um mich zum Abschalten zu bewegen, und direkt danach kam schon Bogenschießen, eine der vielen Sportarten, bei denen ich immer denke, aus dem Stand eine Chance «aufs Treppchen» zu haben. Natürlich auch beim Dressurreiten, man muß sich ja nur das beste Pferd kaufen, es irgendwie an einen gewöhnen (vielleicht mit Würfelzucker?) und versuchen, während der Übung drauf sitzen zu bleiben, das Pferd wird schon wissen, was es zu tun hat, das war bei «Winnetou» auch immer so gewesen. Manche Sportarten leiden unter mangelnder Popularität, aber warum nehmen sie beim Hockey auch einen Ball, der so klein ist, daß die Spieler selbst ihn kaum sehen können? Und wäre Fechten nicht interessanter, wenn *richtig* gefochten würde, wie im Film? Das ist doch Betrug, daß die sich dauernd in den Bauch stechen und danach einfach weiterleben. Beim Judo ziehen sie sich am Kragen, versuchen sich ein Bein zu stellen und nehmen sich am Boden in den Schwitzkasten, wie wir früher auf dem Schulhof, ich hätte nicht gedacht, daß das mal olympisch wird. Warum gehört Turmspringen zu den Schwimmwettbewerben, dafür muß man doch gar nicht schwimmen können? Und warum gibt es Synchronspringen und nicht auch Synchrongewichtheben oder Synchronboxen? Wäre es nicht interessanter, die Sportler würden in einer Disziplin antreten, für die sie nicht trainiert haben? Also Turmspringen mit Gewichthebern und Hammerwerfen mit rhythmischen Sportgymnastinnen? (Im übrigen: wo war da je ein Hammer zu sehen?) Oder man kombiniert verschiedene Sportarten, und Bogenschützen beider Nationen dürfen während eines Fußballspiels versuchen, gegenseitig ihre Mannschaften zu dezimieren. (Bei den Griechen durften sich die Ringer noch die Finger brechen, nur die Augen durften sie sich nicht ausstechen.) Warum gibt es außer Pferdereiten keine anderen Wettbewerbe mit Tieren? Kamelrennen? Stierkampf? Oder Angeln? Darf man als Bogenschütze eine Brille tragen, oder muß man dann zu den Paralympics? Würden meine bescheidenen 1,79 beim Basketball als Behinderung gelten? Eigentlich müßten doch immer diejenigen ausgeschlossen werden, die für irgendeine Sportart talentiert sind, es ist doch Wettbewerbsverzerrung, daß Hochspringer so lange Beine haben. Streng genommen dürfte man auch nicht trainieren, das kann ja dann jeder. Mein Leben kann ich ja auch nicht vorher trainieren, das muß gleich beim ersten Mal klappen.

SOMMERFERIEN

In den Sommerferien auf dem Dorf gab es früher keinen Fernseher, aber hier vermißten wir Kinder ihn auch nicht. (Schon auf der Heimfahrt fieberte ich verzweifelt mit, ob wir es zur «Lindenstraße» schaffen würden, aber es gab so viele Schranken.) Auf dem Dorf blieb gar keine Zeit zum Fernsehen, wir mußten Schwimmen lernen, Versteck im Dustern spielen, Heu wenden, auf der ungepflasterten Dorfstraße freihändig Fahrrad fahren. Auf dem Dachboden des alten Hauses entdeckten wir eines Tages zwischen Utensilien zum Käfersammeln, einem Spinnrad und Koffern mit unentzifferbaren Briefen einen verstaubten Fernseher. Er stammte aus der Erbschaft der Nachbarin, einer kinderlosen Gemeindeschwester, zu der unsere Hausherrin früher manchmal fernsehen gegangen war: «Sie hörte den Kanzler Schmidt so gerne reden.» Sie hörte ihn allerdings gerne laut reden, weil sie schwerhörig war, so daß meine Eltern manchmal freiwillig das Plumpsklo vor dem Haus benutzten, um mitzuhören. Meine Mutter ging bei Krimis aufs Klo, mein Vater beim «Internationalen Frühschoppen». Als ich in späteren Jahren auf dem Dorf war, vermißte ich den Fernseher nur am Sonnabend, weil ich gerne die «Sportschau» gesehen hätte. Es gab im Ort keine Kneipe, die Fußball gezeigt hätte, und in die Bude des Fußballvereins traute ich mich nicht, weil ich aus Berlin war. Ich liebäugelte lange mit der Anschaffung eines Minifernsehers, die damals 150 Mark kosteten. Bei einer WM aktivierte ich dann den geerbten Fernseher der Nachbarin, der allerdings nur noch ARD empfing, ich konnte also nur die Spiele an jedem zweiten Tag sehen. Ich kann mich an kein einziges Spiel erinnern, nicht einmal daran, in welchem Land die WM stattfand und wer am Ende gewonnen hat, aber ich erinnere mich noch sehr genau daran, wie ich dort bei herrlichstem Wetter im Schaukelstuhl in der Stube saß, die Hühner gackern hörte und mitfieberte, offenbar schien das meinem Gedächtnis wichtiger. Ich denke, es wäre meist sowieso interessanter, den Zuschauern zuzusehen als den Sendungen. Ich habe mal ein BBC-Format entdeckt, bei dem man Menschen aus verschiedensten Milieus beim Fernsehen zusah, je dümmer die Sendung, umso interessanter waren ihre Gesichter und Kommentare. (Beim Fußball wird ja nach Toren auch noch einmal in etlichen Wiederholungen gezeigt, wie die Spieler, die Trainer, die ausgewechselten Spieler auf der Bank, die Spieler auf der Tribüne, die nicht im Kader standen, und die Menschen im Heimatort des Torwarts reagiert haben, danach hat man das Tor schon längst wieder vergessen.) Wenn die Leute im Fernsehen uns beim Fernsehen beobachten könnten, würden sie sich wie die Tiere im Zoo fühlen, die uns ja auch dabei beobachten, wie wir auf ihr Verhalten reagieren, und die sich wundern, daß wir dafür Eintritt bezahlen.

GOLD

Als im olympischen Hochsprungfinale der Männer nur noch zwei Athleten übrig waren, die die gleiche Höhe geschafft hatten, konnten sie sich entscheiden, ob sie in ein Stechen gehen wollten oder ob jeder der beiden Gold bekommen sollte. Sie besprachen sich kurz mit dem Schiedsrichter (so etwas gibt es auch beim Hochsprung!) und einigten sich darauf, daß es zwei Sieger geben würde. In der Sekunde, in der das geklärt war, brachen beide in Jubel aus, jeder feierte für sich den Sieg, der Italiener wälzte sich weinend vor Glück am Boden und der Mann aus Bahrain hüpfte leichtfüßig zu seinem Team auf der Tribüne, um sich umarmen zu lassen, die Bildregie schaltete immer hin und her. Die Freude der beiden schien durch den Umstand, daß sie sich den Sieg teilten, nicht geringer auszufallen. Es würde die Sportwelt verändern, wenn in Finals generell die Möglichkeit bestände, daß die Kontrahenten sich darauf einigen könnten, den Sieg kampflos zu teilen. Das Finale der Fußball-WM würde unter diesen Umständen natürlich eventuell ausfallen, man würde gar nicht anstoßen lassen und gleich goldenes Konfetti auf beide Mannschaften regnen lassen, die jede für sich oder sogar gemeinsam jubeln würden. Beim Hochsprung könnten sogar alle acht Finalteilnehmer eine symbolische Höhe von einem Zentimeter überspringen und würden damit acht Goldmedaillen gewinnen. Beim Fußball könnte man aus menschlicher Größe auch Eigentore schießen, um dem Gegner den Sieg zu schenken. Der würde sich natürlich nicht lumpen lassen und das gleiche versuchen, und so würden beide Mannschaften zunehmend erbittert darum kämpfen zu verlieren, um nicht als Egoisten dazustehen. Ganz anders würde es vielleicht aussehen, wenn die Goldmedaille *wirklich* geteilt würde und jeder nur eine Hälfte bekommen würde, wie bei Freundschaftsherzen, die man sich in der Grundschule schenkt. Ob die beiden Hochspringer dann auch so gejubelt hätten? Was hätte die Familie zu Hause über die halbe Goldmedaille gesagt? Sicher wäre sie nicht an die Wand gehängt, sondern in einer Truhe versteckt worden, bei den einzelnen Handschuhen und Socken, den fabrikneuen Disketten, die man nicht wegwerfen will, und den ganzen Steckdosen-Adaptern, die man immer auf Reisen nach England kauft. Bei Scheidungen laufen Einigungen ja häufig auch weniger harmonisch ab, weil wirklich geteilt wird. Ich habe neulich ein Auto gesehen, an dessen Rückscheibe nicht «ABI 2021» stand, sondern «SCHEIDUNG 2021». Meistens jubelt da nur einer, und oft nicht einmal der. Wenn aber einfach beide alles bekommen würden, weil der Staat nachhilft und die Differenz begleicht, vielleicht würden sich dann auch die geschiedenen Partner glücklich in den Armen liegen. Teilen fällt wesentlich leichter, wenn man dabei nichts abgeben muß.

PAPAS ZETTEL

Nach meinem Auszug aus der Wohnung meiner Eltern vor einigen Jahrzehnten hat meine Mutter mir bei jedem Besuch zwei volle Einkaufstaschen mit Dingen mitgebracht, die sie nicht mehr brauchte: verbogene Pfannen, undichte Thermoskannen, eine seltsame Vorrichtung zum Aufbrühen von einer Tasse Kaffee (inklusive einer dazugehörigen ungeöffneten Packung kreisrunder Filterpapierchen), am Ende war ich auf diese Weise in den Besitz von drei Nudelhölzern gekommen. In altmodischen humoristischen Darstellungen prügelt die Frau mit so etwas ihren Mann, aber dafür würde ja auch *eins* reichen. Mit den Jahren änderte sich der Charakter der mütterlichen Mitbringsel, erst waren es Bücher, die sie, ohne meinen Vater zu fragen, aussortiert hatte («Die guckt er doch nie wieder an!»), dann Aktenordner mit Briefen und Postkarten, die ich als Kind an meine Eltern geschrieben habe, sowie Dokumente aus meiner Schulzeit, die ich in Zukunft selbst archivieren mußte. Inzwischen bekomme ich von ihr auch schon Zeitungsausschnitte und Zettelsammlungen meines Vaters mitgebracht. Diese Zettel haben mein Leben begleitet, denn sie lagen überall rum, in Karteikästen, auf dem Wohnzimmertisch, der immer wieder sein Schreibtisch wurde, weil sein Schreibtisch meist voll und unbenutzbar war, aber vor allem auf verschiedenen Beistelltischen neben dem Fernsehsessel, denn nicht nur bei allem, was er las, sondern auch beim Fernsehen wurden Formulierungen aufgespießt und für Arbeiten über größere sprachliche Zusammenhänge gesammelt, die nicht immer zustande kamen, weil das Material längst zu umfangreich war. Wenn man sie sich ansieht, wird einem klar, warum man sich für unintelligente Sendungen interessieren kann, ich komme ja auch kaum noch zum Lesen guter Bücher, weil die schlechten oft auf eine so interessante Weise schlecht sind. Jetzt lese ich die Zettel meines Vaters, auf denen steht: «‹Oft erkennen die Taucher die Leichen erst, wenn sie unmittelbar mit ihnen zusammenstoßen – ein mulmiges Gefühl für alle Beteiligten.› (SAT1 Plantopia, 12.3.2000)», oder: «‹... mein möglicher Amtsvorgänger Schröder.› (Stoiber, 18.8.2002)» oder: «‹Ein Präsident ist wie ein Friedhofsverwalter. Er hat eine Menge Leute unter sich, aber keiner hört zu.› (TV, Urheber nicht mitgekriegt).» Dazu kommen die Zettel mit Zitaten aus den Zeitungen, die er immer beim Fernsehen liest, zum Beispiel: «‹Eigentlich hat sich nüscht jeändert, außer det Jesellschaftssystem›, so kommentierte ein Ost-Berliner Müllmann kürzlich die Lage (FAZ 23.12.95).» Durch diese Zettel verstehe ich etwas besser, warum er immer so viel fernsehen mußte, statt mit uns «Memory» zu spielen, und ich hoffe, meine Kinder werden das bei mir auch verstehen, wenn meine Freundin ihnen irgendwann *meine* Zettelsammlung vererbt.

FERNSEHVERBOT

Ich lese gerade Zeitzeugenberichte über das Kriegsende in Brandenburg. In einer Kleinstadt gab es in einer Gaststätte, dem «Deutschen Haus», Jugendvorstellungen, «U-Boote westwärts!» oder «Kopf hoch Johannes!». Als in einer Wochenschau zu sehen war, wie ein Euter seziert wurde, wurde allen schlecht. Wenn die Kinder das Eintrittsgeld nicht hatten, lauschten sie hinten an einer Wand, wer den Film schon kannte, stellte sich die Szenen nach den Geräuschen vor. Ein Luftwaffenhelfer erzählt, daß sie in einer Stadt voller Flüchtlinge in einem Kinosaal untergekommen sind, der Leutnant zwang die Kinobetreiberin, die schon im Begriff zu fliehen war, «Sieben Jahre Glück» zu zeigen, während man Geschützdonner hörte. Nach dem Krieg las in einer halb zerstörten Stadt ein Bewohner eines überfüllten Hauses den anderen immer so laut aus der Zeitung vor, daß Passanten fragten: «Habt ihr etwa noch ein Radio?» Niemand hatte Radio. Eine Familie mußte ihr Radio, das sie aus den Trümmern geborgen hatte, dem von den Russen eingesetzten Bürgermeister abliefern. Sie zerschnitten vorher aus Trotz die Kabel, aber er ließ das Radio reparieren und demonstrativ dudeln, wenn morgens um sechs angetreten und die Arbeit eingeteilt wurde. (Soldatenleichen ausgraben und Minen bergen für ein Stück klebriges Brot am Tag.) Es gab natürlich auch kein Fernsehen. Im Winter ba-

stelte der Lehrer, der im Krieg einen Arm verloren hatte, die
«Bremer Stadtmusikanten» als Schattenspiel, etliche Male wurde
das Stück vor Schulklassen aufgeführt, die von weit anreisten.
Später fuhr ein Sonderbus das halbe Dorf zu Theateraufführun-
gen in die Stadt. Man spendete am Eingang Kohlen für das Theater. Am liebsten sah man Heiteres wie «Der Bettelstudent». Als
einmal Brecht gespielt wurde, trugen die Schauspieler Masken,
und einigen Zuschauern wurde davon schlecht. Damals wurden
Kinder noch geschlagen, manche Eltern hielten es sich aber zu-
gute, mit dem Riemen nicht ins Gesicht zu zielen, sondern nur
auf die Beine, die Kinder mußten wegen der blauen Flecken
lange Strümpfe tragen. Ich bin nie geschlagen worden und hatte
auch nie «Stubenarrest». Aber ich kann mich erinnern, wenigstens einmal «Fernsehverbot» bekommen zu haben, so daß ich
das «Sandmännchen» nicht sehen konnte. Der Schwarzweißfernseher stand im Wohnzimmer, unser Kinderzimmer war
nebenan. Durch das Schlüsselloch konnte ich in der Bücher-
schrankscheibe die Spiegelung des Bildschirms sehen. Ich
erinnere mich an kaum eine «Sandmännchen»-Folge, aber an
diese! Es lief ein Märchen, in dem ein Fuchs einen Bären hinters
Licht führte. Ich glaube, der Bär hatte einen Honigklecks auf
dem Bauch, den ich noch vor mir sehe, goldgelb, obwohl wir
keine Farbe hatten. Natürlich hätte ich das längst vergessen,
wenn ich an dem Abend nicht Fernsehverbot bekommen hätte.

FERNSEHERSCHAM

Wir haben neue Nachbarn bekommen, wir sind ihnen noch nicht begegnet, aber ein Möbelwagen war bereits da, als erstes wurde von den Packern ein riesiger Flachbildschirm hochgeschleppt. Ich habe ein wenig geschluckt, weil ich, wie ich bei der Gelegenheit festgestellt habe, Vorurteile gegen Fernseherbesitzer hege, die mit der Größe des Fernsehers nur noch zunehmen. Anscheinend halte ich Menschen für um so dümmer, je größer ihr Bildschirm ist! (Allerdings nicht für um so klüger, je kleiner er ist, es scheint ein «Normalmaß» zu geben.) Dabei könnte es sich bei den Nachbarn ja auch um Cinéphile handeln (die im Deutschen seltsamerweise «Cinéasten» heißen, obwohl das im Französischen Film*schaffende* sind und nicht Film*freunde*), die das geliebte Kinoerlebnis zu Hause nicht missen möchten und deshalb einen besonders großen Bildschirm brauchen, um ohne Einbußen beim Genuß ihre Jean-Luc-Godard-Edition durchzuschauen. (Seltsamerweise hege ich keine Vorurteile gegen Kinogänger, also Freunde bewegter Bilder, sie sind mir sogar fast so sympathisch wie Freunde unbewegter Bilder, die allerdings selten geworden sind, während es noch hier und da Bücherfreunde gibt, die mir von allen am sympathischsten sind. Vor Musikfreunden fürchte ich mich dagegen bei aller Hochachtung ein wenig, weil ihre Welt mir verschlossen ist.) Es kommt mir vor, als hätte ich bei einer Party in der Wohnung der neuen Nachbarn auf der Toilette die falsche Schublade aufgezogen und ungewollt entdeckt, daß der Gastgeber «XL»-Kondome benutzt, hoffentlich sehe ich nachts ihren riesigen Bildschirm nicht flackern und muß mir vorstellen, was sie dort gerade tun! Fernsehen! Wenn bei mir das Telefon klingelt und der Fernseher läuft, drehe ich immer schnell auf «leise», weil es mir peinlich ist, beim Fernsehen erwischt zu werden, wobei die Scham tagsüber größer ist als abends, während es mir nichts ausmachen würde, wenn im Hintergrund ein Cellokonzert zu hören wäre, was aber nie der Fall ist. Ich glaube, obwohl es fast alle tun, ist Fernsehen nicht nur mir, sondern mehr Leuten, als man denkt, ein wenig peinlich. Man würde es nicht in einer Kontaktannonce erwähnen: «Recht rüstiger Er möchte nach großer Enttäuschung einen neuen Anfang wagen und sucht eine liebevolle Sie zum gemeinsamen Fernsehen.» Wenn ich unseren neuen Nachbarn (Warum denke ich eigentlich, daß es zwei sind? Gibt es Untersuchungen darüber, ob Paare größere Bildschirme brauchen als Singles?) zum ersten Mal auf der Treppe begegne, werde ich beschämt die Augen senken, weil ich weiß, wie groß ihr Bildschirm ist. Hoffentlich ziehen sie bald wieder aus!

VIDEOTEXT

Als Kind entdeckte ich eines Tages im Niemandsland zwischen den Sendungen etwas Neues, denn statt des vertrauten Testbild-Gitternetzes, mit dessen Studium ich mir normalerweise die Zeit bis zur nächsten Sendung vertrieb, erschien auf dem Bildschirm ein wie mit Schreibmaschinenschrift getippter Text, der sogenannte «Videotext». Allerdings war der richtige Videotext «nur mit eingebautem Decoder» zu empfangen. Was hatten sie sich da schon wieder ausgedacht, um uns im Osten wie Steinzeitmenschen aussehen zu lassen? Wir hatten keinen «Decoder», es war schon schwer genug gewesen, sich diesen kleinen Zusatzkasten zu besorgen, den man brauchte, um ZDF zu empfangen. Ich weiß von einem Elektronikbetrieb, in dem eine halbe Brigade damit beschäftigt war, in einem von der Werkstatt abgetrennten Kabuff für DDR-Bürger solche Geräte zu produzieren, da es sie ja nicht zu kaufen gab, man nutzte dafür die Bauteile anderer Geräte, die keiner haben wollte. Aber einen «Decoder» hatte noch niemand im Angebot. Was wir vom Videotext sehen konnten, war nur eine Kostprobe, das Umblättern der Seiten erfolgte automatisch. Wenn man also einschaltete und gerade eine Seite zu sehen war, die man sich durchlesen wollte, verschwand sie unter Umständen sofort, und man mußte mindestens eine halbe Stunde warten, bis sie wieder an die Reihe kam. Es war wie bei einem Klavierkonzert, bei dem jemand die Noten für den Pianisten umblätterte, allerdings wartete der Umblätterer vermutlich, bis der Pianist bei der letzten Note angekommen war, und drängte ihn nicht zur Eile. Als ich nach der Wende den ersten Fernseher «mit eingebautem Decoder» vor mir hatte, war, das eher ein Problem, denn wenn man den Videotext einmal aus Versehen eingeschaltet hatte, bekam man ihn schwer wieder weg, die Geräusche der Sendung waren im Hintergrund noch zu hören, aber der Videotext verstellte einem die Sicht darauf, und das panische Drücken der vielen Tasten der Fernbedienung verschlimmerte die Situation nur. Die meisten Tasten dieses Hilfsmittels sind für mich bis heute so rätselhaft wie die Tasten eines wissenschaftlichen Taschenrechners. Im Hotel ist die Beschriftung auch oft schon so abgenutzt, daß man an der Form der Tasten erraten muß, mit welcher man eventuell umschalten kann. Anders als ich surft mein Schwiegervater viel im Videotext, der ihm das Internet ersetzt. Wenn ihm irgendeine Information fehlt, sieht er nach, ob sie im Videotext steht, das geht schneller, als sich Google erklären zu lassen. Auch wenn er selten einen Roman in die Hand nimmt, würde er sich sogar die «Suche nach der verlorenen Zeit» durchlesen, wenn sie im Videotext veröffentlicht würde.

UND NUN ZUM WETTER

Daß das Wetter in Wirklichkeit keinen interessiert, sieht man schon daran, wie gehetzt die Wetteransager immer den Wetterbericht präsentieren, ihr eigentliches Talent scheint ja Schnellsprechen zu sein. Sie haben offenbar selbst ein schlechtes Gewissen, uns mit ihren kurzlebigen Informationen zu langweilen. «Und nun zum Wetter», die langweiligen Nachrichten gipfelten immer in dieser Androhung von fünf Minuten noch langweiligerem Bußdienst, den der kleine Fernsehzuschauer hinter sich bringen mußte, bevor endlich der Spielfilm mit Louis de Funès beginnen konnte. Als Kind war mir am Wetter außerdem suspekt, daß es immer vom Westen in den Osten zu wandern schien, eine ganz ungewöhnliche Orientierung, denn von meinen Landsleuten war mir bekannt, daß es sie eher vom Osten in den Westen zog. Wie bei den alten Klamotten aus unseren Westpaketen bekamen wir auch beim Wetter nur das alte Westwetter, das dort keiner mehr wollte! Damals interessierte mich am Wetterbericht immerhin noch die Technik, denn der Wetteransager im Westfernsehen, der wirklich noch wie ein menschenscheuer Wissenschaftler aussah, dem jede Selbstdarstellung fremd war, hielt eine Art Fernbedienung in der Hand, einen Drücker an einem Kabel, ähnlich wie bei uns im Osten die Moderatoren vom «Telelotto», die damit die Glückskugel losrollen ließen, aber hier drehten sich hinter dem Ansager dreieckige Segmente der Rückwand, so daß eine neue Deutschlandkarte mit anderen Kreidekritzeleien erschien, drei verschiedene Tafelbilder konnten so per Knopfdruck vorgeführt werden. Man wartete immer gespannt auf diesen geometrischen Zaubertrick, den man nie ganz begriff. Irgendwann verschwand diese Technik, und es wurde ein Satellitenbild im Zeitraffer gezeigt, jetzt brauchte man nicht mehr viel Phantasie, um sich das Wetter von morgen vorzustellen, die Wolken bildeten regelmäßige Strudel und Schlieren, wie beim Umrühren von Kakao, man mußte kein Meteorologe sein, um vorauszusagen, wo es als nächstes regnen würde. Die heutigen Wetteransager treten eher wie Seelsorger auf, sie fühlen sich immer verpflichtet, uns für angeblich schlechtes Wetter zu trösten, sie trauen uns nur Sonne zu, alles andere halten sie für eine bittere Pille. Dabei ist ihr schlechtes Wetter für mich das beste Wetter, am liebsten ist mir nämlich bedeckter Himmel mit feinem Niesel, dann stelle ich mir vor, daß die Pollen aus der Luft gewaschen werden, meine Augen tränen nicht von der blendenden Sonne, und unter den Spaziergängern trennt sich die Spreu vom Weizen: keine telefonierenden Sonnenbrillendandys, sondern sympathische Charakterköpfe, die das trübe Wetter genießen und sich leicht vornüber geneigt gegen den Wind vorkämpfen.

DIE MENSCHEN AUS
DEM FERNSEHEN

Manchmal begegnet man irgendwo Menschen aus dem Fernsehen, die einen freien Tag haben, an dem sie sich in der Wirklichkeit aufhalten dürfen. Einerseits schöpfe ich Hoffnung, daß zum Beispiel mein Flugzeug nicht abstürzt, wenn jemand aus dem Fernsehen drinsitzt, andererseits stören Menschen aus dem Fernsehen im Alltag, man weiß nie so richtig, wie man mit ihnen umgehen soll. Man möchte sie behandeln, als hätte man sie nicht erkannt, aber da sie ja davon ausgehen, daß man sie erkannt hat, gibt man dadurch, daß man sie nicht erkennt, gerade zu erkennen, daß man sie erkannt hat. Und wenn man sie wirklich nicht erkennt, dann wäre das sicher traurig für sie. Wer weiß, wie oft mir das schon passiert ist! Ich frage mich immer, wie die Menschen aus dem Fernsehen es schaffen, das Fernsehen zu verlassen, um sich die Wirklichkeit anzusehen und unbemerkt wieder aus ihr zu verschwinden. Vielleicht gibt es irgendwo magische Pforten, oder sie sammeln sich nachts an einem abgelegenen Ort und werden mit dem Hubschrauber zurück ins Fernsehen geflogen, unterwegs erzählen sie sich dann von ihren Abenteuern in der Welt der Fernsehzuschauer. Ich habe einmal einen «Tatort»-Kommissar dabei beobachtet, wie er im Hotel am Frühstücks-Büfett unschlüssig einige Runden drehte auf der Suche nach der Butter. Er konnte nicht wissen, daß ich gerade das letzte Stück aus der Schüssel mit den halb geschmolzenen Eiswürfeln gefischt hatte. Einem normalen Menschen hätte ich geholfen, vielleicht hätte ich sogar mein Stück Butter mit ihm geteilt, aber bei einem Menschen aus dem Fernsehen konnte ich das nicht tun, ohne ihm das Gefühl zu geben, kein normaler Mensch zu sein. Außerdem gucke ich gar keinen «Tatort». Der «Tatort»-Kommissar war nach dieser Pleite bestimmt froh, wieder zurück ins Fernsehen zu kommen, wo er wußte, wo die Butter stand. Was mir an ihm wie an allen Menschen aus dem Fernsehen aufgefallen ist, war, daß er viel älter wirkte als im Fernsehen, die Menschen aus dem Fernsehen verschrumpeln in der Wirklichkeit wie Mohrrüben an der Luft. Manchmal sehe ich eine alte Frau oder einen alten Mann und frage mich deshalb, aus welcher Sendung ich sie kenne, dabei sind sie ganz von allein gealtert. Früher stellte ich mir die Menschen aus dem Fernsehen glücklicher vor, sie mußten nicht arbeiten, zu essen gab es die Reste aus den vielen Kochsendungen, wenn sie Geld brauchten, konnten sie einen Werbespot drehen, sie konnten nicht entlassen werden, weil die Zuschauer sie ja brauchten, und für das alles gab es sogar noch Fernsehpreise, die die Menschen aus dem Fernsehen einander verliehen, wobei gerechterweise jeder mal drankam. Aber das ist sicher nur die halbe Wahrheit, vielleicht ist es in Wirklichkeit wie bei der kleinen Meerjungfrau, und die Menschen aus dem Fernsehen träumen heimlich davon, wie wir zu sein.

WAS VERPASSEN

Wenn ich etwas im Fernsehen verpaßte, fühlte sich das für mich schlimmer an als im richtigen Leben, denn da bekam man meistens eine zweite Chance. Nur wenige Sendungen, wie «Dinner for One», liefen wenigstens einmal im Jahr, alles andere, was gesendet wurde, verschwand anschließend im Nichts. Von einem Videorecorder konnte man nur träumen! Ich erinnere mich an meinen Kummer, weil ich ausgerechnet die «Na sowas!»-Folge mit Klaus Kinski verpaßt hatte. Es half auch nichts, mir in der Schule erzählen zu lassen, wie Kinski das Gespräch mit Thomas Gottschalk, der die Sendung moderierte, verweigert hatte, es mußte ein abenteuerlicher Fernsehmoment gewesen sein, ich konnte mir das nicht verzeihen! Noch schlimmer war es, daß ich, nachdem ich bis dahin jede «Wetten, dass ..?»-Ausgabe gesehen hatte, ausgerechnet die verpaßte, in der Otto zu Gast war. Hatte ich im Koma gelegen? Die Kombination von Otto und «Wetten, dass ..?», das war wie Brasilien gegen Argentinien, wie ein Beatles-Konzert mit den Stones als Vorband, wie ein Mauerfall an meinem Geburtstag (was ich dann auch verpaßte, weil ich an dem Tag bei der Armee war). Nun hat mir meine Tochter erzählt, daß es vor kurzem ein «Wetten, dass ..?»-Revival gab, das ich verpaßt habe! Sie meinte, ich könne die Sendung ja «in der Mediathek» ansehen. Das würde sich für mich aber falsch anfühlen, wie Erdbeeren zu Weihnachten. Fernsehen muß vergänglich sein, wie die Kirschblüte, man muß Augenzeuge eines unwiederbringlichen Moments werden. Im Vogtland, wo wir immer die Winterferien verbrachten, kam das Dritte Programm vom Bayerischen Rundfunk, und der brachte, anders als unser geliebter NDR, den wir in Berlin empfingen, sonntags nicht «Formel 1» mit Peter Illmann. Die Bayern hielten anscheinend Popmusik für gefährlich. Ich verpaßte also jedes Jahr zwei Folgen dieser lebenswichtigen Sendung, einer der wenigen, in der damals Musikclips gezeigt wurden und man Bands, die man im Radio hörte, *sehen* konnte. Weil ein Bekannter behauptet hatte, die Sendung zu Hause empfangen zu können, wanderten mein Bruder und ich abends viele Kilometer auf der Landstraße ins Nachbardorf, setzten uns in einer dunklen, stickigen Stube, in der der mißmutige Vater rauchte, vor den Schwarzweißfernseher und hofften auf «Formel 1». Die Stimmung war gedrückt, denn im Jahr davor hatte sich die Mutter umgebracht, zudem hatte der Opa eine Affäre und saß wegen Hüftschmerzen am Ofen. Die weinende Oma stellte uns Schmalzstullen hin, und wir hofften verzweifelt auf «Formel 1». Ohne Depeche Mode gesehen zu haben, mußten wir durch den Schneesturm zurückwandern. Heute denke ich, daß es gut war, als Kind noch die Erfahrung gemacht zu haben, etwas im Fernsehen zu verpassen.

FARBE

Ich freue mich immer, wenn ich eine Möglichkeit entdecke, Geld zu sparen, zum Beispiel, indem ich beim Einkaufen die grünen Stengel der Rispentomaten vor dem Wiegen entferne, beim Knäckebrot die flache Seite schmiere, weil auf der anderen Seite so viel Belag in den Kuhlen verschwindet, alte Kalender kaufe und das Datum mit Hand ändere. Statt Nagellack zu benutzen, kann man zu enge Schuhe tragen, bis sich die Zehennägel blau färben, und beim Nachdenken kann man sich angewöhnen, das Schreibtischlicht zu löschen. Für die Generation, die noch den Krieg erlebt hat, war solche Sparsamkeit, die heute als Geiz gilt, selbstverständlich; so erklärte Tante Lore aus Köln meinen Eltern einmal, sie würden sich erst einen Fernseher leisten, wenn der Farbfernseher erfunden wäre, denn dann würden sie einfach einen Schwarzweißfernseher kaufen, die ja dann sicher billiger würden. Tante Lore und ihr Mann aßen auch, wenn sie in die Toskana fuhren, nach der Ankunft eisern ihre für unterwegs geschmierten Stullen auf, bevor sie sich der italienischen Küche widmeten. Meine Tochter erklärte mir, nach Partynächten kaufe man sich als mittelloser Schüler heutzutage am Dönerstand «Saucenbrot», also einen Döner *ohne Inhalt*, nur mit Sauce, für 1 Euro. Ich habe im Wanderurlaub in Frankreich einmal an einem Stand eine Pizza ohne Belag bestellen wollen, weil ich noch

Salami im Rucksack hatte, aber der Verkäufer lehnte das erbost ab. Leider gibt es solche Möglichkeiten, auf überflüssige Features zu verzichten und dadurch Geld zu sparen, viel zu selten. Ich wäre bereit, von Berlin bis Innsbruck im Zug zu stehen, wenn ich dafür nur einen Stehplatzpreis bezahlen müßte wie in der Oper (ich würde sogar Kaffee austragen, wenn es dann noch billiger wäre). Ich finde, als Schwerhöriger müßte man in Konzerten Ermäßigung bekommen, man hört ja weniger, und wenn man im Kino die Augen schließt, müßte der Film weniger kosten, vielleicht sogar noch weniger, wenn man vor dem Ende geht. Meine Oma mußte angeblich, weil sie Witwe war, keine Rundfunkgebühr bezahlen, deshalb stellte ihre Tochter, bei der sie lebte, den Fernseher in ihr Zimmer, und alle kamen zu ihr gucken, mein Opa war also nicht umsonst gefallen. Wenn Rentner generell keine Rundfunkgebühr bezahlen müßten, würden sie vielleicht weniger vereinsamen, weil nicht nur die Angehörigen, sondern auch Nachbarn aus dem Haus zu Besuch kommen würden, um beim Fernsehen Geld zu sparen, es würde wieder menschlicher zugehen zwischen den Generationen.

CLÁSICO

Wenn ich nicht einschlafen kann, rechne ich manchmal aus, wie viele Stunden meiner Lebenszeit ich schon mit Fernsehfußball verbracht habe, ich bin dabei nie zu einem Ergebnis gekommen, weil die Rechnung so kompliziert ist, aber ich glaube, es muß sich auf Monate summieren, in der Zeit hätte man auf jeden Fall promovieren können, sogar ohne abzuschreiben. Deshalb sehe ich es kritisch, wenn mein Sohn sich jetzt auch schon für Fußball interessiert («Weißt du, daß es einen Verein gibt, der ‹Russia Mönch Gladbach› heißt?»), mir tut es um seine Lebenszeit leid, er soll es schließlich besser machen als ich und sich alle meine Träume erfüllen. Aber leider kann ich ihn nicht zu Hause unterrichten, durch die allgemeine Schulpflicht kommt er ständig mit Gleichaltrigen in Kontakt und hat von ihnen nicht nur in kürzester Zeit die «LOL-Digger-Hops-genommen»-Sprache gelernt, sondern er will auch wie sie Fußball gucken, sie haben sogar schon einen Verein gegründet («FC Bayern Berlin»), trainiert werden sie von einem älteren Mitschüler, weil der sich am besten mit Fußball auskennt, das heißt, er weiß, welcher Spieler in welchem Verein spielt und wie viele Millionen er gekostet hat und wie welcher Spieler beim Torerfolg jubelt. Leider wird auch bei jeder anderen Gelegenheit gejubelt, wie es angeblich Ronaldo tut, ständig stellt sich mein Sohn jetzt steif hin und röhrt in einer unmenschlichen Tonlage: «Huuuh…!!!» Um mich bei meinen Kindern beliebt zu machen, habe ich sie Dortmund gegen Bayern gucken lassen, sie waren so voller Vorfreude («Huuuh…!!!»), daß sie alle Kuscheltiere, die sie in Verschenkekisten gefunden haben, auf einer Matratze aufgebaut haben, um sie mitgucken zu lassen. Die wunderschöne Puppe aus Bad Kösen, die ich meiner Tochter für über 100 Euro gekauft habe, damit sie später mal Designerin oder Künstlerin wird, die sie aber nie wirklich ins Herz geschlossen hat, wirkte wie von einer Horde gift- und neonfarbiger Glubschaugenmonster entführt. Zu allem Unglück hatten wir an dem Tag auch noch Schulfreunde zu Besuch, sie fühlen sich wohl bei uns, weil sie jedes Mal zwei Gläser vom guten Barilla-Pesto vertilgen dürfen und weil ich so lustig bin («Du bist OP», sagte der eine. «Was?» «Ultrakrass overpowered.» Das ging mir runter wie Öl!) Die meisten waren für Bayern, allerdings nur, weil Haaland, der bei Dortmund spielte, «voll häßlich» sei («Huuuh…!!!»). Mein Sohn hat seit der EM ein eigenes Idol: «Spielt Rü-Digger mit?» «Nein, der spielt doch bei Deutschland.» «Spielt Deutschland denn nicht in der Bundesliga?» «Ja, aber Bayern spielt in der Champions League.» «LOL, ich hab mich grad voll selbst hops genommen.» «FC Bayern, stinkt nach Eiern.» «Jungs, wie wär's, wenn wir nur eine Halbzeit gucken und lieber noch mal ‹Uno› spielen?» «LOL, Digger.»

INSOMNIE

Als Vater muß ich mir nicht nur merken, was meine Kinder nicht essen, sondern auch, wovor sie sich gruseln. (Meine Tochter ißt keine Nudeln mit Tomatensauce, Nudeln *ohne* Tomatensauce oder Tomatensauce *ohne* Nudeln aber durchaus! Und meine Schwiegermutter sagt, wenn wir die «Küchenschlacht» gucken, bei fast jedem Gericht: «Das sieht ja eklig aus!») Mitten in der dritten Folge von «Luzie, der Schrecken der Straße» mußten wir die Serie «absetzen», weil meine Tochter sich vor den Knetfiguren Friedrich und Friedrich gruselte, wir guckten stattdessen «Die Olsenbande fährt nach Jütland», und die deutschen Torpedos, die auf Schienen durch Bunkeranlagen aus dem Zweiten Weltkrieg fuhren, gruselten sie kein bißchen. Mich dagegen gruseln die Frauen, die bei «Shopping Queen» mitmachen («Ich frage mich, was diese Stola *textil* für dich tut?»), weil man davon ausgehen muß, daß sie wählen gehen dürfen und das womöglich auch tun! Leider guckt meine Freundin die Sendung abends nach der Arbeit gerne in der Mediathek («Hat die denn so spät noch offen?» fragte ich sie beim ersten Mal ahnungslos), und ich ringe mit dem Schlaf, der mich einfach nicht erlösen will, während ich bei unseren Yoga-Sitzungen mit Anna Trökes *immer* einschlafe. Meine Freundin hatte einmal einen Chef, der zu Weihnachten für alle Mitarbeiter «faire Nikoläuse» besorgte und, weil er Narko-

213

leptiker war, manchmal in Videokonferenzen einschlief, sogar, wenn er sie selbst leitete. Sie wurde dann von Kolleginnen angerufen und gebeten, sich bei ihm ins Büro zu schleichen und ihn unterm Tisch anzustupsen. Mir war es früher immer peinlich, im Theater einzuschlafen, weil die Schauspieler einen ja sehen konnten und dann bestimmt traurig waren, obwohl es ja nicht ihre Schuld war, wenn das Stück langweilig war und die Luft so schlecht. Aber ich hatte immer Angst davor, eines Tages einmal davon aufzuwachen, daß es seit einer Weile ganz still im Saal war, und festzustellen, daß Schauspieler und Zuschauer mich vorwurfsvoll ansahen. Ich genieße es deshalb, daß ich beim Fernsehen schlafen kann, ohne dadurch jemanden zu verletzen. (Zum Glück wird ja niemand rumgeschickt, um bei den Zuschauern Stichproben zu machen!) Eigentlich ist es erstaunlich, daß keine Fernsehsendungen produziert werden, die dafür gedacht sind, Menschen mit Schlafstörungen zum Einschlafen zu verhelfen (gerade jetzt, wo man wegen Corona so schwer ins Theater kommt!), obwohl das Medium sich so gut dafür eignen würde, und wo doch so viele Fernsehsendungen produziert werden, die genau das bewirken, aber eben ohne es darauf anzulegen. Wenn jemand zu mir sagen würde: «Sie sind mein Lieblingsautor, durch Ihre Bücher habe ich meine Schlafstörungen überwunden», wäre ich nicht beleidigt, Hauptsache, es kann überhaupt jemand etwas mit meiner Arbeit anfangen!

PAN TAU

Als Kind empfand ich meine späte Geburt nicht als Gnade, denn von den meisten Serien hatte ich die ersten Folgen verpaßt, und anders als in der Schule, gab es im Fernsehen kaum Wiederholungen. Meister Nadelöhr hatte sich schon aus dem Märchenland zurückgezogen, ich hatte die Enterprise nie von der Erde starten gesehen und wußte nicht, wie Alf dort gelandet war, ich war nicht dabei gewesen, als Maja aus ihrer Wabe geschlüpft war, die Sesamstraße befand sich schon nicht mehr in New York, sondern wurde von deutschen Schauspielern moderiert, und ich hatte natürlich auch nie die ersten Folgen von «Pan Tau» gesehen und immer gerätselt, wer dieser Mann mit Melone und Nelke im Knopfloch war. Es bedeutete mir also viel, diese Wissenslücke gemeinsam mit meinen Kindern, die sie noch gar nicht hatten, schließen zu können, indem wir uns die DVD ansahen. Gleich in der ersten Folge sieht man eine Reihe von Raketenstarts, eine Musicalnummer in einem tschechischen Hundesalon, einen Pudel mit Hackenschuhen, die Befreiung von Dutzenden Hunden aus einem finsteren Zwinger und Pan Taus winziges Raumschiff «Tau-01», denn er ist, wie ich nun weiß, ein Außerirdischer, obwohl er gar nicht so aussieht wie Mork vom Ork, Alf, E. T., Fred vom Jupiter, Chewbacca oder Mr Spock. Während die Außerirdischen in «Louis und seine außerirdischen Kohlköpfe» von einem Kohlsuppen-Furzkonzert auf die Erde gelockt wurden (bis dahin hatte ich noch nie so etwas Komisches gesehen), ist es hier ein Kind, das weint, weil es einen neuen Schlitten hat, aber nicht genug Schnee liegt. Daß dann aus dem Nichts ein stummer Herr mit Melone auftaucht, der dem Kind und seinen Freunden einen Tunnel in einen Schneehügel zaubert, durch den sie in ein Wintersportgebiet gelangen, um mit ihm dort Schlitten zu fahren, würde heute sicher als problematisch empfunden. Eines meiner großen Aha-Erlebnisse im Leben war, als ich eines Tages nach Prag fuhr und lernte, daß «Pan» auf Tschechisch «Herr» hieß, neben «Ahoj!» kannte ich also schon ein weiteres tschechisches Wort, in der Sprachdidaktik nennt man so etwas eine «Verfrühung» (vielleicht erfahre ich auch noch irgendwann, was «Enterprise», «Miami Vice» und «Beverly Hills» bedeutet). Die Ähnlichkeit zwischen Pan Tau und seinem Zwillingsbruder Johannes Paul II. war verblüffend, zudem waren beide ledig, guckten freundlich und konnten im Notfall zaubern. Oder handelte es sich gar nicht um Zwillinge, sondern um ein und dieselbe Person? Wenn ich es mir überlege: Pan Tau verschwand genau in dem Jahr vom Bildschirm, als «Pan Papst» dort auftauchte, und seit der Papst gestorben ist, gibt es im Winter ja auch keinen richtigen Schnee mehr!

SCHULWEG

Neuerdings will mein Sohn nicht mehr mit dem Kastenfahrrad zur Schule gebracht werden, sondern die Strecke alleine mit der Straßenbahn fahren. So hat er weniger Streß, weil er mit mir immer fürchten mußte, zu spät zu kommen. Ich habe oft über den weiten Schulweg gejammert, aber schon fehlt mir die Routine, der Kleinkrieg mit den Autofahrern, das ehrgeizige Überholen anderer Fahrradväter, der Kampf gegen die Uhr (ich habe sogar mit der Gartenschere eine Hecke am Weg beschnitten, um dort leichter um die Kurve zu kommen). Rückwärts mußte ich manchmal gleich vier Kinder transportieren, weil Freunde dazugekommen waren, die Spaß daran hatten, Passanten «anzugrunzen». Meine Gefühle erinnern mich an meine Betroffenheit über einen Film im Fernsehen, der mir als Kind das Herz gebrochen hat, natürlich weiß ich nicht, wann ich ihn gesehen habe oder wie er hieß, es hat sich mir nur eine Szene eingeprägt. Es war ein alter Film in Schwarz-Weiß, eine (ich glaube sehr arme) Mutter erschien vor der Schule, in die ihr Sohn ging, um ihm über den Zaun sein vergessenes Schulbrot zu reichen, ihm ist das Erscheinen seiner Mutter und ihr schäbiges Aussehen so peinlich, daß er sie vor seinen Mitschülern verleugnet. Ich glaube, im selben Film kam dann unverhofft Geld ins Haus, das dem Sohn ein Studium oder ähnliches ermöglichte, aber er freute sich nur so lange, bis er erfuhr, daß seine Mutter, um ihn zu unterstützen, ihre Netzhaut verkauft hatte und jetzt blind war. Und nun komme ich mir vor wie die Mutter in diesem Film, deren bedrückende Liebe und deren Armut dem Sohn so peinlich ist, daß er lieber hungert, als von ihr vor den Augen seiner Mitschüler umsorgt zu werden. Ich hatte mich doch gerade erst an die Schule gewöhnt, und nun soll ich nicht mehr hindürfen? (Außer zum halbjährlichen Putzen des Gebäudes, zu dem die Eltern verpflichtet sind.) Ich soll am «mood board» neben dem Eingang keinen Smiley mehr hinterlassen? Nicht mehr den Flohwalzer hören, der von zahlreichen Schülern am Klavier im Foyer ständig gespielt wird? Keinen Trost mehr aus dem Anblick der müden Gesichter der überforderten Eltern ziehen? Vielleicht finde ich unter ihnen Leidensgenossen, und wir tun uns zusammen, um weiterhin zur Schule zu fahren, ohne unsere Kinder, um wenigstens das Gefühl zu haben, in ihrer Nähe zu sein, wir könnten ja untereinander die Schulbrote vom Vortag tauschen, die die Kleinen verschmäht haben, die Möhrchen sind zwar meist schon ein bißchen weich, schmecken aber noch, und Brot soll ja sogar bekömmlicher sein, wenn es nicht mehr ganz frisch ist.

OPIKRON

«Von wem bist du der Opa?» fragte mich neulich ein Kind, als ich meinen Sohn von der Schule abholte. Sehe ich so alt aus? Ich habe mir doch gerade erst die neue «Tocotronic» bestellt! Dann bin ich auch noch zu Hause barfuß auf den Dorn eines Faultier-Ansteckers getreten und mußte ihn mir aus der Sohle ziehen wie der «Dornauszieher», diese antike Skulptur, die das einzige Objekt war, mit dem mich unsere Eltern am Wochenende ins Pergamon-Museum locken konnten. Was man in der Zeit alles im Fernsehen verpaßte! Gerade sonntags lief doch manchmal «Charlie Brown». Ich verstand zwar selten, worum es in der Serie ging, vor allem in der Folge, die sich um etwas drehte, was sich «Valentinstag» nannte, aber das war bei Zeichentrick egal, ich guckte trotzdem. Aus einer Verschenkekiste habe ich jetzt eine Charlie-Brown-Figur gerettet (mein Sohn findet, er sehe wie Toni Kroos aus, den er, weil er komischerweise nicht mein Berlinern, sondern den Dialekt seiner Mutter annimmt, «Groß» ausspricht.) Ich habe die Figur repariert (in Wirklichkeit ja nur Batterien eingesetzt, aber das muß ja keiner wissen), und jetzt sagt Charlie, wenn man auf sein gezacktes Pullovermuster drückt, abwechselnd «Du liebe Zeit...» und «Ich krieg das hin!». Man lernt so viel aus Dingen, die man noch nicht versteht! Zum Beispiel hatte ich in der Schulzeit einen Pullover aus dem Westen, auf dem «fragile» stand, weswegen ich den Spitznamen «Fraggle» bekam, es wußte ja niemand, was «fragile» hieß und wie man es aussprach (sonst hätte ich mich gefragt, warum Sting in «Fragile» über meinen Pullover sang). Auch die «Fraggles» liefen sonntags (irgendwie kann das nicht sein, aber ich bilde mir ein, daß *alle* guten Serien am Sonntag liefen, genau in der Zeit, wenn ich mit meinen Eltern die Museen auf der Museumsinsel abklapperte). Meine Freundin hat mir erzählt, daß sie beim Lesen der Hörzu immer über die Serie «Agentin mit Herz» gestolpert ist, weil sie das Wort nicht kannte und es endbetont, also «Agent*in* mit Herz» aussprach. Ich konnte ihr erklären, daß Agenten und Agent*ine* Bewohner von «Agentinien» sind, dem Land, in dem sich traditionell untergetauchte Nazis und Stasi-Spitzel niederlassen (während in Bra-silien der BH erfunden wurde). Ich kann das Kalauern nicht lassen, dabei hatte ich ihr versprochen, ein besserer Mönch zu werden, vielleicht habe ich schon die Opikron-Variante. Ich bin ja eigentlich geimpft, das kleine Pflaster klebt seit zwei Wochen an meiner Schulter, ich überlege, ob ich es bis zur nächsten Impfung einfach dort lasse, so wie die Jugendlichen ja auch immer ihre Festival-Armbänder vom Sommer noch ewig tragen.

KONDENSWASSER

Weil meine Freundin manche Konsonantenverbindungen süddeutsch ausspricht, verstehe ich immer, daß die Kinder noch den «Morgengreis» verpassen werden, wenn wir weiter so trödeln. Ich denke dann, ich sei gemeint, denn wie ein Greis fühle ich mich zur Zeit am Morgen. Bevor sie geht, bekomme ich noch so viele Aufgaben zugerufen, daß ich Angst habe, sie bis zu ihrer Rückkehr nicht zu schaffen, das neueste ist, daß ich jeden Morgen das Kondenswasser von den Schlafzimmerfenstern wischen soll, damit sich auf der Silikonfuge kein Schimmel bildet. Müßte das nicht eigentlich der Architekt machen? Der auch zu verantworten hat, daß es immer aus dem Ventilator im Bad tropft? (Es scheint unmöglich, diesen Mangel zu beheben, ohne das Haus abzureißen.) Wir versuchen ja, unsere Kinder so lange wie es geht von allen Bildschirmen fernzuhalten, damit sie die Natur lieben lernen und später einmal so glücklich werden wie wir, aber schon beim Frühstück erwische ich meinen Sohn, der sich die digitale Steuerungseinheit der Wohnung geschnappt hat, mit der ich mich bis jetzt noch gar nicht richtig auseinandergesetzt habe, und auf dem Bildschirm rumwischt. Weil wir keine Computerspiele haben, öffnet und schließt er mit der Steuerung immer wieder das Fenster im Bad, er hat sogar schon rausgefunden, wie man im System die Zimmer umbenennt, sie heißen jetzt nach

Spielern von Bayern München. Was ist es nur, das Bildschirme so attraktiv für Kinder macht? Während wir immer mehr Fernbedienungen besitzen, zu denen es gar keine Geräte mehr gibt? Der Rattenfänger von Hameln hätte heute mit seiner Flöte das Nachsehen. Die Steuerung verweigert manchmal das Öffnen der Fenster und begründet das damit, daß es draußen regne, das ist praktisch, man muß gar nicht mehr aus dem Fenster sehen, um das festzustellen. Nicht nur unsere Telefone, auch unsere Wohnungen werden immer «smarter», ich möchte nicht wissen, was sie insgeheim über uns denken, wo schon die Heizungsanlage mich im Schach besiegen würde. Zur Zeit verabredet sich mein Sohn fast jeden Tag nach der Schule mit Freunden, und ich muß ihn abends an allen Enden der Stadt aufsammeln. Wir hatten uns schon gefreut, daß er so viele Freunde hat, bis wir feststellten, daß er immer nur zu Kindern geht, die ein eigenes Tablet haben und damit ins Internet dürfen. (Wir haben kein «Tablet», wir nehmen lieber Tabletten.) «Hast du das Kondenswasser abgewischt?» fragt mich meine Freundin per SMS. «Ich dachte, ich soll welches kaufen?» «Nein, das war Kondensmilch.» «Da hätte ich ja lange suchen können bei Rewe...» «Und vergiß nicht, Müller und Kimmich zu lüften, bevor du gehst.» «Darf ich dafür einfach die Fenster aufmachen?» «Nicht bei Kimmich! Da klemmt der Griff, das geht nicht wieder zu.» «Läuft dieser Architekt eigentlich noch frei rum?»

ROSENMONTAG

Darf man in Zeiten einer Pandemie und während Putin die Ukraine angreift, lachen und Rosenmontag feiern? Ich finde, man muß es sogar, also nicht Rosenmontag feiern, aber lachen, das eine hat ja mit dem anderen nichts zu tun. Wenn man immer, wenn Menschen anderen Menschen Leid zufügen, nicht mehr lachen dürfte, dann wäre das Lachen in den letzten zehntausend Jahren verboten gewesen. Sollte es helfen, auf Humor zu verzichten, um Kriege zu verhindern, wäre ich natürlich der erste, der bei keinem Witz mehr eine Miene verziehen würde. Ich kann eben nur nicht erkennen, was ausgerechnet Rosenmontag mit Humor zu tun haben soll. Als Kind habe ich begeistert im Westfernsehen zugeguckt, wenn «drüben» Rosenmontag gefeiert wurde, weil ich es nicht fassen konnte, wie viele Bonbons dort in die Menge geworfen wurden, man mußte nur einen Einkaufsbeutel aufhalten, um bis Weihnachten versorgt zu sein. Die Erklärung für diese paradiesischen Zustände war, daß es sich bei den sogenannten «Kamellen» um unsere DDR-Bonbons handelte, die billig eingekauft worden waren (oft löste sich das Papier nur schwer vom Bonbon, ich lutschte DDR-Bonbons deshalb einfach mit Papier und spuckte es hinterher aus). Es wurden auch überlebensgroße Pappmachéfiguren von Politikern in peinlichen Posen durch die Straßen geschoben, am Rosenmontag durfte man im Westen die Unterdrücker kritisieren. Ältere Herren mit bunten Hüten schunkelten auf Emporen, während uniformierte Mädchen an ihnen vorbeimarschierten und ihre nackten Beine in die Luft warfen. Muß diese Veranstaltung, die die Menschen für ein Jahr harter Arbeit und Entbehrungen entschädigt, wirklich wegen Putins Humorlosigkeit ausfallen? Das ist schlimm, denn jetzt muß man diesem Finstermann auch noch dankbar sein! Dabei würde ich ihm einmal unterstellen, daß sein eigentliches Ziel beim Einmarsch in der Ukraine nicht die Absage des Rosenmontagszugs gewesen ist, obwohl man bei diesem Geheimniskrämer ja nie wirklich weiß, was er im Schilde führt. Ich bin gespannt, ob sich die russischen Soldaten wenigstens in die Armbeuge niesen sowie die Abstandsregeln beachten, die bringen uns schließlich *alle* in Gefahr. Mein Vorschlag, den Rosenmontags-Zug in diesem Jahr zu retten, wäre gewesen, ihn in die Ukraine zu verlegen, der Anblick der schunkelnden und mit DDR-Bonbons um sich schmeißenden Deutschen hätte die russischen Soldaten vielleicht flüchten lassen. Man hätte die russische Armee dafür nach Köln einladen können, um bei uns Rosenmontag zu feiern, statt die Ukraine anzugreifen, Köln würde ihnen sicher viel besser gefallen. Russen können ja ausgelassen feiern, man müßte ihnen nur erklären, daß man bei uns dabei keine Wodkagläser zerbeißt und beim Schießen in die Luft zielt oder wenigstens hinterher seine Leichen selbst wieder wegräumt.

KRIEG IM TV

Wenn die Bildschirme davon berichten, daß in der Welt etwas Wichtiges passiert, stellt sich mir immer die Frage, wieviel ich mir davon ansehen muß oder kann. Wieviel Zeit müßte ich dafür aufbringen, mir eine eigene Meinung zu bilden, statt auf Journalisten, Politiker oder Freunde zu vertrauen? Ich studiere ja immer noch den Jugoslawien-Krieg, und mit dem Zweiten Weltkrieg werde ich mich auch mein Leben lang befassen. Wenn wir das bedingungslose Grundeinkommen hätten, könnte ich mich vielleicht sogar noch dem Nahost-Konflikt widmen. Dabei habe ich den Verdacht, daß ich ohnehin warten muß, bis die Schriftsteller sich mit ihren Romanen zu Wort melden, um mehr zu verstehen. («Krieg und Frieden» ist fünfzig Jahre nach dem Feldzug Napoleons gegen Rußland erschienen.) In meiner Kindheit wurden wir täglich darüber informiert, auf welche qualvolle Weise wir den Atomtod sterben würden. Einmal sah ich morgens vorsichtig durch die Gardine und war darauf gefaßt, daß in unserem Viertel nur noch Ruinen stehen würden. Schuld war der amerikanische Präsident, während wir sangen: «Meinst du, die Russen wollen Krieg?» Vor dem Einschlafen formulierte ich lange Briefe an Jimmy Carter, um ihn zu überreden, seine Raketen abzuschaffen, die Russen würden das dann sicher auch tun. Niklas Luhmann sagt, er sehe nicht, warum Abrüstung friedensfördernd sein solle, ohne Waffen würden die Menschen eben wieder mit Obstmessern aufeinander losgehen. Seuchen durch antibiotika-resistente Erreger hielt er für wahrscheinlicher als einen Atomkrieg. Wie viele Jahre müßte ich welche Fächer studieren, um mich zu so einer robusten Meinung hochzuarbeiten? Im Moment soll ich mich freuen, daß die Deutschen endlich wieder aufrüsten wollen. Darüber muß ich erst ein paar Jahre nachdenken. Mein Sohn hat von älteren Mitschülern aufgeschnappt, daß der Dritte Weltkrieg ausbrechen wird, und weint deshalb abends im Bett. Ich versuche ihn zu trösten, indem ich ihm sage, daß die Ukraine weit weg ist, obwohl das gar nicht stimmt. In «Bullerbü» lesen die Kinder dem halbblinden Großvater aus der Zeitung vor, und dort ist von Krieg die Rede. «Wenn der Krieg nun mal hierherkommt und Bullerbü kaputtmacht?» «Der liebe Gott wird seine Hand sicher über unser kleines Bullerbü halten», sagt der Großvater. Ich wäre froh, wenn ich noch an Gott glauben könnte, dann müßte ich meine Kinder nicht belügen, um sie zu trösten.

PAN TAU 2

Meine Kinder sind so vernarrt in Tiere, daß sie Putin «Butin»
nennen, weil sie finden, daß sein Name sonst ein schlechtes
Licht auf alle Puten wirft, unschuldige Wesen, die nie einen Krieg
beginnen würden. Wenn ich Putin sehe, leide ich immer mit
dem verletzten Kind, das in Männern wie ihm gefangen ist. Erwachsene erzählen sich ja gerne die Geschichte, daß Kinder von
Natur grausam seien und «Erziehung» brauchen, in Wirklichkeit
sind die Erwachsenen das Ergebnis der Gewalt, die ihnen als
Kind zugefügt wurde. Kinder sind für mich deshalb das einzige
Publikum, das mich wirklich reizt. Ich bin froh, daß meine Kinder noch in einem Alter sind, in dem ich mitbestimmen kann,
was sie lesen oder gucken, bevor sie für ein paar Jahre unter der
Müllawine der Kulturindustrie, die ja eigentlich nur eine endlose Marketingkampagne ist, vergraben sein werden. Wir gucken
immer noch die erste Staffel von «Pan Tau» von 1970, die mich
überrascht und begeistert, weil sie so unaufdringlich avant-
gardistisch ist, voller Situationskomik, meist sind Erwachsene
die Opfer. Die siebziger Jahre wurden in der Tschechoslowakei
die Zeit der «Normalisierung» genannt, nachdem die russischen
Truppen den Prager Frühling gewaltsam beendet hatten und die
meisten regimekritischen Intellektuellen und Kulturschaffenden
in Fabriken gesteckt wurden oder als Straßenkehrer arbeiteten.

Mein in Prag geborener Kollege Jan Faktor verachtet das tschechische Kulturschaffen dieser Zeit, dabei sind darunter eine ganze Reihe von Filmen und Serien für Kinder, die das meiste von dem, was heute bei uns produziert wird, weit überragen. Es ist sicher kein Zufall, daß in einer Zeit von Repression und Stagnation das Kinderprogramm zu einer Nische wurde und Poesie zur Subversion. Der freundliche und humorvolle Pan Tau ist ein Erwachsener, der konsequent schweigt und die Kinder zu Wort kommen läßt. Er lehrt einen reichen Großvater, daß seine Enkelin lieber mit ihm durch die Gegend vagabundieren will, als mit Spielzeug überschüttet zu werden, er verwandelt das Auto eines kinderfeindlichen Taxifahrers in eine tückische Slapstick-Maschine, bis der Mann geläutert ist, er hilft einem Kind, das sich in seinem Neubaugebiet, wo alle Wohnblöcke gleich aussehen, verlaufen hat, sein Haus zu finden. Und alles ohne jeden Hinweis, wer er eigentlich ist. Meine Freundin sieht es kritisch, daß ich mit den Kindern «fernsehe», sie will lieber, daß wir mit ihnen zum «Aiki-Yoga» gehen (erst hatte ich «Alki-Yoga» verstanden), einer Mischung aus Aikido und Yoga, weil das das «Selbstgefühl» der Kinder stärken würde. Ich habe ihr, nachdem ich den Frauentag leider vergessen hatte, nachträglich eine gelbe Blume geschenkt, die mein Sohn für sie ausgesucht hat, weil er ihren Geschmack besser kennt, wie mußte ich lachen, als sich herausstellte, daß es eine Mimose war!

LICHTVERSCHMUTZUNG

Das Geräusch meines Siemens-Heizlüfters, den ich mir 1990 gekauft habe, weil es damals in Berlin eine Zeitlang keine Kohlen gab, und weil mein Ofen undicht war, weswegen es in der Wohnung manchmal fürchterlich nach Schwefel stank, erinnert mich an diese Jahre, als die Russen noch in Ostdeutschland saßen und man es kaum zur Kenntnis nahm, außer wenn sie irgendwo die Straße für eine Lkw-Kolonne sperrten. Heute wäre es schwer vorstellbar, daß auf einem Heizlüfter «Made in Germany» steht und nicht «Made in China», aber ich habe auch nicht vor, mir noch einmal einen neuen anzuschaffen, meiner scheint ja unsterblich zu sein. Ich muß ihn wieder benutzen, weil meine Therme kaputt ist und es unmöglich scheint, für so einen Auftrag einen Handwerker zu begeistern. Einmal sollte ich auf so einen Herrn warten, von 17 bis 24 Uhr, genauer konnte man das nicht verabreden. Ich wartete also bis Mitternacht und hielt mich dabei mühsam wach, niemand kam. Da ich keinen Kohleofen mehr habe (war es schlau, die überall rauszureißen?) und das Gas teurer wird, was ich an sich begrüße, muß ich wohl oder übel die Laufzeit meines Atomkraftwerks verlängern, oder ich mache es wie mein sparsamer Onkel, der sich aus Marokko eine Art Burka mitgebracht hat, um sie im Winter zu Hause bei der Arbeit zu tragen. Das für die Heizung gesparte Geld schickte er dann an eine Schule in Tansania, am Ende sogar mehr, als er an Rente bekam. Er hieß auf seiner Arbeitsstelle der «Friedens-Schmidt», weil er sich als Kriegskind sein Leben lang wie besessen für den Frieden eingesetzt hat, dafür schrie er manchmal den Fernseher an, wenn er mit etwas nicht einverstanden war, weswegen seine Frau ihm zum achtzigsten Geburtstag ein «Glücksbuch» schenkte, in das er jeden Tag eintragen sollte, was ihm Gutes widerfahren war. Es gab bei der Feier auch für jeden ein Gläschen Lebertran, den er und seine Geschwister begeistert tranken, weil es Kindheitserinnerungen weckte. Meine Kinder schließen nie die Türen hinter sich, weswegen es immer zieht, ich schreie dann: «Die Tür!» und gelte deshalb bei uns als «unfreundlich». Ich bin zwar mit Zentralheizung aufgewachsen, im Plattenbau, man regulierte damals die Temperatur durch Öffnen der Fenster, während im Fernsehen Tips zum Stromsparen gesendet wurden: «Gewußt wie, spart Energie!» Aber die Jahre, die ich anschließend im Altbau lebte, mit Außenklo, Waschlappenwäsche und Kohlenschleppen, waren lehrreich für mich, inzwischen klagt die Jugend eher über «langsames Internet». In meiner Kindheit ging unser Hausmeister abends durch die Schule und löschte überall das Licht, während viele Gebäude heutzutage nachts beleuchtet werden, manche sogar von außen. Vielleicht verhilft die Angst vor Putin uns zu weniger Lichtverschmutzung, man soll ja positiv denken.

GNTM 6

Wir gucken wieder GNTM: «Du hast'n bißchen gebraucht, bis ich so dein Sparkeln gesehn hab in deinen Augen», sagt Heidi, und die Kandidatin entschuldigt sich: «Ich bin halt vor Heidi immer super nervös, ich merk das, wie sich meine Zunge so überschlägt.» «Ist ja witzig, die sieht aus wie wir, wenn wir dick wären», sage ich. «Die hat kein Übergewicht.» «Ja genau, und Obelix ist nur ‹etwas stark entwickelt›. Wer ist eigentlich der Mann in diesem Jahr?» «Ich glaube, die mit den schönen Beinen.» GNTM wird immer «dajvörser». Zuerst gab es unter den Kandidatinnen Frauen, die früher Männer gewesen waren, dann «Oversize-Models» und jetzt sogar eine Ostdeutsche, nämlich Liselotte, eine Dame, die viel jünger aussieht, als wir aussehen werden, wenn wir so alt sind. Meine Freundin ist ganz begeistert von Liselotte: ‹Ist die nicht goldig? Und sieht die nicht *superschön* aus? Die ist über sechzig! Die hat *so* 'ne tolle Ausstrahlung, sogar ungeschminkt!» «Ich find die ganz normal, wie 'ne Ostfrau von früher, die könnte Kassiererin im Konsum gewesen sein oder Deutschlehrerin.» «Die ist so authentisch.» «So waren bei uns früher alle Frauen.» «Es sind aber nicht alle Ossis authentisch.» «Ich erinnere nur an die ersten drei Big-Brother-Staffeln.» «Du kannst gerne an die ersten drei Big-Brother-Staffeln erinnern, aber niemand außer dir wird sich daran erinnern.» «Da haben immer Ostdeutsche gesiegt, das war kein Zufall, das war, weil die Zuschauer sich bei all der Verlogenheit, mit der sie täglich abgefüttert werden, nach ein bißchen Echtheit sehnen.» «Und warum bist ausgerechnet *du* nicht authentisch, sondern autistisch?» «Du weißt gar nicht, welches von beiden Wörtern sich mit und welches sich ohne H schreibt ...» «Ich hatte Latein Leistungskurs!» «Das eine von den Wörtern ist aber griechisch.» «Und du denkst, ich wüßte nicht welches?» «Reingefallen, die sind beide griechisch!» «So arrogant, wie du bist, hättest du bei ‹Big Brother› nie gewonnen.» «Ich würde in *jeder* Fernsehsendung gewinnen, das war schon immer so, seit ‹Der goldene Schuß›. Ich würde sogar bei GNTM gewinnen, so ‹dajvörs›, wie ich bin, unsympathischer ostdeutscher Mann um die fünfzig mit Haarausfall und Bauchansatz, die Jury hätte gar keine andere Wahl.» «Daß Liselotte authentisch ist, hat überhaupt nichts damit zu tun, daß sie aus dem Osten kommt.» «Wer Liselotte heißt, ist quasi dazu verurteilt, sein Leben lang authentisch zu sein.» «Und wer Heidi heißt?» «Die war früher vielleicht auch mal authentisch, als sie noch beim Alm-Öhi gelebt hat, aber dann mußte sie nach Frankfurt am Main und hat sich, um nicht vor Heimweh zu sterben, anpassen und Topmodel werden müssen, aber in ihrem Herzen würde sie lieber mit dem Geißen-Peter und seinen Ziegen über die Wiesen tollen und abends der blinden Großmutter vorlesen.» «Heidi ist aber nicht aus dem Osten.» «Nobody is perfect ...»

HYMNE

Es ist bemerkenswert, wie schnell sich durch politische Ereignisse die Bedeutung von Symbolen ändern kann. Plötzlich ist das «Z» meines Jugendhelden Zorro aus «Western von gestern», das mir mein Vater zum Fasching auf einen schwarzen Umhang genäht hat, diskreditiert, dafür denke ich unwillkürlich an die Ukraine, wenn ich an einer Straßenkreuzung ein blaues Autobahnschild über einem gelben Bundesstraßenschild sehe. «Wir leben in Tagen von Zeychen und Wundern», sang die DDR-Avantgarde-Band AG Geige kurz vor '89 und zeigte dazu einen Super-8-Film, der nur aus einer Abfolge von Symbolen bestand. Da meine Freundin und ich schon alle anderen Fragen vom «Kneipenquiz» durch haben, mußte ich für uns jetzt das Fußball-Spezial besorgen. Es ist deprimierend, festzustellen, wie viele Fragen ich beantworten kann! Bei einer Frage sollte man das fehlende Wort in der Schlagzeile der Bild-Zeitung nach der «EM-Klatsche gegen Italien» ergänzen: «Schon bei der ... haben wir verloren.» Die Lösung war natürlich «Hymne», und die Aussage unterstellte, daß die Mannschaft nicht bereit gewesen sei, alles zu geben, und daß sich das schon im zaghaften Mitsingen der Hymne angedeutet habe. Vielleicht hätte sie sogar, obwohl sie sportlich unterlegen war, gewonnen, wenn die Spieler nur laut genug mitgesungen hätten. Erst seit einigen Jahren, vielleicht seit die Fernsehkamera die Gesichter der Spieler bei der Hymne von Nahem zeigt, wird bei uns darauf geachtet, welche Nationalspieler mit welchem Migrationshintergrund vor dem Anpfiff wie deutlich sichtbar ihre Lippen bewegen. Ich sehe es nicht ungern, wenn jemand die Hymne mitsingt, ich will nur nicht, daß er dazu genötigt wird. Das ist ein Dilemma, denn unsere demokratischen Werte, für die auch die Hymne steht, sind mir natürlich heilig. Wenn man sich dem Bekenntnis dazu aber nicht entziehen kann, ohne damit angeblich das Gegenteil zu bekennen, erinnert mich das immer an den «freiwilligen» Zwang aus meiner Schulzeit, an bestimmten Tagen das FDJ-Hemd zu tragen, wer das nicht tat, zeigte damit, daß er «dagegen» war (auch wenn manche das Hemd erst im Schulklo überzogen oder den Kragen abschnitten und ihn unter ihren Pullover steckten. Ich selbst war aber nicht weniger dogmatisch: Wer das FDJ-Hemd wider spruchslos trug, war für mich abgestempelt). Timothy Snyder schreibt in «Über Tyrannei – zwanzig Lektionen für den Widerstand», daß es ein Merkmal von Diktaturen sei, von ihren Bürgern öffentliche Bekenntnisse von Loyalität einzufordern. Wir leben in keiner Diktatur, deshalb darf man unsere Hymne mitsingen, muß es aber nicht, genau das gilt es zu verteidigen. Snyder nennt noch ganz andere Wege, sich für die Freiheit einzusetzen, zum Beispiel: «Sei freundlich zur Sprache», «Nimm Blickkontakt auf und unterhalte dich mit anderen» oder «Führe ein Privatleben».

HASE UND WOLF

Freundin und Kinder sind auf Mutter-Kind-Kur und haben sich dort mit einer Magen-Darm-Grippe angesteckt, die im Haus umgeht, vielleicht sind es auch Salmonellen oder Legionellen, ich weiß schon, warum ich nicht mitgewollt hätte (obwohl ich gerne gefragt worden wäre). Meine Schwiegermutter wischt ihre Ferienzimmer immer als erstes gründlich mit Sagrotan, was nur dafür sorgt, daß sich multiresistente Keime bilden. Worauf sich meine Freundin zu Hause am meisten freut, ist, wieder etwas Gesundes und Schmackhaftes essen zu können, denn die größtenteils übergewichtigen Kurlauber bekommen nicht etwa Bioessen, oder womöglich sogar etwas Vegetarisches geboten, sondern Vanillepudding zum Nachtisch und jeden Tag Kaffee und Kuchen (dafür gibt es Wassergymnastik und Kurse mit Ernährungsberatung). Mir haben die drei Wochen kaum gereicht, die Wohnung zu putzen. Ich habe immer die Phantasie, in eine Chipfabrik zu ziehen, wo es kein einziges Staubkörnchen gibt, die ja für die winzigen Chips groß wie Felsbrocken sind. Wenn ich bei uns die Staubteilchen in der Sonne glitzern sehe, muß ich immer an die Lüftungsöffnungen in unserem Büro an der Uni denken, um die herum sich die Wand von der eingesaugten Luft schwarz gefärbt hatte, so stellte ich mir mein Gesicht in ein paar Jahren vor, wenn ich weiter dort arbeiten und die Luft einatmen würde. In den Putzmittel-Werbefilmen, die ich in meiner Kindheit ständig gesehen habe, war Sauberkeit gar nicht das Kriterium. Ariel wusch die Wäsche «rein, *porentief* rein». «Rein» ist etwas ganz anderes als «sauber», das nur ein oberflächlicher Eindruck ist, es klingt fast ein bißchen faschistisch. Ich sah immer gerne zu, wie sich die Schmutzfragmente in einer Großaufnahme aus den Wäscheporen lösten und davonschwammen, man durfte nur kein «herkömmliches» Mittel verwenden. Wir kaufen immer Putzmittel mit einem Frosch drauf, weil sich das so anfühlt, als hätte die Natur nichts dagegen. Als Kinder guckten wir die Werbung fast so gerne wie die Filme, nur selten wurde auf «Osten» umgeschaltet, wenn zum Beispiel «Hase und Wolf» lief. Mein Neffe durfte die Serie nicht weiter gucken, weil er im Kindergarten manchmal andere Kinder auf den Kopf haute und seine Eltern meinten, es könnte an dieser Zeichentrickserie liegen, in der es öfter zu Prügeleien kam. Erst als Erwachsener habe ich Sympathien für den Wolf entwickelt, der raucht, Kofferradio hört und auf Parkbänken Gitarre spielt, er ist ein «Gammler», die Russen nennen es «Chuligan», ein Anglizismus, während der Hase mir wie ein streberhafter Jungpionier vorkommt. Wenn es doch so einfach wäre, Frieden zu stiften, indem man seine Kinder nicht mehr «Hase und Wolf» gucken läßt!

PUTZEN

Morgens ziehe ich das Staubsaugerkabel aus dem Gerät, eine Bewegung, als würde ich den Anker einholen, später lasse ich das Kabel per Knopfdruck wieder verschwinden. Leider gibt es so einen praktischen Knopf nicht für alle störenden Dinge im Leben! Das intensive Putzen meiner Wohnung, das ich momentan betreibe, geht fast schon in Restaurieren über. Die Messinggriffe vom Küchenschrank, den ich 1990 im «An- & Verkauf» erworben habe (an der Innenseite einer Tür habe ich den in Sütterlin geschriebenen Namen und die Adresse eines Vorbesitzers entdeckt!), sind eigentlich gar nicht schwarz, sondern strahlen wie Gold. Ich verdanke diese Entdeckung «Elsterglanz», der weißen Putzpaste aus der Metalltube, die es tatsächlich noch zu kaufen gibt! (Mein Vater hat manchmal seine Silberlöffel, die er aus Protest gegen unseren sozialistischen Kunststoff-Staat benutzte, mit «Elsterglanz» geputzt.) Jetzt, wo meine Fensterscheiben wieder durchsichtig sind, mußte ich mich auch dem verstaubten Grill der Heizkörper widmen, den man abmontieren kann, wodurch man die Spinnweben in den Lamellen sieht, in die aber kein Saugrohr reicht. Wie entferne ich den Schimmel aus den Silikonfugen der Fensterscheiben? Wie bekommt man die Rippen im Sisalteppich sauber? Soll ich den Balkonboden mit Grabsteinputzmittel vom Moos befreien? Und wie kommt man hinter die

Heizkörper, ohne sie abzuschrauben? Diese Wohnung ist eindeutig von einem Mann entworfen worden, in einer Zeit, als sich Männer über das Putzen noch keine Gedanken machen mußten. Meine Situation erinnert mich an die der Putzfrau Guadalupe aus der Dokumentation «Koolhaas Houselife». Man sieht sie dort bei ihrer Arbeit im Maison à Bordeaux, einem Haus, das Rem Koolhaas für einen französischen Industriellen gebaut hat. Guadalupe lebt die Woche über mit ihrem Ehemann in der Schöpfung des Stararchitekten, die niemand besser kennt als sie, und putzt. Sie versteht nicht, warum man so baut und wohnen will. Seit der Fertigstellung wird am Haus repariert. Die Tür läßt sich mit einem beleuchteten Joystick-Poller öffnen (außer, wenn er kaputt ist, und einen Schlüssel gibt es nicht). Eine Metalltür reflektiert so stark die Sonne, daß der Rasen davor vertrocknet. Scheiben werden ausgetauscht, weil es reinregnet, aber woher kommt das Wasser? Handwerker wässern zum Test eine Außenwand, und plötzlich tropft es im Wohnzimmer auf den Fernseher. Guadalupe steckt einen Plastikbecher in ein Loch in der Betonwand, ein Trick, den sie erfunden hat, damit es wenigstens in einen Eimer tropft. Sie wuchtet den Staubsauger eine geländerlose, scharfkantige Wendeltreppe hoch. Schon morgens geht Guadalupe einmal die Runde auf der Etage, um die schwere Gardine aufzuziehen, die sie dabei mit beiden Armen umfaßt und schiebt. Die Wände sind komplett verglast. Draußen wiegen sich die Bäume im Wind.

POKALFINALE

Meine Freundin muß sich von ihrer Mutter-Kind-Kur erholen, deshalb ist sie zu ihrer Schwester gefahren, die Trost braucht, weil ihr Kater sich verlaufen hat und dabei umgekommen ist. Von der Kur hat mir meine Freundin für meine Sammlung von Flugzeug-Kotztüten eine Tüte mitgebracht, bei der man den Füllstand auf einer Skala ablesen kann, die Kinder hatten ja Magen-Darm-Grippe. Leider ist in der Schule «Teamtag» die häßliche Schwester vom «Brückentag», an solchen Tagen müssen die Kinder zu Hause bleiben, weil die «Teamer», wie die Lehrer sich hier nennen, auch mal durchschnaufen müssen. Ich lese gerade «Ich will raus aus diesem Wahnsinn», eine Ausgabe von Feldpostbriefen deutscher Soldaten von der Ostfront. Wenn man überall «Stalingrad» durch «langes Wochenende» ersetzt, hat das Buch nichts von seiner Aktualität verloren. Um den Teamtag zu überbrücken, putze ich die Wohnung, neuerdings macht mir das Spaß, vielleicht sollte ich mich selbständig machen und «Kreativen», die ihr Haushalt überfordert, beim Putzen helfen, ich weiß schließlich, worauf es dabei ankommt. Meine Schwester sagt: «Du bekommst doch sicher einen besseren Stundenlohn als eine Putzhilfe», und ich lächle bitter. Ich putze sogar schon bei meinen Eltern, wo es inzwischen schlimmer aussieht als bei mir, ein Zeichen, daß ich erwachsen werde. Aus ihrem Gewürzregal werfe ich DDR-Natron weg, das vier Umzüge mitgemacht hat. Auf den Küchenschränken klebt eine dicke, fettige Staubschicht. «Sagt das doch mal eurer Putzfrau.» «Die kommt da oben nicht ran.» Die Putzfrau stammt aus Moldawien, sie ärgert sich, daß viele der Ukrainer, die jetzt zu ihnen flüchten, angeblich reich seien. Ihnen hätte in Deutschland auch keiner geholfen. Die Amerikaner würden die Ukraine nur unterstützen, damit nicht rauskomme, was für geheime Versuche sie in Tschernobyl gemacht hätten. Wir gucken abends mit meinem Vater das DFB-Pokal-Finale. Ich bin für Freiburg, weil mir Christian Streich so sympathisch ist, der gar nicht wie ein Trainer aussieht, sondern auch ein normaler Mensch sein könnte. Aber zur Not bin ich auch für Leipzig, weil die fundamentalistischen Fußballfans den Klub so hassen. Für sie ist RB Leipzig nur ein «Konstrukt» und kein «Verein», so wie die Ukraine für Putin kein «Land» ist, sondern eine Erfindung. Meinen Kindern ist egal, wer gewinnt, Hauptsache, es gibt Elfmeterschießen, weil sie dann länger aufbleiben dürfen. Sie haben das Wochenende mit mir genossen: «Olsenbande», Spaghettieis, Currywurst mit Pommes, zum Nachtisch für jeden eine Packung Fritt, jetzt sogar Fußball mit Chips. Dafür gab es aber keine Cola, da können sie betteln, soviel sie wollen! Grenzen machen Kinder glücklich, nicht sofort, aber später. «Bei Fritt is' es so, wenn man Orange nimmt, schmeckt dis nach Kotze», erklärt mir mein Sohn, «also nach leckerer Kotze.»

FUSSBALL GUCKEN

Weil wir meinen Kindern nicht einfach alles erlauben, sondern immer erst nach einer langen Diskussion, entwickeln sie ein erstaunliches Geschick im Argumentieren. Neulich ging es um das Champions-League-Finale. «21 Uhr ist einfach zu spät in deinem Alter», sagte meine Freundin zu meinem Sohn. «Aber Mama, jetzt hör doch mal zu, dann machen wir einen Kompromiß, und ich gucke wenigstens die erste Halbzeit.» «Nein! Dann haben wir in der Pause die gleiche Diskussion noch mal.» «Ja, aber das ist doch *jetzt* egal.» «Das ist einfach zu spät für dich, und du hast schon letzte Woche bis halb zwölf das Pokalfinale gucken dürfen, und morgens bist du trotzdem um sieben aufgestanden. Kinder *brauchen* ihren Rhythmus.» «Aber wenn Papa guckt, ist das *ungerecht*.» «Papa ist auch schon erwachsen.» «Ich durfte als Kind immer nur die erste Halbzeit gucken», sage ich, «und wir hatten nur Schwarzweiß! Außerdem gab es nur ganz selten Zeitlupen.» «Und trotzdem hast du ihm letzte Woche das Pokalfinale erlaubt!» «Man kann ja nicht immer alles verbieten.» «Für sein Alter hängt er schon viel zuviel vor dem Bildschirm.» «Sei froh, daß er nicht wie der kleine Bruder von Jana ist, der hat sich die Haare abgeschnitten und im ganzen Hausflur an die Wand geklebt.» «Er soll lieber mit dir Fußballspielen gehen, statt Fernsehen zu gucken.» «Meine neuen Torwarthandschuhe haben gar keinen Grips», sagt Fritzchen. «Wenn Fritzchen gucken darf, will ich auch gucken, das ist sonst ungerecht», sagt Trixi, die noch ein paar Jahre jünger ist. Sie durfte bis jetzt nur bei Track 6 («Sanft umspült») von «Sanftes Bachrauschen», der neuen Entspannungs-CD meiner Freundin, auf den Kuckucksruf warten. «Gut, dann machen wir eben einen Kompromiß», sagt Fritzchen. «Noch einen?» «Mama, jetzt hör mir bitte zu! Ich gucke die erste Halbzeit und Trixi darf dafür morgen ein Eis essen.» «Das ist doch kein Kompromiß», gebe ich zu bedenken. «Papa, ich rede mit Mama! Ja, Mama? Abgemacht?» «Nein! Du kannst später mal so viel Champions League gucken, wie du willst, aber jetzt bist du einfach noch zu klein.» «Aber später spiele ich vielleicht selber in der Champions League, und dann kann ich es wieder nicht gukken!» sagt Fritzchen und bricht in Tränen aus. «Jetzt laß ihn doch, es ist schließlich das Finale», versuche ich zu schlichten. «Er kann sich ja schon vorher die Zähne putzen.» «Also ich bin raus, macht, was ihr wollt», sagt meine Freundin und verschwindet wütend in ihr Yogazimmer. «Heißt das, ich darf das Finale gucken?» fragt Fritzchen. «Das ist ungerecht, dann will ich auch!» sagt Trixi. «Ich glaube, ich darf das entscheiden, aber ich weiß nicht, ob das so gut für mich ist», sage ich. «Und darf ich dabei Chips essen?» fragt Fritzchen. «Dann will ich auch Chips!» sagt Trixi. «Wenn ihr mir versprecht, daß ihr euch keine Fußballerfrisur machen laßt oder eure Haare im Hausflur an die Wände klebt ...»

MEDITIEREN

Während ich jeden Abend versuche, noch vor Mitternacht die FAZ zu schaffen, auch den Finanzteil, und über Begriffe wie «Lohn-Preis-Spirale» oder «Stagflation» nachdenke, höre ich seit einigen Wochen von nebenan im «Yogazimmer» unserer Wohnung eine Frauenstimme murmeln. Meine Freundin hat einen YouTube-Kanal mit geführten Meditationen zur «Kreativen Transformation» entdeckt. Ich bin kein Meditationsmuffel, im Gegenteil, ich halte die Arbeit an sich selbst für sinnvoll, es sollte dafür den Mindestlohn geben. Es geht mir aber dabei wie mit deutschen Synchronstimmen, der kleinste Mißton verdirbt mir den Film. Wenn in der Westsynchronisation der «Olsenbande» Yvonne nicht von Helga Hahnemann gesprochen wird, verlieren ihre Tiraden viel von ihrem Reiz. Oder wenn man bei den «Sopranos» zum Spaß einmal auf die französische Synchronisation umschaltet, die gar nicht falscher klingen könnte, und sich fragt, warum man diese scheußliche Sprache, die kein Gangster je sprechen würde, überhaupt gelernt hat. (Allerdings ärgere ich meine Kinder manchmal, indem ich bei «Die kleine Prinzessin» auf Schwyzerdütsch wechsle, das klingt sogar noch niedlicher. Man sollte Friedensverhandlungen grundsätzlich auf Schwyzerdütsch führen.) Bisher hat mich von allen Meditationsstimmen, denen ich mein Bewußtsein anvertraut habe, nur die von Anna

Trökes überzeugt, die so einlullend ist, daß ich es immer als Störung empfinde, wenn der Track zu Ende geht. Die neue Einflüsterin meiner Freundin haucht ihre Sätze dagegen so aufdringlich liebevoll und lasziv, als wollte sie einen Patienten beruhigen, der androht, von einer Brücke zu springen. Diese Stimme klingt wie ein Mensch, der versucht, wie eine Computerstimme zu klingen, die versucht, wie ein Mensch zu klingen. Weil ich meine Freundin nicht enttäuschen wollte, habe ich trotzdem einmal mitmeditiert, aber vorher angekündigt, eventuell abbrechen zu müssen, wenn ich nicht «mitschwingen» kann, wie neulich, als ich den Raum verlassen mußte, sobald von «energetisch» die Rede war. Dabei könnte ich diese Monologe inzwischen schon improvisieren. Man muß vielleicht nicht einmal daran glauben, damit es wirkt, ein Meta-Placebo-Effekt: Während der Meditierende an die Einkommensüberprüfung für die Hortbetreuung in der Schule denkt, grübelt der Sprecher, woher die Lebensmittelmotten in der Küche kommen, und trotzdem transformieren sich beide kreativ. Leider mußte ich aber wieder rausgehen: «Atme in jede Zelle deines Körpers, in jedes Molekül, in jedes Atom, in jedes Elektron und spüre die Liebe pulsieren.» Solche Sätze machen mich aggressiv, in meinen Elementarteilchen pulsiert nur Quantenphysik. Ich solle mal darüber nachdenken, warum ich auf so etwas «so stark reagiere», und «da ansetzen», riet mir meine Freundin, als sei *ich* das Problem.

SPAREN

«Wieviel Taschengeld kriegt das Kind von Ronaldo?» fragte mich mein Sohn neulich. «Sehr wenig», behauptete ich, «denn wenn man als Kind nicht mit Geld umzugehen lernt, geht es einem eines Tages wie Boris Becker.» «Wer soll das sein?» «Der hat mit siebzehn Wimbledon gewonnen.» «Dann kann das ja nicht so schwer sein.» Es hat mir immer Spaß gemacht, kein Geld auszugeben. Es quälte mich, wenn die Diebe im Fernsehdreiteiler über den legendären Postraub in England nach ihrem Coup durchdrehten und mit den erbeuteten Geldbündeln herumwarfen. Wenn *ich* einmal eine Bank ausraube, werde ich für den Rest meines Lebens noch weniger Geld ausgeben als vorher, um die Polizei zu täuschen. (Im Grunde müßte ich dafür gar keine Bank ausrauben.) Ich liebe es einfach zu sparen! Zur Zeit dusche ich kalt, um die deutschen Gasspeicher zu füllen, die ich mir irgendwo auf einem Hügel hinter dem Kanzleramt vorstelle wie den Geldspeicher von Dagobert Duck. Jetzt rächt es sich, daß nach der Wende in meinem Berliner Stadtbezirk die Kachelöfen aus den Wohnungen gerissen wurden. In unserem Haus gibt es nur noch eine Nachbarin, die ein Zimmer mit Kohle heizen kann, sie hat sich das bei der Hausverwaltung erstritten, angeblich wegen einer Allergie. Im nächsten Winter werden wir Nachbarn uns dort aneinanderkuscheln, stricken, basteln und uns Märchen erzählen, beim Licht meiner Pinguin-Taschenlampe, die ich aus einer Verschenkekiste gezogen habe und bei der die Augen leuchten, wenn man mit der Hand pumpt und den Dynamo antreibt. Eines Tages werden wir auch die alten Fernsehantennen auf unseren Dächern vermissen! Bei meinen Sprachkursen im Moskauer Puschkin-Institut mußten die Studenten den August über kalt duschen, angeblich, weil die Rohre im Viertel gereinigt wurden. Mein Zimmernachbar stand deshalb eine Stunde früher auf, um mit Hilfe meines Wasserkochers die Badewanne mit warmem Wasser zu füllen. Er kam eben aus dem Westen! Mich hatte schon das DDR-Fernsehen mit der täglichen Sendung «Gewußt wie, spart Energie!» eingeschworen, mäßig zu leben. Jedes Braunkohlebrikett zählte, wenn man den Kapitalismus überholen wollte! Mir ging es aber mehr um die Umwelt, deshalb machte ich damals schon das Licht im Hausflur nicht an und ging im Dunkeln die fünf Treppen hoch. Meine Freundin kippt neuerdings das Wasser aus ihrer Fußbadschüssel nicht mehr weg, wir sollen es statt der Klospülung benutzen. Ich frage mich ja immer, wer auf öffentlichen Toiletten den großen Spülknopf drückt, statt sich für den kleinen zu entscheiden, solche Menschen wählen bestimmt auch FDP. Von mir aus könnte Olaf Scholz die großen Spülknöpfe in ganz Deutschland für immer verplomben, man kann ja beim Spülen mit der Klobürste nachhelfen. Wir dürfen nichts unversucht lassen, um Putin zu beeindrucken!

CHICHI-WAUWAU

Während meine Kinder bei mir nur Sendungen wie «Knobel-spaß mit Albert Einstein» oder «Systemtheorie für Kids» sehen dürften, bekommen sie bei meiner Schwiegermutter unregulier-ten Zugang zum Fernseher. Zum Glück wird das Unterhaltungs-programm im deutschen Fernsehen heutzutage ja für ein Publi-kum produziert, das geistig immer noch seine ersten Schritte macht (und dabei auch nie weit kommen wird), so daß es sich für Kinder eignet. Trotzdem wüßte ich manchmal gern, was meine Kinder nun eigentlich gesehen haben, doch wenn sie mir am Telefon davon berichten, mache ich mir Gedanken, ob ihre Oma wirklich nur mit ihnen ferngesehen hat, oder ob die Kinder von ihrem LSD-Vorrat naschen durften. «Eine Hundeshow?» «Ja, wenn's so ein Geräusch gemacht hat dann mußten die los, und wenn's noch mal gepiept hat, dann mußte die Besitzerin dis machen, was eigentlich der Hund machen mußte.» «Und was mußte der Hund machen?» «Die mußten so Bälle mit der Schnauze schieben, dann mußten die über was rüberspringen und immer durch den Tunnel laufen und den Ball schnappen, und dann kamen so welche aufgestellten Dinger, wo eine Katze aufgebildet war, da mußten die rüberspringen, und dann kam dis Wasser, da mußte die Besitzerin mit der Seilbahn rüberfah-ren, und am Ende mußte dann die so draufdrücken, und dann ha'm die immer den Hund umarmt.» «Und was für Hunde waren das?» «Also kein Chichi-Wauwau, dis war 'ne andere Sendung.» «Der eine is' in so 'nem elektrischen Auto gefahren und hat dis Lenkrad gedreht, der hatte so'n blaues Kleid an um' Bauch. Da hat die immer 'n Leckerlichen hingehalten. Und bei den Bällen, dis war lustig, da is' der Ball nach hinten gerollt und der Hund is' immer hinterher und hat dis ganze Fernsehen *erkundet*.» «Und gab es einen Preis für den Sieger?» «Nein, nur für die Erzieher von den Hunden.» «Ist ja gemein ...» «Am süßesten war der Wuscheliche mit ferngesteuertem Auto, dis war von so 'ner Jugendlichen, die hat den mit Einhornkostüm und Ballerinakleid und soner coolen Rapperjacke angezogen.» «Und der hat gewonnen?» «Nein, wer gewonnen hat, wissen wir nicht, weil Mama nicht wollte, daß wir länger gucken.» «Der eine Hund war auch in Vulkanausbrüchen. Und die eine Erzieherin hat gesagt: ‹Ohne Mampf kein Dampf›.» «Der im Auto gefahren is', die hatten auch 'n Haus.» «Ach so, na dann ... Die Hunde von Hausbesitzern haben meistens eigene Autos.» «Stimmt das wirklich?» «Na klar, und die gucken im Hundefernsehen Hundeprogramm, da sehen sie dann Menschen, die beim Rennen über Hindernisse springen oder die schwere Kugeln stoßen müssen oder die mit dem Fahrrad im Gebirge die Berge hochfahren, bis nur noch einer lebt.» «Das findet die Mama von den Hunden bestimmt nicht gut.» «Ja, aber die kann ja zum Glück nur bellen, und das versteht ja keiner.»

GLAS

Durch die Diskussionen über die deutsche Energiepolitik habe ich in den letzten Wochen gelernt, daß die Glasindustrie, die bei uns zu großen Teilen in Thüringen angesiedelt ist, ohne Gas nicht auskommen kann, man kann die teuren Öfen nicht einmal zeitweise ausstellen, ohne daß sie zerstört würden. Meine Schwester hat zu DDR-Zeiten ein Praktikum als Einträgerin in einer Thüringer Glasfabrik gemacht, die Arbeit war hart und die Hitze an den Öfen eigentlich nur mit Bier zu ertragen, alt wurden die Glasbläser in der Regel nicht. Weil die Scheiben der großen Fenster in der Werkhalle kaputt waren und kein Glaser aufzutreiben war, zog man einfach eine Mauer hoch, ein Pragmatismus, den die Ostdeutschen mit den Russen teilten, die Fenster ja auch nicht unbedingt öffneten, sondern die Scheibe kaputtschossen. Meine Schwester hat mir jetzt auf YouTube «Glas» empfohlen, eine kurze, 1958 mit einem Silbernen Bären und einem Oscar ausgezeichnete Dokumentation des Niederländers Bert Haanstra über ein belgisches Glaswerk. Es gibt keinen Kommentar, der Ablauf der Produktion wird mit Jazzmusik unterlegt, und die Bilder sind so geschickt geschnitten, daß diese harte Arbeit plötzlich wirkt wie ein mechanisches Ballett. Am Anfang wird der glühende, flüssige Glasklumpen aus dem Ofen geholt, aus dem in einem geradezu magischen Prozeß unter ständigem Drehen und

Blasen filigrane Gefäße entstehen. Die Glasbläser, allesamt Charakterköpfe, gehen hochkonzentriert vor, sie scheinen in einem Flow, den ich beim Schreiben nie erreiche. In einer Sequenz werden nur die so routinierten wie zärtlichen Bewegungen ihrer Hände beim Drehen des Blasrohrs gezeigt, keinem von ihnen ist bewußt, wie elegant er bei der Arbeit aussieht, keiner bemüht sich, so zu wirken, ihre Bewegungen sind das Ergebnis lebenslanger Spezialisierung und Verfeinerung. Einer raucht während der Arbeit eine lange Pfeife, die er nicht aus dem Mund nehmen muß, abwechselnd bläst er und nimmt einen Zug, als sei seine Lunge nicht so schon im Streß. Die Backen mancher Bläser sind im Lauf der Jahre ausgeleiert und blähen sich beim Blasen auf wie bei einem Frosch, jeder Beruf bringt ja seine eigenen Berufskrankheiten hervor. Zigaretten stecken die Arbeiter sich direkt am heißen Glas an. Doch das ist nur die Produktion von Hand, daneben sieht man eine Maschine, die im Stakkato Flaschen herstellt, die fertigen Flaschen werden von einem Greifgerät vom Laufband genommen, kommt es zu einem Rhythmusfehler, greift das Gerät ins Nichts und schubst Flasche für Flasche auf den Boden, bis ein Mensch einschreitet. Nachdenklich setze ich meine Bierflasche an, über deren Herstellung ich nie nachgedacht habe und die ich Putins Gas verdanke, leergetrunken stelle ich sie vorsichtig in unsere Vitrine zum Bleikristall, es könnte eines Tages die letzte sein.

#WINNE-TOO

Mit meiner Tochter mußte ich zur Logopädin, oder wie sie sagt: «Lokopotetin». Sie soll sich Bilder ansehen und benennen, was sie darauf sieht: «Was ist das hier?» «Mmmhh ...» «Wer wohnt denn im Iglu?» «Im Idlu?» «Wir sagen das eigentlich gar nicht mehr, aber weil wir jetzt üben, sag mal Es-ki-mo.» «Es-ti-mo.» «Heutzutage sagen wir meistens Inuit.» «Inuit.» «Ja, dann machen wir mal weiter mit Krokodil.» Ich finde es richtig, nicht mehr «Eskimo» zu sagen, meine Tochter erst recht, aber komplizierter wird es bei «Indianer». (Laut Bild-Zeitung wollen «Grüne und Linke Winnetou verbieten».) Wir haben doch als Kinder nicht «Cowboy und Ureinwohner» gespielt, wie soll ich das jetzt benennen? Es war uns wichtig, daß man im Osten «Indianerfilme» drehte, denn im Sozialismus widmete man sich zumindest offiziell den Unterdrückten, während man im Westen «Western» sah, in denen die Untaten der Weißen verherrlicht wurden («Western Germany» klang dabei natürlich wieder ziemlich cool). Indianerfilme waren fast das einzige Ostprodukt, das wir ohne Vorbehalte akzeptierten (auch wenn jetzt manche Ossis behaupten, «NVA-Suppe» oder «Schulspeisungs-Soljanka» zu vermissen). Im Zweikampf mit dem ehemaligen serbischen Sportstudenten Gojko Mitić, dem weltbesten Indianer, hätte Pierre Brice den Kürzeren gezogen. Einmal tauchte Gojko aus dem Sand auf, in dem er sich vor marodierenden Weißen versteckt hatte! Ich besaß sogar eine Autogrammkarte von Gojko, auf der er irritierenderweise eine Schapka trug, ich kannte ihn nur sonnenverbrannt und mit nacktem Oberkörper. Kein Ferienlagersommer verging ohne einen Indianerfilm im nach Milchsuppe riechenden Essensaal. Der DEFA-Realismus ging so weit, daß manchmal im Wilden Westen Schnee lag, als sei dort nicht immer Hochsommer! Und in «Blauvogel», einem DEFA-Indianerfilm für Kinder, wird ein Junge von Indianern entführt, wächst unter ihnen auf und nimmt ihre Werte an, so daß er bei seiner Rückkehr als junger Mann mit der Welt der Weißen nichts mehr anfangen kann. Indianer waren die besseren Menschen, wenn sie gedurft hätten, wären sie geschlossen in die DDR ausgewandert. Meine erste Freundin hatte sich als Jugendliche stark mit der Kultur der Indianer identifiziert, sie hatte fest vor, später in einem Reservat zu leben (dabei taten wir das ja schon ...). Nach der Wende besuchten wir einmal an der Uni den Vortrag eines Vertreters vom American Indian Movement. Er erzählte, daß seine Leute in den Reservaten Kasinos betrieben, um Geld von spielsüchtigen Weißen einzunehmen. Jemand unterbrach die Übersetzerin, um nachzufragen, ob wir uns verhört hätten (so etwas Unmoralisches machte doch kein «Indianer»!). Er lächelte und wunderte sich, daß wir uns wunderten. Ja, natürlich, sie verdienten viel Geld mit Spielautomaten. So etwas hätte es unter Winnetou nicht gegeben!

YUMYUM

Manchmal passen wir spontan auf unsere Nachbarskinder auf, weil deren Eltern sich getrennt haben und ihre Termine nicht koordinieren, wobei immer der andere schuld ist, je nachdem, mit welchem von den beiden man redet. Wenn Tobi und Hummel zu Besuch sind, hat das den Effekt, daß mir unsere eigenen Kinder wie in Zeitlupe gedreht vorkommen. Die fast reifen Tomaten, die ich seit einem halben Jahr gieße, werden abgeerntet und vom Balkon geworfen, die Flüssigkeit aus meiner neuen Obstfliegenfalle wird weggekippt, um «die süßen Fliegen» zu retten, das Bad wird mit zwei Sorten Raumspray eingenebelt, bis der Rauchmelder anspringt. Alle Kinder spielen Verstecken, allerdings verstecken sie sich immer genau da, wohin ich mich zurückgezogen habe, um mit Ohrstöpseln zu lesen. Weil nach dem Verstecken erst eine Viertelstunde geschafft ist, erlaube ich den Kindern, eine Folge «Luzie, der Schrecken der Straße» zu gucken, in der die phantasievolle und fernsehsüchtige Luzie, die keine Spielkameraden hat, mit ihren lebenden Knetfiguren das Wohnzimmer der Eltern unter Wasser setzt und Pirat spielt und am Ende zehn verschiedene Handwerkerteams gleichzeitig immer neue Havarien beheben. Ich sehe die Serie zum dritten Mal im Leben, und erst jetzt stelle ich verblüfft fest, daß sie in Köln spielt! Deshalb kam mir diese brutalistische Architektur so bekannt vor. Das einzige Tschechische, was in der Serie zu sehen ist, sind die Darsteller. Als ich «Luzie» das erste Mal gesehen habe, muß ich ungefähr zehn Jahre alt gewesen sein. Damals war Fernsehen gefährlich, denn nachdem direkt neben uns ein Regalkasten runtergekracht war – das Preßholz hatte dem Gewicht nicht standgehalten –, fürchteten wir immer, daß uns auch irgendwann das Bücherregal auf den Kopf fallen würde. Jahrelang schützten wir unsere Köpfe beim Gucken mit Kissen und Decken. Weil Fernsehen ja auch immer ein bißchen langweilig ist, popelte ich dabei die Huckel der Rauhfasertapete auf, oder ich versuchte, mir eine Salzstange quer in den Mund zu schieben, ohne daß sie zerbrach, oder ich vertrieb mir die Zeit mit Kokeln, dafür hielt ich ein Tablett auf den Knien und bohrte mit Streichhölzern Löcher in Kerzen, bis das Wachs herausfloß und einmal das ganze Tablett brannte. Tobi und Hummel langweilen sich bei meinem Fernsehprogramm auch, sie würden lieber «einen Horrorfilm» gucken. Tobi hüpft auf dem Sofa: «Ich mach Frühlingssport.» Hummel verlangt «Yumyum», womit sie Knabbereien meint, und ich opfere eine Tüte Erdnußflips. Als unsere kleinen Besucher weg sind und ich erschöpft in den Sessel sinke, stelle ich fest, daß die frisch gestrichene Wand hinter dem Sofa voller Fettflecke von Kinderfingern ist. Zum Glück habe ich von der Farbe noch etwas übrig. Und wer sagt denn, daß man seine Wohnung öfter putzen als renovieren soll?

ASPI-FORUM

««Leiben› ist kein Verb!» «Guck doch im Duden.» «Kannst du nicht mal ein normales Wort legen?» «*Jedes* Wort, das im Duden steht, ist normal.» Weil wir uns beim Scrabble immer streiten und meine Freundin sich weigert, Schach zu lernen, und ich abends nicht mit ihr «zum Runterkommen» «Shopping Queen» sehen will, habe ich mich überreden lassen, in den YouTube-Kanal eines sympathischen Manns reinzuschauen, der dort über Autismus informiert. Meine Freundin denkt nämlich, ich hätte Asperger, weil ich am Abend gern Gespräche mit ihr führen würde, während sie dafür zu kaputt ist und lieber meditiert. Ich schlafe aber immer ein beim Meditieren, während es mich erfrischt, darüber zu reden, wie man einen Bitcoin schürft, wie Roger Federer jemals ersetzt werden soll oder ob es Diebstahl ist, wenn man den Sand, den man vom Spielplatz in den Schuhen nach Hause trägt, nicht zurückzubringt. Wir hören also auf «Autism from the inside» diesem Autisten zu, der auf mich völlig normal wirkt (im Gegensatz zu den meisten meiner Mitmenschen). Ein Kriterium für Autismus sei, wenn es einem in sozialen Situationen so gehe, als sehe man Enten im Teich schwimmen und man versuche mitzuschwimmen, aber dann fliegen die Enten davon. Tatsächlich kenne ich das von Partys: Wenn ich zu einer plaudernden Gruppe trete und etwas sage, verstummen alle und ziehen sich peinlich berührt zurück. Er habe in der Schule massive Probleme damit gehabt, sich Gruppen anzuschließen, die in der Pause von einem Raum zum anderen wanderten, weil er nicht wußte, wie man das macht, «mit einer Gruppe mitgehen», was dabei zu beachten sei. Es sei ein enormer emotionaler Aufwand, sich bei sozialen Interaktionen so zu verhalten, daß es nicht unhöflich wirke. «Ich find das total vernünftig, was der Mann sagt», sage ich. «Siehst du!» triumphiert meine Freundin. «Denkst du nicht auch, daß du ein bißchen autistisch bist?» «Und was würde das ändern?» «Du könntest zu Treffen mit anderen Autisten gehen.» «Ich hab aber bestimmt nicht die coole Form, wo man Lottozahlen voraussagen kann.» «Der Mann sagt, er fährt lieber Taxi, weil es ihn streßt, mit dem Busfahrer sprechen zu müssen, um bei ihm eine Fahrkarte zu kaufen.» «Ich gebe beim Bäcker, wenn es 2,99 kostet, immer 4 Euro statt 3, weil es peinlich ist, auf einen Cent Wechselgeld zu warten, und arrogant, es nicht zu tun.» «Darüber würde ich nie nachdenken.» «Du denkst doch über gar nichts nach, nicht mal über Putins Außenpolitik.» «Dafür hast du keine Empathie.» «Wenn empathisch sein heißt, langweilige Gespräche zu ertragen …» «Für andere sind die aber nicht langweilig.» «Weil sie selbst langweilig sind.» «Geh doch mal zu so einem Treffen.» «Würdest du mich auch verlassen, wenn ich gar nicht ignorant und egozentrisch wäre, sondern nur autistisch?» «Du bist ein Autist, wie er leibt und lebt.» «Nanu, das Verb gibt's ja doch …»

BOOMER

Wenn ich lese, Angehörige meiner Generation seien «Boomer», stelle ich mir immer einen zotteligen Hund vor, bei dessen Erscheinen auf dem Bildschirm ich als Kind umgeschaltet habe, weil mich Tierserien langweilten, sofern die Tiere nicht gezeichnet waren und sprechen konnten. Es war so quälend, Lassie dabei zusehen zu müssen, wie er (oder sie?) vergeblich versuchte, sich mit Jaulen und Kläffen einem Menschen verständlich zu machen, damit der einen Waldbrand löschte oder einen Mord verhinderte. Meiner Lieblingskünstlerin Line Hoven ging das anders, sie hat als Kind regelmäßig ein halbes Würstchen vom Abendbrot unter dem Rhododendron versteckt in der Hoffnung, «Boomer, der Streuner» würde eines Tages bei ihnen auftauchen, wie er das in der TV-Serie Folge für Folge bei einer anderen Familie tat, um deren Probleme zu lösen (schon deshalb hatte ich umgeschaltet, noch störender als Tiere waren für mich im Fernsehen «Probleme»). Es sei ihr ganz normal vorgekommen, auf das Erscheinen von «Boomer» in ihrem Leben zu hoffen, ein Mitschüler habe nachts immer das Kinderzimmerfenster einen Spalt offengelassen, für Rüdiger, den kleinen Vampir, und die ganze Klasse habe sich bei Mathearbeiten wie Wicky an der Nase gejuckt, um auf die Lösung zu kommen. Tatsächlich hatte auch ich eine Mitschülerin, die ihre Schulstullen im Maisfeld hinter unserem Ostberliner Neubaugebiet versteckte, für Dick Turpin und seinen Gehilfen, falls sie vorbeireiten sollten, denn in letzteren war sie verliebt. Habe ich je gehofft, auf einer Blüte die Biene Maja zu entdecken? Ich habe lediglich davon geträumt, die Vorturnerin von «Enorm in Form» kennenzulernen, aber die wäre wahrscheinlich nicht mal mit Würstchen in den Osten zu locken gewesen. Vielleicht schenke ich Line meine DVD von «Weißer Bim, Schwarzohr», einem dreistündigen Kinderfilm, in dem man die Sowjetunion der fünfziger Jahre aus der Sicht eines Hundes erlebt, dessen Besitzer ihn allein lassen muß, weil er in einer fernen Stadt eine Herz-OP hat. Damit beginnt ein Martyrium für Bim, der immer wieder in die Hände gemeiner Menschen gerät, nachdem die Nachbarn ihn verjagt haben, weil sie sein sehnsuchtsvolles Wimmern störte. Er wird sogar einmal nachts im verschneiten Wald festgebunden, wo er verrecken soll. Aber Bim gibt nie auf, sein Herrchen zu suchen, auch nicht, wenn er dafür 500 Kilometer Eisenbahngleisen folgen muß. Am Ende schafft der heimgekehrte Mann es gerade noch, einen Blick in den Laster eines Hundefängers zu werfen, wo der tote Bim zwischen anderen Hundekadavern liegt. Dieser Kinderfilmklassiker lief im DDR-Ferienprogramm, während im ZDF «Boomer» sein Streunerleben genoß und sich verwöhnen ließ. Im Osten gab es «Boomer» nämlich weder als Hund noch als Generation!

CALYPSO

Bei bestimmten Sendungen meinte ich als Kind, ein natürliches Anrecht zu haben, mitgucken zu dürfen, dazu gehörten alle Zeichentrickfilme, aber auch Western, Piratenfilme, Science-Fiction und seltsamerweise Taucherfilme. Was hat mich an letzteren so gereizt? Hängt es mit der Sehnsucht nach der Zeit im Bauch der Mutter zusammen? (Angeblich pinkeln wir deshalb so gerne beim Baden ins Wasser.) Oder stellte ich mir das Tauchen wie Reisen durchs Weltall vor? Nur eben mit Wasser statt mit Vakuum? Seit damals trage ich das nutzlose Wissen mit mir herum, daß man als Taucher rückwärts ins Wasser eintaucht, und daß man nicht schneller als seine Luftbläschen auftauchen darf, weil man sonst an der Taucherkrankheit stirbt. Man kann auch in die Taucherbrille spucken, damit sie nicht beschlägt. Nutzlos ist dieses Wissen für mich, weil ich nie getaucht bin, es ist eine Fortbewegungsart, die ich so wenig beherrsche wie auf Skiern zu «wedeln» oder mit einem Hundeschlitten zu fahren (die Hunde furzen übrigens dabei ganz fürchterlich, und man gleitet ständig durch ihre Exkremente, so etwas wird in Hundeschlitten-Filmen nur nicht thematisiert). Mich reizte am Tauchen wie immer das Equipment, Stirnlampe, Sauerstoffflasche, Harpune, aber vor allem die Flossen. Als ich zu Weihnachten endlich welche geschenkt bekam und meine Ausrüstung vollständig hatte, saß ich mit Schnorchel und Taucherbrille in der Badewanne und wartete auf den Sommer. Ich spüre noch den Gummigeschmack des weichen Mundstücks, über das ich die Lippen stülpte, um hineinzubeißen. In den Ferien watschelte ich dann an der Badestelle mit meinen Flossen ins Wasser und machte mich zum Gespött der Dorfjugend, sie hielten mir immer die Schnorchelöffnung zu. Die besten Taucherfilme waren von Jacques Cousteau, der mit seinem Schiff, der «Calypso», Expeditionen auf allen Meeren unternahm, er tauchte sogar im Titicacasee und zählte dort die Axolotl, was vor ihm nie jemandem eingefallen war. Einer seiner Taucher, der einen wunderschönen schwarzgelben Taucheranzug hatte, kroch von unten durch das Stroh einer schwimmenden Insel, durch die Kotschichten aus Jahrhunderten, und tauchte zwischen den Hütten der Indios aus dem Boden auf. Ob es immer noch bewohnte Strohinseln auf dem Titicacasee gibt? Als Forscher hat Jacques Cousteau überhaupt nichts Wichtiges herausgefunden, aber die lebenslange Suche dieses Manns mit wettergegerbtem Gesicht, mit Wollmütze und Pfeife im Mund, und die dabei eingesetzte, speziell für ihn entwickelte Technik ließen mich nicht los. Wie gern hätte ich alles hinter mir gelassen und wäre mitgefahren, am liebsten bäuchlings im mit Bullaugen versehenen Beobachtungsraum liegend, der bei der «Calypso» unter der Wasseroberfläche in den Bug eingebaut war. Dort wäre mein Platz gewesen. Wo ist er jetzt?

TRÄNEN

Als im Osten im Kino «Kramer gegen Kramer» lief, mit diesem Siebzigerjahre-New-York, das ich so liebe, wurde am Ende des Films das Licht im Saal nicht sofort angemacht, damit die Zuschauer Zeit hatten, ihre Tränen zu trocknen. Dustin Hoffman versuchte in diesem Scheidungsdrama, alleinerziehender Vater zu sein und gleichzeitig seinen Job zu behalten, er scheiterte aber schon am Frühstück, wenn sein Sohn «Armen Ritter» verlangte. Ich mochte es nicht, wenn sich Paare in Filmen trennten, selbst als Mutter Beimer von ihrem Mann verlassen wurde, war mir das zu dramatisch. Bei einem Ehestreit-Film mit Spencer Tracy und Katharine Hepburn war ich nicht mehr zu hören, bis ich in Tränen aufgelöst auf dem Sofa entdeckt wurde. Meine Eltern haben sich nie getrennt, sie hatten ja getrennte Fernseher. Mein Vater guckte im Wohnzimmer seine Politikmagazine in Farbe, und wir Kinder saßen mit meiner Mutter im kleinen Zimmer vor dem Schwarzweißfernseher und sahen «Ein Pyjama für zwei» oder ähnliche Klassiker, die heute nur noch spätnachts auf Arte laufen. Manchmal passierte es auch, daß mein Vater zufällig das gleiche sah und uns lachen hörte, wenn eine Bemerkung über faule Väter gemacht wurde, dann kam er rüber und beschwerte sich im Spaß über unsere Frechheit. Ein bißchen fehlten wir ihm ja, aber bei meiner Mutter war es gemütlicher und das Programm besser. Manchmal brachte sie einen großen Teller mit Tomaten-stüllchen aus der Küche, oder ich hatte mir für den Fernseh-abend ein Tablett mit Spezialitäten zubereitet: Sofix-Pudding ohne Kochen, Teewurststullen, Apfelringe, Mandarinenscheib-chen, Kakao, Salzstangen. Es war so ein Glück, wenn «etwas kam», wie wir es nannten, wir hatten ja kein gedrucktes Pro-gramm für das Westfernsehen und mußten uns überraschen lassen. Den Ansagerinnen merkte man richtig an, wie gern sie uns mit der nächsten Sendung eine Freude machen wollten. Am besten war es, wenn ein Film kam, den wir schon kannten, mal wieder «Die tollkühnen Männer in ihren fliegenden Kisten» oder «Arsen und Spitzenhäubchen». Viele Filme kannten meine Eltern aus der Zeit vor unserer Geburt und freuten sich auf ihre Lieb-lingsstellen, an die sie sich aber ganz unterschiedlich erinnerten. Meine Mutter notierte sich beim Abspann auf Karteikarten die Namen der Schauspieler, um später nachsehen zu können, wenn sie ihr nicht einfielen. Was hätten wir ohne Fernseher gemacht? Wir hatten achtzig Quadratmeter für fünf Personen, was als viel galt, aber ohne Fernseher hätten sich die Räume viel zu eng an-gefühlt. Und doch denke ich heute, daß es besser gewesen wäre, öfter gemeinsam zu musizieren, zu kochen, Kniffel zu spielen oder uns zu unterhalten. Aber schon beim gemeinsamen Sonn-tagsessen gab es Konflikte, es fehlte einfach der Fernseher als ausgleichendes Element.

VIDEOKUNST

Kürzlich war ich zu den ARD-Hörspieltagen eingeladen, die am Karlsruher ZKM stattfanden, der «Zerlegungsstätte für kaputte Maschinen», wie ich mir zusammenreimte. In Wirklichkeit handelt es sich um das «Zentrum für Kunst und Medien»! Ich durfte dort über «Selleries» sprechen, das dachte ich jedenfalls zunächst, bis ich durch Zufall die Mail noch einmal genauer las, in der «Serielles» gestanden hatte. In der Pause sah ich mir eine Retrospektive der südkoreanischen Künstlerin Soun-Gui Kim an, die seit Jahrzehnten mit Videotechnik arbeitet, entsprechend sieht man in den Hallen viele alte Bildschirme. Das Ganze umwehte ein Hauch von fernöstlichem Denken, wie ich es mir laienhaft vorstelle, um mich danach zu sehnen, Stille, Langsamkeit und Poesie des Zufälligen. In einem Saal lief ein vierstündiger Film, der im Zeitraffer eine Ecke im Garten der Künstlerin zeigte. Ich überschlug im Kopf, daß ich fünf Minuten zusehen müßte, um eine Woche mitzuerleben, aber außer mir tat das nur die Aufpasserin, die sich langweilte, solange wir Besucher nichts anstellten. Mit einer anderen Projektion, auf der man ein Stück Meereshorizont sah, hat die Künstlerin den Tod ihrer Mutter («la mer/la mère»!) verarbeitet. Es gab auch einen Film, der ein Klavier zeigte, das über Monate im Freien verrottete, ab und zu spielte Soun Gui-Kim ein paar Töne darauf, bis das Klavier verbrannt wurde. Manchmal überraschte einen die Interpretation mehr als das Werk, eine Hundehütte, aus der ein Bildschirm guckte, auf dem ein Hund zu sehen war, ließ sich «als Kritik an der Institution Museum mit ihren Einschränkungen lesen». Höhepunkt war ein echter Roboter, «Gelangweilte Närrin», der fast reglos unter einem Luftschiff auf einer Bank saß und in einem Gedichtband blätterte. Wahrscheinlich lesen irgendwann wirklich nur noch Roboter Gedichte! Am schönsten fand ich aber «Aléa» von 1989, eine Projektion, die aus einem Festplattenschaden entstanden ist, durch den das für eine Ausstellung vorbereitete Videomaterial zerstört wurde. Die Filme erinnerten nun an die verzerrten Farbfernsehbilder im Tim&Struppi-Album «Die Juwelen der Sängerin». Es ist eigentlich gar nicht möglich, diese Art Kunst nicht gleichzeitig für ihre eigene Parodie zu halten, was aber nicht gegen sie spricht. Ich hatte sofort ein Dutzend Videoinstallationen im Kopf, die ich gern in Karlsruhe gezeigt hätte, aber wo bewirbt man sich als Videokünstler? Drei Etagen höher konnte man in einer Ausstellung an alten Computerspiel-Automaten spielen, und ich habe zum ersten Mal im Leben Level eins von Donkey Kong geschafft. Immer wenn man dort stirbt, sackt das kleine Männchen in sich zusammen und bekommt einen Heiligenschein. Für mich ist das auch Videokunst, nur daß man das nicht wissen muß, um es schön zu finden. Als ich ging, war es im Garten der Künstlerin endlich Frühling.

DER GOLDENE PRINGLE

Die WM begann mal wieder Wochen vorher bei Rewe, weil ich Hamsterkäufe machen mußte, nicht wie sonst wegen Corona, sondern um möglichst viel Geld auszugeben und im Gegenzug mehr Fußballkarten für das Rewe-Sammelheft zu bekommen. Als jedes der Kinder die deutsche Nationalmannschaft endlich zusammenhatte und wir kaum noch wußten, wo wir Nudeln, Pesto, Kichererbsen und Cornichon-Gläser verstauen sollten, ging es von vorn los, weil es die Spieler diesmal zusätzlich «in Glitzer» gibt, sogar Niklas Süle. Jetzt hieß es bei der Hymne immer: «Den hab ich in Glitzer!», und ich stellte mir vor, wie das deutsche Trikot mit Wendepailletten aussehen würde. Es war die erste WM, bei der Fritzchen mitgucken durfte, und ich kam mir alt vor, wenn ich ihm erklärte, daß der füllige Mann, der bei Spielen der Brasilianer auf der Tribüne saß, der *eigentliche* Ronaldo war. Der neue Ronaldo hat ein Parfüm kreiert, und Fritzchen wollte wissen, ob das aus seinem Schweiß hergestellt wird, was mir gar nicht so unwahrscheinlich erschien. «Ich kann den Anlauf von Ronaldo», hat neulich ein Junge auf dem Bolzplatz gesagt, und er hatte nicht gelogen! Ich kann den Anlauf von Ronaldo nicht, höchstens die Pose vor dem Freistoß, denn ich bin seit Monaten verletzt und mache die Physioübungen nicht, obwohl dort ein Plakat hängt: «Eine Therapie ohne weiterführen-

des Training ist keine Therapie!» Aber es fühlt sich so hoffnungslos an, als Profi würde ich zu einem Spezialisten in den USA geflogen werden, und in einer Woche stände ich wieder auf dem
Platz. Ich bin neidisch, wie fit die Spieler sind und sogar manche
Trainer, die es anscheinend nicht lassen können. Mir waren
immer Trainer wie Ewald Lienen sympathisch, die während des
Spiels hastig Notizen machten, es fällt einem ja parallel zu dem,
was man tut, ständig etwas ganz anderes ein. Ich bin mir sicher,
Ewald Lienen hat sich am Spielfeldrand keine Spielzüge notiert,
sondern seine Einkäufe oder eine Erinnerung aus seiner Kindheit. Neuerdings wird auf der Bank eher elektronisch notiert,
links und rechts neben Hansi Flick saßen seine Assistenten, die
man daran erkannte, daß sie kurze Hosen tragen mußten, und
tippten auf Touchscreens herum, wo wahrscheinlich ständig
irgendeine Datenflut heranrollte, aus der sie für ihren Chef ein
Krümchen Wahrheit fischen mußten. Die größte Freude würde
ich Fritzchen übrigens machen, wenn ich vom Wocheneinkauf
statt mit Lebensmitteln mit Pringles im Wert von 120 Euro zu-
rückkehren würde, denn in irgendeiner Packung befindet sich
momentan «Der Goldene Pringle», für den man etwas bekommt,
was man ohne ihn nie bekommen würde. Zwar müßten wir dann
unsere Ernährung auf Pringles umstellen, wie es der vorige
Ronaldo offensichtlich getan hat, aber dafür wäre das Leben wieder aufregend wie für einen Goldsucher in Alaska.

DIE KRÖNUNG DES POPEYE

In grauer Vorzeit ist von unseren Ahnen festgelegt worden, daß ein Fußballspiel 90 Minuten dauert, was so klug war, daß es sich auch für die Dauer einer Vorlesung an der Uni und für einen durchschnittlichen Spielfilm etabliert hat. Was würde es für die Taktik bedeuten, wenn ein Spiel vier Stunden dauern würde? Eine frühe Führung von 10:0 wäre nichts wert, wenn der Gegner nur seine Kräfte geschont hat und seine Stürmer in der Schlußphase den Abwehrspielern davonjoggen. (Genauso einschneidend wäre es, wenn es wie beim Flippern «Multiball» gäbe, also beide Trainer ein- bis zweimal im Spiel einen weiteren Ball aufs Feld werfen dürften.) Für eine Oper sind sogar vier Stunden kurz, das habe ich früh erfahren müssen, weil mich meine Eltern schon als Kind in die Oper mitgenommen haben. Im Barock hing die Dauer von Aufführungen laut Friedrich Kittler von der Länge der Kerzen ab, die man zur Verfügung hatte, und die müssen lang gewesen sein! Manchmal dachte ich erleichtert, es sei zu Ende, und dabei öffnete sich nur der Vorhang nach der Ouvertüre. Nur selten hatte ich Glück und schlief bis zum Schlußapplaus durch. Neulich habe ich ein Viertelfinale der WM verpaßt, weil ich meine Mutter in die Staatsoper begleitet habe, zu Monteverdis «Die Krönung des Popeye» (ich hatte das falsch verstanden, in Wirklichkeit handelte es sich um «Die Krönung der

Poppea»). Als wir Platz nahmen, flüsterte sie mir zu, daß das Stück vier Stunden dauern würde! Der Saal war ausverkauft, ich hatte nicht geahnt, daß es so viele Menschen gibt, die sich nicht für Fußball interessieren. Es ging um Kaiser Nero, der ein Verhältnis mit der hübschen Poppea hat und deshalb seine Frau loswerden will, weswegen er Seneca, der das unmoralisch findet, zum Selbstmord überredet. Ich mußte an den brasilianischen Fußballer Sócrates denken und fragte mich, ob er noch lebt. Ab und zu ging jemand raus, weil er einen Hustenanfall hatte, leider keiner der Sänger. In der Halbzeitpause gab es eine Brezel, weil in der Staatsoper die Schnittchen, die ich früher so liebte, für uns inzwischen unerschwinglich sind. Das Publikum war vornehm gekleidet, ich hatte ausgelatschte Turnschuhe an. Meine guten Klamotten hätten hier nur billig gewirkt, während meine schäbigen ein modisches Statement sein konnten. Wenn ich meine Mutter anrufe, läuft im Hintergrund oft Opernmusik, weil es auf Arte eine Aufführung gibt, die sie nie verpaßt. Ich habe diese Begeisterung leider nicht von ihr geerbt, und es stört mich auch nicht, daß die modernen Regisseure mit ihren Inszenierungen das Publikum immer so quälen, daß wahre Opernfreunde lieber die Augen schließen, um wenigstens die Musik genießen zu können. Im Gegenteil, es ist meine Rettung: Ich konnte wie ein Kenner die Augen schließen und unbemerkt einnicken. Während ich beim Fußball einpinkle, um nichts zu verpassen!

SILVESTER

Ich liebte als Kind Silvester, denn das Fernsehprogramm war an diesem Abend das Gegenteil von dem, was am Karfreitag lief, wo man trübsinnig wurde, wenn man nur einschaltete, schließlich war Jesus gestorben, und das ließ man uns spüren. Düster und traurig war alles, was man uns zumutete, die Farben wirkten selbst auf unserem Schwarzweißfernseher eingetrübt. Zum Glück war Jesus nicht Silvester gestorben, dem einzigen Tag im Jahr, an dem man von schlechten Nachrichten befreit war. Silvester konnte kein Krieg ausbrechen, das hätte nicht zum Fernsehprogramm gepaßt, denn Silvester lief doch Dieter Hallervorden! Vielleicht war das auch nur einmal Silvester so gewesen, aber dieses eine hat sich mir als *das* Silvester eingeprägt. Ich stellte mir sogar vor, daß man alles Unglück der Welt verhindern konnte, indem man im Fernsehen rund um die Uhr komische Sendungen zeigte, solange Didi das Wort hatte, konnte niemand sterben, kein Kind konnte von Mitschülern ausgegrenzt und keine Ehe geschieden werden. Dafür nahm man seinen etwas brachialen Humor gern in Kauf. (Als Student erfuhr ich, daß Didi, bevor er in den Westen gegangen war, ein Romanistikstudium an meinem Institut begonnen hatte! Zum Glück hatte er sich für seinen Beruf noch eines Besseren besonnen.) Es war auch schön, daß meine Eltern immer schon alle Sendungen von früher kannten und wir Kinder sozusagen den Stoff nur «wiederholten», das ließ uns als Familie zusammenrücken. (Sie warteten immer auf «Schneuf schneuf die schneuf», Didis Sketch über den Ohrwurm aus «Doktor Schiwago». Ich kannte «Doktor Schiwago» nicht, er reihte sich für mich ein in das stattliche TV-Ärztekollegium, dem auch Dr. Mabuse, Dr. Caligari, Dr. Brinkmann, Dr. No, Dr. Štrosmajer und Frau Puppendoktor Pille angehörten. Später gab es sogar eine Band, die «Ärzte» hieß.) Zwischen den Sendungen rannten wir immer den Hausflur hoch und runter, der im Plattenbau beheizt war und fast ein Teil der Wohnung, meist war es dort sogar sauberer als zu Hause. Wir schmissen unsere selbstgebastelten Knaller in die Briefkästen, draußen schrieben wir mit Duosan «BFC Dynamo» und «Union» an die Wand und zündeten die Schrift an, wir tätowierten sozusagen das Haus. Wenn die Menschen im Fernsehen alles stehen und liegen ließen, weil gleich Mitternacht war, wurden auf den Balkons im Viertel aus den Fahnenhaltern, die eigentlich für die DDR-Fahne vorgesehen waren, Raketen abgeschossen. Man wagte kaum, den Kopf über die Brüstung zu stecken. Als ich später als Jugendlicher Silvester mit Freunden feierte, tat es mir insgeheim immer leid um das schöne Fernsehprogramm, das ich an diesem Abend verpassen würde und das sich ohne Videorecorder nicht konservieren ließ und für immer verloren war. Hoffentlich hat wenigstens jemand anderes es gesehen!

SESAMSTRASSE

Neulich bin ich mit meiner Schwester durch den Berliner Friedrichshain spaziert und an dem Haus vorbeigegangen, in dem wir vor fünfzig Jahren gewohnt haben. In unserem Kinderzimmer brannte Licht, jemand sah fern. Ich überlegte, ob wir klingeln sollten, aber es war schon nach Mitternacht. Dabei wollte ich mich nur ein bißchen mit vor den Fernseher setzen. Wenn man sich nach weiteren Besuchen an mich gewöhnt hätte, könnte ich vielleicht auch einmal in unserem Zimmer übernachten, um den Widerschein der Autoscheinwerfer über die Decke wandern zu sehen und das Geräusch der Reifen auf dem Kopfsteinpflaster zu hören. Ich halte es für menschlich, sein altes Kinderzimmer wiedersehen zu wollen, und wundere mich, daß bei mir noch niemand zu diesem Zweck geklingelt hat. Zu den glücklichsten Momenten zählte es für mich als Kind, wenn ich fernsehen durfte, der Apparat stand im Wohnzimmer, ein Sessel wurde so an den Schreibtisch meines Vaters geschoben, daß ich in einer mit Schaffell gepolsterten Mulde saß, in der Hand eine geschälte Mandarine. Wir hatten nur Schwarzweiß, daß Grobi aus der «Sesamstraße» blau war, erfuhr ich erst, als ich Jahre später einen Satz Sesamstraße-Aufkleber geschenkt bekam. Man sollte einmal im Jahr «farbfasten», um das anschließende Aufblühen der Farben auf dem Bildschirm bewußter zu erleben. Die Sesamstraße vermittelte auf unaufdringliche Art Werte, die natürlich kein Kind übernommen hat, sonst sähe die Welt heute anders aus. In einer Szene suchte ein weinender Junge seine Mutter, «die schönste Frau der Welt». Man führt ihm allerhand Schönheiten vor, aber seine Mutter ist nicht darunter. Irgendwann hat er alle schönen Frauen des Landes gesehen, und man ist ratlos. Da taucht ein gebeugtes Weiblein auf, mit verweinten Augen, seine Mutter! Die schönste Frau der Welt! Ich fühlte mich ein bißchen schuldig, denn eigentlich hätte ich meine Mutter auch für die schönste Frau der Welt halten müssen. Aber manche Mütter meiner Freunde sahen aus wie Tänzerinnen aus dem Fernsehballett (jedenfalls im Gesicht). Na und? Dafür durfte ich so viele Kinder nach Hause bringen, wie ich wollte, und wir mußten die Schuhe nicht ausziehen. Und meine Mutter sorgte dafür, daß ich Abitur machen durfte, indem sie sich mit der etwas sperrigen Lehrerin anfreundete. Zu den glücklichsten Momenten meiner Mutter zählte es übrigens, wenn sie uns am Sonntagnachmittag der Oma nebenan übergeben konnte, um in Ruhe die neue Folge einer Anna-Karenina-Verfilmung sehen zu können. Manchmal frage ich mich, wie man Menschen, die eine Schraube locker haben, beschrieben hat, bevor es Schrauben gab, und manchmal, was Menschen wie uns glücklich gemacht hat, bevor es Fernseher gab.

SAXANA, DAS MÄDCHEN
AUF DEM BESENSTIEL

«Harry Potter» erinnert mich immer an einen tschechischen
Kinderfilm von 1971: «Saxana, das Mädchen auf dem Besenstiel».
Meine Kinder lieben ihn jetzt auch, denn sie sind in dem idealen
Alter, in dem sie schon Filme gucken dürfen, ich aber noch bestimmen darf, welche. Dummerweise hatte ich sie vorgewarnt,
daß es eine gruselige Stelle geben würde, deshalb fragen sie
nach jeder Szene, ob sie das schon gewesen sei? «Nein, das heißt
eigentlich doch, guckt mal, wie die Zauberschüler da in Bankrei-
hen sitzen, das nennt sich ‹Frontalunterricht› und gilt inzwischen als gruselig.» Saxana lernt nämlich in einer unterirdischen
Zauberschule, man gelangt dorthin durch einen Brunnen auf
dem Marktplatz einer tschechischen Kleinstadt. Sie muß pseu-
dolateinische Zaubersprüche pauken: «Dexempo confex multo
schupoplex!» Weil sie nicht aufgepaßt hat, muß sie dreihundert
Jahre nachsitzen, und ich muß meinen Kindern erklären, was
«nachsitzen» sein soll. Saxana entkommt als Eule, landet bei
einem netten Jungen im Kinderzimmer, wo sie sich in ein um-
werfend aussehendes Mädchen mit Lockenkopf und römischen
Schnürsandalen zurückverwandelt. Daß eines Tages eine Eule in
mein Kinderzimmer fliegen und sich in ein Mädchen verwandeln
würde, war eine der realistischeren Möglichkeiten, die ich als

Heranwachsender sah, eine Freundin zu finden (ich hatte nur kein eigenes Zimmer). Saxana geht mit «Heinrich», wie die Synchronisation den Jungen nennt (sicher heißt er, wie alle Jungen in tschechischen Filmen, eigentlich «Honza»), in die Menschenschule. «Was ist denn dein Vater?» wird Saxana dort gefragt. «Fledermaus.» Weil die Lehrerin auf solche ehrlichen Antworten mit Strenge reagiert, zaubert Saxana ihr Hasenzähne. «War das die gruselige Stelle?» «Nein, die kommt noch.» Saxana muß «Sud vom Weiberohr» trinken, um ein Mensch zu werden, erst im letzten Moment stellt sich heraus, daß es sich dabei um einen Aufguß von Quirlsalbei handelt. Bis dahin ist Heinrich schon der Kopf vom Leib gezaubert worden, und er hat ihn durch eine Napoleonbüste ersetzt, das Lehrerkollegium ist in Kaninchen verwandelt worden und droht geschlachtet zu werden, und die drei Klassenrowdys sind im Auto mit Saxanas Zauberbuch getürmt und geraten als Bischöfe in eine Polizeikontrolle und sagen mit Kinderstimmen: «Wir haben doch keine Meise unterm Pony!» Dafür haben wir wahrscheinlich Läuse unterm Pony, denn die gehen in unserer Schule seit Wochen rum, da hilft nicht mal Latein. «Kommt die gruselige Stelle noch?» Nein, das war die mit dem vierarmigen Direktor der Zauberschule! Daß es eine andere Stelle gibt, die ich nie vergessen habe, verrate ich den Kindern nicht: wenn Saxana ein Stück von ihrem unbequemen Rock abreißt, so daß er für den Rest des Films zum Minirock wird. Eigentlich bedauerlich, wie selten einem im Leben Eulen begegnen.

LEMMINGE

Unser Nachbar sagte mir, Tobi und Hummel, seine Kinder müßten nach der Schule fernsehen dürfen, «die müssen sich doch auch mal entspannen». Einerseits denke ich, daß man von Fernsehen nicht entspannt, andererseits wirkt mein Nachbar viel entspannter als ich. Aber weil ich früher so viel ferngesehen habe, verhindere ich das jetzt bei meinen Kindern, sie sollen es schlechter haben als ich, damit sie später glücklicher sind. Eine Umfrage im größeren Verwandtenkreis hat ergeben, daß ich zwar hinter der Mauer aufgewachsen bin, aber mehr Westfernsehen gesehen habe als viele Gleichaltrige aus dem Westen. Der Vater einer Großcousine hat den Fernseherschrank sogar abgeschlossen und den Schlüssel versteckt, die Kinder haben mit der Suche danach viel Zeit verschwendet, in der sie immerhin nicht ferngesehen haben. Unser Fernseher war zum Glück nicht abschließbar, außerdem wußte ich ja aus der «Olsenbande», wie leicht man jede Art Schloß knacken kann, dafür reicht ein Stück flaches Metall. (Überhaupt hätte ich ohne mein im Fernsehen erworbenes Wissen in der Welt kaum bestehen können.) Besagter Vater hat, als er im hohen Alter dement wurde, seine Tage vor dem Fernseher verbracht, eine bittere Ironie. Meine Kinder sehen nur fern, wenn sie bei ihren Großeltern sind. Meine Tochter hat von dort jetzt eine Lieblingssendung mitgebracht, die sie zwar erst einmal gesehen hat, aber damit schon öfter als die meisten anderen Sendungen im Leben. Es geht darin um einen Bären und viele Lemminge. «Die Lemminge sind vom Baumhaus immer auf so'n Kissen gesprungen, dann hat der Bär dis weggenommen und so was Hartes hingelegt, die ha'm sich übernander gestellt, weil sie sind ja sehr *viele*, und das Kissen geklaut, dann war da so'ne Schlucht und da sind dann alle auf dis Kissen gesprungen, und der Bär ist mit runtergesprungen.» «Haben sich denn am Ende alle vertragen?» «Nee, die sind immer so. Aber eins gab's auch mit was anderes, da hat der Bär 'ne Brille, die sind in 'nem Museum, und die ganzen Lemminge, die wollten die Nutella essen, die da draufstand, und dann hat der Bär so gezeigt, und die Lemminge mit den Brillen ...» «Die Lemminge hatten auch Brillen?» «Ja, die *anderen*, die ha'm so gezeigt ‹Nix aufessen!› dem Bär und den Lemmingen ohne Brille.» «Weißt du denn, was Lemminge sind?» «Ich will Kika gucken!» «Ich glaube, Lemminge fallen immer irgendwo runter, weil sie sich wie die Lemminge verhalten.» «Die sind blau und mit ‹Vornezähne›, die so rausstehen. Die sind *viele*.» «Und konnten die reden?» «Ja, aber der Bär hat nur, wo er geschlafen hat, geschnarcht. Darf ich das jetzt gucken?» «Tagsüber guckt man nicht fern.» «Wer ist denn ‹man›?» fährt mir meine Freundin in die Parade. «Du hast doch Jesper Juul gelesen, immer *persönliche* Ansprache: Wir gucken tagsüber nicht.» «Na, ich würde ja manchmal, aber ich will nicht, daß die Kinder denken, ich sei dement.»

PUTZEN 2

Mein Onkel aus Hamburg bestand darauf, die «Sportschau» gukken zu dürfen, wenn er unsere Oma im Altenheim besuchte, damals dachte ich noch, er wollte auf keinen Fall die Neuigkeiten
aus der Bundesliga verpassen, heute weiß ich, daß es einen seelisch herausfordern kann, seinen greisen Eltern zu begegnen. Es
gibt viele Situationen im Leben, die leichter zu ertragen wären,
wenn im Hintergrund die «Sportschau» laufen würde, deshalb ist
es nur konsequent, daß es kaum noch einen Abend gibt, an dem
nicht irgendwo auf der Welt ein wichtiges Fußballspiel stattfin-
det. Gebrechen, Trennung, Frustrationen, Neid und Niederlagen
kann man auf der Theaterbühne oder beim Fußball symbolisch
durchleben, weshalb im Fernsehen immer mehr von «den Emotionen» gezeigt wird, also wie die Trainer ausrasten und die Spieler auf der Bank schmollen, wer will da schon noch die Tore
sehen? Mein Sohn hält aber nach wie vor jedes Spiel für wichtig
und liebt die «Sportschau», während ich, wie früher meine Oma,
eher gelangweilt mitgucke, denn wie «die Bayern» und Manuel
Neuer über die Medien ihre Entfremdung und den Weg in die
Trennung inszenieren, interessiert mich inzwischen mehr als
das Ergebnis der Spiele. Wobei ich merke, daß mich noch etwas
anderes an der «Sportschau» reizt: das blitzblank geputzte Studio, in dem die Moderatoren während der kurzen Ansagen zwi-

schen den Spielberichten und den ewigen Werbeblöcken stehen. Der Fußboden glänzt so unglaublich, daß man immer Angst hat, sie könnten ausrutschen. Für diesen Blick in eine bessere Welt zahle ich gerne Fernsehgebühren. Denn wenn ich mich bei uns so umsehe, den Kampf gegen den Staub haben wir längst verloren, das Sofa ist voller Haare und Fusseln, die Wände fleckig von Kinderfingern, vor allem, seit die Nachbarskinder immer zu Besuch kommen, auf Inlinern um die Tische fahren und sich dabei an den Wänden abstoßen, sogar der Bildschirm ist staubig, umso mehr genieße ich den Anblick dieses spiegelnden Studiofußbodens. Ob die Moderatoren den nach der Sendung putzen müssen, wie die Schüler am Nachmittag den Fußboden im Schulfoyer? Sie machen das immer auf eine so gelangweilte Art, daß man ihnen am liebsten Schrubber oder Besen aus der Hand reißen und selbst weitermachen würde. Manche klemmen sich den Besenstiel vor den Bauch, stecken die Hände in die Taschen und trotten kreuz und quer durch den Raum. Wenn wir Eltern nicht gezwungen wären, hier auf Socken zu laufen, an denen der Dreck haften bleibt, würde der Fußboden nie richtig sauber. «Womit die wohl das Studio wischen?» «Hast du gesehen, wie Schupomoteng den hopsgenommen hat?» «Heißt der wirklich ‹Schupo›? Für mich bedeutet das ‹Schutzpolizist›.» «Papa, das ist nicht lustig.» «Hoffentlich zeigen sie noch mal diesen krassen Fußboden.»

SERENGETI

Meine Tochter wollte unbedingt mit mir nach Wernigerode fahren, wie früher schon ihre Geschwister, und wie ich 1976 mit fünf Jahren, als ich dort zwei Wochen in einem kirchlichen Heim verbrachte, «aufessen» lernte und alle Kinder Windpocken bekamen. Aber meine Tochter wollte nicht die Sprungschanze sehen, das Schloß mit der reitenden Ritterrüstung, die Roßtrappe in Thale oder das Höhlenbär-Skelett in der Herrmannshöhle, nein, was sie reizte, war, daß es, wie sie von ihren Geschwistern wußte, in den Wernigeröder Hotels beim Frühstücksbüfett Nutella und auf den Zimmern Fernseher gab. Um zu verhindern, daß sie die von einer echten Unintelligenz geschriebenen Kindersendungen sah, legte ich uns auf Tiersendungen fest, möglichst über die Serengeti, die war schon in meiner Kindheit ein verläßlicher Ruhepol im Programm gewesen. Ich hatte allerdings keine Ahnung gehabt, wie grausam sich die Serengeti inzwischen verhielt! Wir sahen ein Pavianbaby, dessen Mutter von einer Schlange erdrosselt wurde und das nun von seinem Vater aufgezogen wurde. Weil es keine Muttermilch bekam, war es so schwach, daß es von seinen Spielkameraden ständig umgestoßen wurde und vom Ast fiel. Während meine Tochter begeistert zusah, fasziniert von der Tatsache, daß wir fernsahen, konnte ich kaum hinsehen, weil ich mir vorstellte, mein Kind müsse so aufwachsen und ich sei der traurige Pavian ohne Muttermilch, dem auch noch der Alpha-pavian des Rudels seinen Hintern direkt vors Gesicht hält, um die Rangordnung festzulegen. Ein Zebrafohlen hatte seine Herde verloren und wurde von allen Tieren, denen es sich anschließen wollte, rüde verjagt, der Geier, der in dieser Doku als Erzähler fungierte, umkreiste das Fohlen schon mit seinen Freunden, als es von einem Leoparden angegriffen wurde. «Wenn du uns mal verlierst, bleibst du einfach stehen, bis wir dich holen, ja?» «Aber wenn dann die Geier kommen?» «Die fressen nur tote Tiere.» «Und wenn ein Leopard kommt?» «Dann stellst du dich tot.» «Aber dann fressen mich doch die Geier?» «Dann ruf einfach ganz laut nach Hilfe.» «Was machen wir morgen?» «Wir könnten ins Luftfahrtmuseum gehen.» «Nö.» «Oder in den Wildtierpark, da gibt es Mufflons, den Namen fand ich früher immer so komisch.» «Ich will lieber fernsehen, was mit Wüste und Löwen.» «Aber dafür sind wir doch nicht hergefahren.» «Guck mal, ob morgen was kommt.» «Da kommt immer was, das ist ja das Problem. Du weißt gar nicht, wie ich mich nach dem Testbild sehne.» Wir gingen dann in den Wildtierpark und sahen uns die Volieren der Schnee-Eulen an, in denen blutige Mäusekadaver lagen, weil gerade Fütterung gewesen war. Es ist wichtig, daß man seinen Kindern frühzeitig Alternativen zur künstlichen Realität der Medien bietet.

SERVUS EGON!

Neulich sahen wir «Die Olsenbande fliegt über alle Berge», den ursprünglich als Abschluß der Reihe geplanten Olsenbande-Film. Ich war wieder vom subtilen Humor der Dänen fasziniert, ein eigenes Kapitel wäre der Einsatz der lateinischen Sprache, wenn zum Beispiel über dem Eingangstor der Carlsberg-Brauerei «Laboremus pro patria» steht. «Ich glaube, das ist ein Adhortativus, deshalb der Konjunktiv Präsens ...», murmelte ich. Mein Sohn fragte: «Papa, stirbt Egon im letzten Teil?» «Nee, der stirbt *nie*, sonst würde Mama uns dis nicht gucken lassen», antwortete ihm meine Tochter. Tatsächlich konnten wir uns darauf verlassen, daß in den «Olsenbande»-Filmen niemand starb, schlimm genug, daß die Schauspieler immer älter wurden. Sollte ich meinen Kindern erklären, daß das in der Realität anders war? Daß wir in jeder Sekunde auf den Tod zurasten? Daß sogar der wirkliche Egon Olsen, wenn es ihn geben würde, sterblich sein würde und wahrscheinlich längst tot oder dement? Im Westfernsehen gab es mal einen Kinderfilm «Servus Opa», in dem ein Enkel erlebte, wie sein Opa abbaute und schließlich starb, ich hatte sogar das Buch und fand es deprimierend, warum belästigten sie einen mit ihren Erwachsenenthemen? Einer der schlimmsten Tode, den ich als Kind erleben mußte, war natürlich der von Winnetou, als er in den Armen von Old Shatterhand verschied. Wahrscheinlich hat mich dieser sinnlose Tod eines so tadellosen Menschen mehr berührt als der Tod meiner Großmutter, für den ich zu jung war. In der «Tagesschau» wurde manchmal ein Schwarzweiß-porträt von einem Prominenten eingeblendet, der gestorben war, es war richtig bedrückend, für ungefähr zehn Sekunden, es kam aber selten vor. Ich erinnere mich an die Nachricht vom Tod eines «Boy Gobert», ich wußte nicht, wer das sein sollte, ich kannte nur «Boy George», aber es war beeindruckend, daß jemand es mit seinem Tod bis in die Tagesschau geschafft hatte, sozusagen auf den letzten Drücker. Als Breschnew starb, stand das sogar auf der Titelseite meiner Fußballzeitung «FUWO» («Fußballwoche»), in der sonst so getan wurde, als würde sich außer Fußball nichts in der Welt ereignen. Die «FUWO» war eine Zeitung, die nur aus dem Sportteil bestand, eine geniale Idee. Die Tatsache, daß Breschnew nicht unsterblich war, war aber so schockierend, daß der Schriftzug der «FUWO» an diesem Tag nicht rot, sondern schwarz war. Allerdings blieb er dann für immer schwarz, sie nutzten die Gelegenheit, um zu sparen, denn am Ende der DDR war anscheinend sogar schon die rote Farbe knapp. Wenn die Wende nicht gekommen wäre, hätten sie auch keine schwarze Farbe mehr gehabt und eine Version der «FUWO» zum Selbstausfüllen produziert. Wobei Papier ja auch knapp war. Vielleicht hätten sie Zeitungen aus dem Altpapier ausgeliefert, ich wette, daß das kaum jemandem aufgefallen wäre.

E. T.

Die wenigen amerikanischen Filme, die vor der Wende im DDR-Kino gezeigt wurden, haben mich tiefer beeindruckt als Tarkowski, Bergman und Wenders zusammen: «Fame – der Weg zum Ruhm», «Beverly Hills Cop», «Flashdance» und natürlich «Beat Street», der in meiner Generation eine Break-Dance-Welle auslöste. Der Effekt, solche Filme in einem schäbigen Provinzkino zu sehen, aus dem man dann benommen heraustritt und sich dem Sozialismus geistig komplett überlegen fühlt, ist schwer zu beschreiben. Wenn ich könnte, würde ich die DDR wieder aufbauen, nur um ihr noch einmal so intensiv entfliehen zu können. Und wie viele Filme sind uns damals vorenthalten worden! Neulich habe ich mit vierzig Jahren Verspätung «E. T.» gesehen, und es ist, als könnte ich endlich mitreden, nur daß keiner mehr zuhören würde. Wäre mir als Heranwachsender aufgefallen, daß E. T.s Geschichte meine hätte sein können, wenn meine Eltern mit uns in den Westen ausgereist wären? Ein Außerirdischer, der bei allem Wohlstand, der ihm begegnet, nur den Wunsch hat, nach Hause zu können? Oder hätten mich die Herrlichkeiten zufriedengestellt, die für die Kinder im Film Alltag sind: telefonisch eine Pizza bestellen, mit dem BMX-Rad zur Schule fahren, dabei riesige Kopfhörer mit integriertem Radio aufhaben, ein «Space-Invaders»-T-Shirt tragen, den Highscore bei «Asteroids» brechen, mit einem elektronischen Buchstabiergerät lesen lernen! Wahrscheinlich hätte ich nicht verstanden, warum solchen Kindern der Vater fehlt, der die Familie gerade verlassen hat, und warum diese Lücke nur ein Außerirdischer füllen kann. Heute rinnen meine Tränen, wenn die Kinder mit ihren BMX-Rädern den Erwachsenen entkommen, weil sie plötzlich fliegen können, während die Außerirdischen, mit denen *ich* seit ein paar Jahren zusammenlebe, neben mir sitzen und ungerührt mit ihren Gummibärchentüten rascheln. Sie durften sich am Automaten versorgen, wenn sie mir etwas abgeben, und da keiner von ihnen weniger als der andere haben will, geben sie mir nur ab, wenn der andere mir auch abgibt, und so bekomme ich immer gleich zwei Gummibärchen in die Hände gelegt, die aussehen wie kleine Spiegeleier, unglaublich, was man sich heute alles einfallen läßt, um uns glücklich zu machen! Trotzdem komme ich aus dem Staunen über das Amerika der achtziger Jahre nicht raus, diese offenen Wohnküchen, die Berge von Spielzeug, die wunderschön sterile, direkt neben einem Wald in die Hügel gerammte Suburb mit geometrischem Straßenraster und flachen Einfamilienhäusern unter einer brennenden kalifornischen Sonne! Wie friedlich die Welt damals wirkte, denke ich, wenn man von den vielen Atombomben absieht. Wird man das über die Welt, die unsere heutigen Filme zeigen, auch einmal sagen?

OLCHIS

Nach langer Pause kann ich wieder vorsichtig laufen gehen, weil ich nicht weiter auf Orthopäden und Physiotherapeuten vertraut habe (die Kompetenz vortäuschen, indem sie sich gegenseitig widersprechen), sondern meine Sehnenentzündung mit einem elektrischen Massagegerät selbst behandle. Ich freue mich, meine alte Strecke wiederzusehen, und erinnere mich an jede Schwelle und jede Unebenheit. Neu sind Obdachlose, die sich unter einer S-Bahn-Brücke eingerichtet haben, mit Schlafsäcken und Matratzen. Als ich am Abend vorbeilief, guckte einer auf seinem Smartphone eine Sendung. Daß mich dieses Bild irritiert, in dem sich unser High-Tech-Zeitalter mit (durch was auch immer erzwungenem) urbanem Nomadenleben verbindet, sagt wahrscheinlich viel über mich aus. Ich habe großen Respekt vor dem Lebenswillen der Obdachlosen, ich glaube nicht, daß ich unter solchen Umständen, wie sie sie ertragen müssen, am Leben bleiben wollen würde. Wer ist schuld daran, daß Menschen keine Wohnung haben? Es ist sicher komplizierter, als man denkt. Erstaunlich eindeutig verteilen sich die Sympathien in Kindersendungen und -büchern. Einerseits wird dort in unzähligen Varianten die industrielle Landwirtschaft als idyllischer Bauernhof verharmlost, andererseits ist der Böse oft der Bauunternehmer oder der Immobilienmakler. So war es auch in den «Olchis», die ich mit meinen

Kindern sehen mußte, weil ich nicht in die 3-D-Verfilmung von «Supermario» wollte. Ich hatte mit Zeichentrick gerechnet, aber es war Computeranimation, jede Geste und jeder Gesichtsausdruck waren also auf dümmliche Art klischeehaft überzeichnet, und vom Wortwitz der Buchvorlage war nichts geblieben. Zu allem Unglück hatten die pfiffigen Kinder im Film die meiste Zeit ihre Handys vor der Nase, wie es leider der Realität entspricht. Interessant war, daß das Opfer des fiesen Bauunternehmers diesmal eine geradezu erdrückend idyllische Kleinstadt war, wie es sie in Deutschland gar nicht mehr gibt, auf deren Müllkippe ein «Wellneß-Tempel» errichtet werden sollte. Jetzt gentrifizieren sie uns schon unsere Müllkippen weg! Dort wohnen doch die niedlichen Olchis und essen aus ausgelaufenen Batterien gekochte Suppe. In unserer durchgetakteten Welt hat Müll die Funktion eines Hoffnungsträgers, Gestank weckt die Lebensgeister, Dreck schützt vor Entfremdung, Keime gegen Allergien, Gerümpel ist gemütlich, Müll ist Leben. Die Olchis machen alles, was Kindern wegerzogen wird: rülpsen, mit Dreck werfen, im Schlamm baden, fluchen, und vor allem leben sie als glückliche Großfamilie mit Eltern, Kindern und Großeltern unter einem Dach. Der echte Müll sieht natürlich ganz anders aus, in dem möchten nicht einmal Kinder übernachten, auch nicht mit Smartphone in der Hand. Welche Sendung der Obdachlose unter der Brücke wohl gesehen hat? Vermutlich nicht «Mieten, kaufen, wohnen».

DANK

Die Texte sind zuerst in der F.A.S. erschienen, vielen Dank an Tobias Rüther, der mich dazu eingeladen hat, sie zu schreiben, es war über Jahre ein Vergnügen, an dieser Kolumne zu arbeiten.

VON JOCHEN SCHMIDT IST ERSCHIENEN

C.H.BECK
Triumphgemüse
Müller haut uns raus
Meine wichtigsten Körper-
   funktionen
Schneckenmühle
Schmythologie (Illustrationen
   von Line Hoven)
Der Wächter von Pankow
Zuckersand
Ein Auftrag für Otto Kwant
Paargespräche (Illustrationen
   von Line Hoven)
Ich weiß noch, wie King Kong starb
Phlox

MAIRISCH VERLAG
Paargespräche – Together
   forever (Illustrationen von
   Line Hoven)

VOLAND&QUIST
Schmidt liest Proust –
   Quadratur der Krise
Weltall. Erde. Mensch.

STUART&JACOBY
Dudenbrooks (Illustrationen von
   Line Hoven)

PIPER
Gebrauchsanweisung für die
   Bretagne
Gebrauchsanweisung für Rumänien
Gebrauchsanweisung für Ost-
   deutschland
Gebrauchsanweisung fürs Laufen

EDEL BOOKS
Ballverliebt: Texte zum Fußball von
   Jochen Schmidt zu historischen
   Amateuraufnahmen aus der
   Sammlung Jochen Raiß

ROWOHLT
Drüben und drüben – Zwei deutsche
   Kindheiten (gemeinsam mit
   David Wagner)

DTV PREMIUM
Seine großen Erfolge